Printed in the United States of America

ISBN 0-8267-0012-8

ABS-10/94-200-1,450-CM-3-102702

PRELIMINARY AND INTERIM REPORT ON
THE HEBREW OLD TESTAMENT TEXT PROJECT

COMPTE RENDU PRELIMINAIRE
ET PROVISOIRE SUR LE TRAVAIL D'ANALYSE
TEXTUELLE DE L'ANCIEN TESTAMENT HEBREU

Vol.5

Prophetical Books II
Ezekiel, Daniel, Twelve Minor Prophets

Livres prophétiques II
Ezéchiel, Daniel, les douze petits prophètes

*

Committee Members
Membres du Comité
_____

Dominique Barthélemy
A.R. Hulst +
Norbert Lohfink
W.D. McHardy
H.P. Rüger
James A. Sanders

Secretaries
Secrétaires
_____

Adrian Schenker
John A. Thompson

United Bible Societies
Alliance Biblique Universelle
New York 1980

Preliminary and Interim Report

on the Hebrew Old Testament Text Project

This preliminary and interim report of the international and interconfessional Committee of the Hebrew Old Testament Text Project, sponsored by the United Bible Societies, is both tentative and summary. It is being made available to Bible translators and scholars on a periodic basis, so as to provide a summary analysis of the continuing work of the Committee. Judgments recorded in this and subsequent reports are, however, subject to revision as the work of the Committee progresses. When the review of Old Testament textual problems is completed, a full scientific report will be published. This will consist of several volumes, in which will be presented a full list of the significant textual data, a complete discussion of the reasons which formed the basis for the decisions of the Committee, and more extensive advice to translators and exegetes concerning related problems of meaning. But in view of the urgent need to supply Bible translators with the preliminary judgments of the Committee on a wide range of textual problems (Old Testament translation committees are now at work in more than 150 languages) a summary listing of important problems, suggested solutions, and reasons for the textual decisions has been regarded as essential.

Basis for Selection of Textual Problems

In view of the practical goals of this project, the selection of textual problems has been governed by two considerations : (1) the textual problems should involve significant differences of meaning, that is to say, they should be exegetically relevant, and (2) they should be those which are likely to come to the attention of Bible translators as the result of their consulting one or more of the five most widely used texts in modern languages, namely, the Revised Standard Version (RSV), the Jerusalem Bible in French

(J), the Revised Luther Bible in German (L), the New
English Bible (NEB) and the Traduction Oecuménique de
la Bible (TOB).

Most of the textual problems treated in this preliminary report are noted in the apparatus of the
Third Edition of the Kittel text of the Hebrew Old
Testament, and hence the reader of this report may
consult the Kittel text for supplementary textual evidence. When the RSV, NEB, J and TOB texts depart from
the Massoretic text, there is usually some indication
of this in the margins of the respective translations,
but this is not always true.

In this and subsequent preliminary reports a number of textual problems in the Hebrew Old Testament
will not be included simply because all five of the
translations employed as a basis for the selection of
variants have followed the Massoretic text. However,
before the Committee concludes its work a number of
additional textual difficulties will be studied and
the results will be reported in the full scientific
report. In this way, the Committee hopes to provide
a wider range of problems and greater balance of view-
point.

Even some of the textual problems noted in the
five "base" translations are not included in this report, since the distinctions in meaning are so slight
as to be relatively unimportant. For the most part,
these involve such minor differences of meaning as :
(1) shifts of first, second, and third person in direct and indirect discourse; (2) differences between
singular and plural, when no real distinction in meaning is involved; (3) minor differences in the spel-
ling of proper names; and (4) alternations between
Yahweh and Adonai, which are quite common, but which
pose no serious problems of interpretation.

Basic Principles Employed by the Committee

In working out principles and procedures for the
analysis of textual problems in the Hebrew Old Testament, the Committee found it necessary to recognize
four phases in the development of the Hebrew text.
(1) The First Phase, consisting of oral or written
literary products in forms as close as possible to

those originally produced. Literary analysis is the
means primarily employed in attempts to recover these
types of texts usually called "original texts".
(2) The Second Phase, consisting of the earliest form
or forms of text which can be determined by the appli-
cation of techniques of textual analysis to existing
textual evidence. This text stage may be called the
"earliest attested text" (attested either directly or
indirectly). (3) The Third Phase, consisting of the
consonantal text as authorized by Jewish scholars short-
ly after A.D. 70. This text stage may be called the
"Proto-Massoretic text". (4) The Fourth Phase, called
the Massoretic text, as determined by the Massoretes in
the 9th and 10th Centuries A.D., and for all practical
purposes essentially identical in vowel pointing and accentuation with that which exists in the principal manuscripts of the schools of the Tiberian Massoretes.

In the treatment of various departures from the
text tradition as found in the Massoretic text, the
Committee has attempted to ascertain what is most likely to have been the form or forms of the Second Phase
of Hebrew Old Testament text development. In line with
this purpose, the Committee has employed in its work
those basic principles of text analysis which have been
generally accepted as applicable to all such research.
Certain of the more common factors involved in such analysis are enumerated in a following section, and in this
Interim Report they are referred to by numbers in order
to provide the reader with at least an indication as to
some, though not necessarily all, of the more important
factors which entered into the judgment of the Committee
as it dealt with the different forms of the text.

Special Features of This Report

The textual problems treated in this report are
listed in order by chapter and verse. In each instance
the form of the Massoretic text is given first, followed by one or more textual and/or conjectural variants,
given in most instances in Hebrew. Square brackets indicate that in the absence of direct Hebrew witnesses
the text is reconstructed. However, no attempt is made
to indicate the complete Hebrew or versional evidence
(in most instances some of this is available in the
Kittel apparatus, and in the full report all the relevant textual data will be given).

VIII

Immediately preceding the form of the text which the Committee has regarded as best representing the text of the Second Phase, the letters A, B, C, or D are employed to denote the degree of probability for such a form. A rating of A indicates that this form of the text has a very high probability of representing the text of the Second Phase. A rating of B indicates that there is some doubt about the validity of this form, while a rating of C suggests that there is considerable doubt. A rating of D marks the form of the text as being highly doubtful, or in other words, as having a relatively much lower probability. This system of rating from A to D is essentially similar to the practice employed by the New Testament Text Committee which prepared the Greek text published by the United Bible Societies.

In those instances in which the members of the Committee were divided in their judgment as to which of two or more variant forms of the text was most probable, the majority decision is marked in the same way as in those instances in which there was full agreement.

Each variant form of the text, given normally in Hebrew, is followed by a literal translation, first in English and then in French. In turn this is followed by renderings in the "base translations" : RSV, J, L, NEB and TOB, with certain supplementary expressions placed in parentheses, if these are necessary for understanding the translation.

After each variant there follows a listing of some, but not necessarily all, of the factors which prompted the Committee to decide either for or against the variant, and insofar as possible these factors are given in the order of their importance. In a few instances, the reasons for a particular decision are so specific that the series of factors is supplemented by a brief description of certain other considerations which prompted the Committee to decide as it did. In those instances in which there are special problems of translation, advice on the translational difficulties is added.

The renderings which are suggested in the advice to translators should, however, be regarded not as models for translation into various receptor languages, but only as bases for such adjustments as may be required in satisfactorily rendering the meaning of the text.

Factors Involved in Textual Decisions

If all the different forms of a particular text
are carefully compared (without attempting to determine the literary or archeological factors which may
have given rise to existing textual differences) it
soon becomes evident that there are two distinct but
complementary types of factors which are relevant for
determining which form of the text is likely to have
been original and which form or forms are secondary.
The first type of factors may be regarded as essentially descriptive of the structural relations between the
different forms of the text, and as such may serve to
help evaluate the relative worth of the textual forms.
The second type of factors may be viewed as causal in
that they attempt to explain the reasons for certain
alterations in the text. These factors may be called
factors of modification.

A. Factors of evaluation

Three factors of evaluation have been employed by
the Committee :

1. Narrow basis for a variant form of the text =
Factor 1. If a form of the text occurs in only one
tradition, for example, the Targum, Syriac, or Vulgate,
one is less inclined to regard it as original than if
it occurs in more than one such tradition. On the
other hand, in treating textual evidence, one must not
count text traditions, one must weigh them. That is to
say, it is not the number of textual witnesses but
the independence of their witness which is important.
For example, sometimes the text of the Syriac version
is important, but often this version simply follows
the Septuagint or the Targum, and therefore in such
instances it cannot be counted as an independent witness.

2. Deceptive broad basis for a variant form of the
text tradition = Factor 2. In certain instances a
variant form of the text may appear to have a broad
base, in that it is represented in a number of different textual traditions, but a closer examination of
the situation may reveal that these traditions have
all followed the same interpretive tendency. This
frequently happens when an original text contains an

obscurity which can be readily removed by what seemed
to early scribes or translators as an obvious improve-
ment. But instead of being independent witnesses to
some earlier Hebrew form of the text, these alterations
are all secondary and dependent, not upon the particular verbal form of some text, but upon a special way
of interpreting the obscurity.

3. Dependence of a variety of text forms upon one earlier form = Factor 3. When an original text contained
a particularly difficult expression (either inherently
difficult or rendered such through the loss of back-
ground knowledge necessary to understand its meaning),
different scribes and translators often resolved the
textual problem in quite diverse ways. Accordingly,
one must look for a "key" to explain how the diverse
forms may have arisen. Beginning with this one"key"
form of the text one can often readily describe how
the other forms developed, while beginning with any
other form of the text would result in a hopelessly
complex description of developments.

These evaluative factors are complementary and may
lead to opposite judgments in apparently similar situations. Hence they must always be supplemented by at
least one or more of the causal factors (called "factors of modification") which have given rise to the
changes in question.

B. Factors of modification

If the actual textual situation is considered to
be the result of a historical development which produced variant text forms under the influence of different causes, then the causes involved may be desig-
nated as "factors of modification". From this genetic
perspective such factors are viewed as the reasons for
textual alterations.

Two kinds of modificational factors must be distin-
guished : (1) the conscious alterations made by scribes
and translators (Factors 4-9) and (2) the unconscious
or "mechanical" errors (Factors 10-13). The conscious
alterations made by scribes and translators can be summed up under the following six headings listed primarily in the order of their importance and frequency :

1. Simplification of the text (easier reading) = Factor 4.

When a text was particularly difficult, there was a tendency for ancient scribes and translators to simplify the text by employing contextually more fitting lexical, grammatical, and stylistic forms (these modifications are often spoken of as "facilitating"). This is not the same as adjusting the form of the text to the translational requirements of the receptor language nor is it equivalent to introducing some preferred interpretation. It is only the amelioration of what seemed to be unnecessary difficulties. This tendency toward simplification means, however, that quite often the more difficult text may be regarded as the better, since one may readily explain why a complicated form is made simpler, but find it difficult to explain why a clear, simple text would have been purposely made more complex.

2. Assimilation to parallel passages = Factor 5.

Some variant forms of a text arose because ancient editors, scribes, or translators, assimilated the text of one passage to that of a similar or proximate passage, usually with the apparent purpose of attaining greater consistency. Some of the more common types of assimilation include assimilation to more explicit details given in a nearby passage, assimilation of described action to a previous account of plans or command for such action, assimilation to the form of a passage which has greater literary of theological importance, and assimilation to the recurring grammatical and lexical forms of a particular passage. There are also many instances in which repeated content, instead of being presented in a more concise form (as is so often the case), is reproduced with precisely the same wording which it has at the place of its first occurence. Whenever it seems clear that an assimilation has occurred, the unassimilated form is presumably earlier.

3. Translational adjustments to the text = Factor 6.

In order to produce satisfactory translations in ancient versions such as Greek, Syriac, and Latin, it was often necessary to make certain adjustments in the forms of the receptor language, since a literal word-for-word reproduction of the Hebrew text would have been unacceptable. Therefore, when there are differences between the renderings of the ancient versions and the traditional form of the Hebrew text, one must always try to ascertain (1) whether such differences can

be explained on the basis of the linguistic requirements of these ancient receptor languages or on the
basis of the stylistic peculiarities of ancient translators or (2) whether there was some different underlying Hebrew text which formed the basis for the versional tradition.

4. Interpretive modifications = Factor 7. In some instances a particular form of the text may appear to
be essentially interpretive. That is to say, certain
ancient editors, scribes, or translators may have
thought that the underlying text should be changed or
amplified to conform to certain views, primarily theological. Or they may have wished the text to state
explicitly a meaning which was not completely clear.
Such variant forms of the text which would have arisen
in later phases of textual development cannot be regarded as valid alternatives.

5. Misunderstanding of linguistic data = Factor 8.
Knowledge about certain features of biblical grammar
and lexicography, including related practices of ancient copyists of manuscripts, were sometimes lost
(in certain instances even by the time of the earliest
attested text). As a result certain alterations were
made in texts, because the meaning of these passages
had become obscure. But evidence from (1) the Hebrew
language in particular, (2) related Semitic languages
in general, and (3) the language, style, and peculiarities of the ancient versions helps in many cases to
recover the original meaning of a difficult text and
thus to determine the original form of the text.

6. Misunderstanding of historical data = Factor 9.
Over a period of time certain elements of the historical and cultural settings of the Old Testament which
were understood and tacitly presupposed by the biblical authors as the normal conditions of their life
and speech, disappeared or underwent important changes.
Consequently many texts based on such patterns of be-
havior became unintelligible to later readers. Such
misunderstandings of old texts led to textual alterations, which were designed to give a sense to passages
that had become obscure. Newly recovered evidence concerning ancient biblical and Near East cultures and
civilizations, their laws and customs, and cultic,
military and political life assist scholars in reco-
vering the meaning of obscure texts and thus distinguish earlier textual forms from the later modified forms.

The unconscious alterations that brought about textual modifications in the course of text transmission may be summed up under four points :

1. Accidental omission of similar letters, words, or sentences = Factor 10. When scribes copy manuscripts they may accidentally omit sequences. For example, if two phrases end with a similar sequence of letters, the second of the phrases may be accidentally dropped. (This is technically called homoeoteleuton.) Conversely, if two expressions begin with similar sequences of letters, scribes may also accidentally omit the first expression. (This is technically called homoeoarcton.) In some instances, two sequences may be entirely identical (sometimes in Hebrew the consonants may be identical, while the intended vowels, and hence the meaning, may be quite different), and the accidental omission of one of these by a scribe is not infrequent. (This is technically called haplography.)

2. Accidental repetition of identical sequences = Factor 11. In contrast with accidental omission of expressions, there is also the relatively less frequent possibility of accidental repetition of the same sequence of letters. (This is technically called dittography.)

3. Other scribal errors = Factor 12. There are many other scribal mistakes, such as confusion and transposition of letters, false separation of words and sentences (in many old writings there was no indication of word or sentence separation), and dropping out of letters; sometimes the consonantal scheme of a word was badly interpreted (since Semitic writings do not always note all the vowels in a word, there exist ambiguous words and phrases which can be interpreted in more than one way); sometimes there were mistakes based on confusingly similar sounds (when copyists wrote from dictation); and finally, there are other errors difficult to explain.

4. Conflate readings and doublets = Factor 13. Another type of error is on the boundary line between the unconscious scribal errors and the intentional interventions of Factors 3 and 6. Difficult texts were sometimes accompanied in manuscripts by short explanations or alternative readings. Often they were put between the lines, over the difficult passage, or in the margins of the manuscript. Some copyists unfortunately

did not carefully distinguish between the text and
such glosses, but wove them together in the body of
the text. This led to expanded text forms, as well as
to doublets. Sometimes also a textual form underwent
modification but the corresponding unmodified, original form was not deleted. An earlier form and a later modified form then existed side by side, and finally both became part of the text. The resulting
text is called a conflate reading.

All these factors of modification may be said to
have a positive and a negative aspect. They explain
both why a given textual form is the result of some
later alteration arising during the history of the
transmission of the text and why the opposite text
form is the more original one. Thus all the causative
factors, stated above in a negative way, that is as
revealing the secondary character of certain textual
forms, can be stated positively as indicating why features of the rival text form are original. For example,
Factor 4 (Easier Reading) may be positively restated,
namely, that the more difficult or harder reading is
generally a sign of the more original text form. Simi-
larly, Factor 5 (Assimilation) can be reformulated as :
the distinctive, dissimilar form is more likely to be
original than an assimilated form. Likewise, Factor 7
(Interpretive Modification) is equivalent to saying
that a text which does not easily fit into an interpretive framework of a textual tradition has a stron-
ger claim to authenticity than texts conforming to it.
Since these factors are always used in this report to
determine the rejected (secondary) readings, they are
expressed here in the negative form. In listing the
factors which were involved in the Committee's decisions no attempt is made to discuss the procedures of
textual analysis nor the manner in which various combi-
nations of evidence are evaluated. These matters will,
of course, be discussed in the full scientific report.

C. Additional factors

Two further elements may be added although they
cannot be regarded as factors of the same kind as
those mentioned above :

1. Conjectural form of the text = Factor 14. When a
form of the Hebrew text seems particularly awkward

(either because of the grammatical forms or the unu-
sual words involved), scholars have sometimes suggested an alternative expression which seems to fit the
context better. Sometimes this involves only a change
in the order of words, a shift in the order of letters,
a different division of words and phrases, or simply
modifications in vowel pointing. In other instances
it may involve rather radical rearrangements and substitutions. But in view of the fact that the Committee
was asked to analyze the textual rather than the literary problems of the Old Testament, it would be outside the terms of reference adopted by the Committee
to propose suggestions which are purely conjectural,
that is to say, those which are not reflected, either
directly or indirectly, in some existing forms of the
Old Testament text, whether in Hebrew or in the various
ancient versions.

In rejecting a particular conjecture, the Committee
several times gave only a B or C rating to the preferred reading, but such a rating does not indicate any
favorable attitude toward the conjecture. Rather, such
a rating indicates only the intrinsic difficulties involved in the chosen reading, which cannot be said
with certainty to be the original form of the text.

2. Inexplicable texts = Factor 15. In certain cases
the most satisfactory text which can be ascertained
by the use of principles of textual analysis may nevertheless be quite inadequate, either because of
some early scribal errors or simply because the back-
ground data necessary to understand fully the meaning
of such a text no longer exists. In such instances it
is necessary to recognize the unsatisfactory nature of
the selected form of the text, but at the same time to
provide translators with advice as to how they can
best treat the difficulties. In most cases they are
advised to follow the lead of one or more of the ancient versions, despite the fact that such a versional
solution is admittedly secondary.

Factors 14 and 15 will sometimes occur in this
report because modern translations make use of conjectures, and a few Old Testament passages seem to
resist any truly satisfactory judgment about the original reading and its plausible explanation.

As one may readily see from the above listing of factors involved in textual judgments, a number of these are related to one another in a variety of ways. For example, if one is concerned with the distinction betweeen intratextual and extratextual evidence, that is to say, the evidence which comes from actual biblical texts and that which is derived from outside such textual materials, then obviously Factors 8, 9 and 14 are primarily extratextual, while Factors 1-7 and 10-13 are based essentially on the forms of the Old Testament text. Often several different factors are involved and it is not always easy to determine which has caused the alteration.

The form and contents of this report may lead to certain misunderstandings unless the reader remains constantly aware of the preliminary and limited nature of the report and the restricted scope of the Committee's purpose. For example, the fact that in so many instances the readings of the Massoretic text are preferred, might suggest some underlying, or even unconscious, bias in favor of the Massoretic tradition. But this is not the case. All the evidence relating to each textual problem has been carefully analyzed and evaluated, and if the reading of the Massoretic text has been chosen in any particular instance, it is only because it appears to be the most valid form of the text which can be determined by the methods of textual analysis. All these matters will be clearly explained in the final technical report, in which both methodology and procedures used by the Committee will be described in detail.

Certain misconceptions about the Committee's work can arise if one is not fully aware of the significance of the Committee's goal, namely, to determine the most valid form of the text for Stage II ("the earliest attested text"), as mentioned in the first part of this introduction. Some persons may feel that the Committee has been too conservative and that it should have made constant use of literary analysis in order to establish an Urtext (Stage I). Such a text, however, would not only be highly speculative and controversial, but it would also be entirely unsatisfactory as a basis for the numerous Old Testament translation projects now being undertaken in various parts of the world.

It is also possible to misunderstand the purpose of the translational notes in this report. The Committee does not in the least suggest that the proposed translations given for each recommended reading are to be followed literally. Rather, they should be treated essentially as underlying bases which can serve as starting points for such modifications as may be required by particular receptor languages. They are, however, given in a more or less literal form, since only in this way can the reader appreciate fully the relations between the base form in the Hebrew and its semantic content, or meaning. It is possible that a translator will be disappointed because he does not find in the report a discussion of the exegetical difficulties associated with particular text problems and he may even imagine that the Committee may have overlooked such matters. He may be assured, however, that the Committee has in each instance endeavored to take into consideration all the related exegetical complications, with special attention having been given to those cases in which a recommended reading of the Massoretic tradition poses special problems for interpretation. All of these matters will be fully treated in the technical report and the basis for the Committee's decisions can then be seen in the light of all the related considerations.

As has already been noted, the form and contents of this report are provisional, but these tentative summaries of the Committee's work are being published periodically in order to serve the needs of translators who have urgently requested this type of help. The Committee welcomes comments on any of the problems or issues mentioned here. Communications may be addressed to the Committee in care of the United Bible Societies, Postfach 755, 7 Stuttgart 1, BRD.

Compte rendu
préliminaire et provisoire sur le travail d'a-
nalyse textuelle de l'Ancien Testament hébreu

Ce compte rendu préliminaire est le fruit du travail accompli par le Comité international et inter-
confessionnel pour l'analyse textuelle de l'Ancien
Testament hébreu, Comité que l'Alliance Biblique Universelle a pris l'initiative de réunir. Ce compte
rendu qui n'est pas définitif veut porter périodiquement à la connaissance des traducteurs et des spécia-
listes un résumé des résultats auxquels le Comité arrive au fur et à mesure que son travail progresse.
Les résultats énoncés sont d'ailleurs susceptibles de
révision selon les progrès ultérieurs du travail du
Comité, réserve valant pour ce rapport-ci comme pour
les autres qui vont suivre. Après que l'ensemble des
difficultés textuelles de l'Ancien Testament aura été
étudié, les résultats en seront publiés dans un rapport scientifique développé. Celui-ci comprendra plusieurs volumes et présentera toutes les données textuelles qui entrent en ligne de compte. Il fournira un
ample exposé des raisons qui ont conduit le Comité à
ses jugements. Enfin il développera davantage les in-
dications sur la manière dont les passages doivent
être compris et traduits. Cependant on a cru faire
oeuvre utile, en attendant la publication du rapport
complet, d'en donner dès maintenant un résumé préliminaire. Comme il y a actuellement, en effet, des co-
mités qui sont en train de traduire l'Ancien Testament
en plus de 150 langues, il est urgent de mettre à leur
disposition une aide capable de les orienter dans les
difficultés textuelles. Voilà pourquoi on propose dans
ce compte rendu un nombre important de difficultés textuelles, accompagnées du jugement provisoire du Comité,
des suggestions faites par celui-ci et de l'indication
sommaire des raisons qui ont motivé les jugements du
Comité.

Critères pour la sélection des difficultés textuelles

Etant donné le but concret de ce travail d'analyse textuelle, la sélection des difficultés textuelles devait remplir deux conditions : (1) Les difficultés textuelles devaient toucher le sens du passage, ou, en d'autres termes, elles devaient avoir une portée exégétique. (2) Elles devaient être de celles que chaque traducteur très probablement rencontrera au cours de son travail. Or, comme les traducteurs consultent presque toujours une ou plusieurs des grandes traductions modernes, il est vraisemblable qu'ils rencontreront les difficultés textuelles dont font état les traductions les plus répandues : la Revised Standard Version (RSV), la Bible de Jérusalem (J), la Revidierte Lutherbibel (L), la New English Bible (NEB), la Traduction Oecuménique de la Bible (TOB).

La plupart des difficultés textuelles, discutées dans ce compte rendu préliminaire, apparaissent d'ailleurs dans l'apparat critique de la Biblia Hebraica de Rudolph Kittel en sa 3e édition. Aussi le lecteur pourra-t-il compléter les données textuelles sommaires de ce compte rendu par celles que fournit cet apparat. Du reste, quand RSV, NEB, J, TOB s'écartent du Texte massorétique, elles l'indiquent d'ordinaire dans une note. Mais ce n'est pas toujours le cas.

Dans ce compte rendu préliminaire et en ceux qui le suivront, on ne prendra pas en considération un certain nombre de difficultés textuelles, en des cas où ces cinq traductions modernes servant de base à la sélection des difficultés ont adopté toutes le Texte massorétique. Avant d'achever son travail, le Comité examinera cependant un certain nombre de difficultés textuelles supplémentaires, et les résultats de cette étude feront partie du rapport scientifique complet. De cette façon, le Comité espère élargir la problématique et arriver à un équilibre plus exact dans ses jugements.

A l'inverse, il y a des difficultés textuelles qui, bien que figurant dans les cinq traductions de référence, seront néanmoins laissées de côté dans ce compte rendu, car elles ne mettent pas vraiment en cause la signification du passage. Ces cas n'engagent pour la plupart que comme de légères modifications de sens (1) des passages de la 1e à la 2e ou à la 3e per-

XX

sonne dans les discours, directs et indirects; (2)
l'oscillation entre singulier et pluriel sans réel
changement de signification; (3) des différences mi-
neures dans l'orthographe des noms propres; (4) les
fluctuations entre YAHWEH et ADONAY qui ne sont pas
rares, mais ne posent pas de sérieux problèmes d'interprétation.

Les principes et les méthodes du Comité

Quand le Comité a voulu définir ses principes et
ses méthodes en vue de son travail d'analyse textuelle
de l'Ancien Testament hébreu, il a été amené à distinguer quatre stades dans le développement du texte hébreu. (1) Le premier stade est celui des productions
littéraires orales ou écrites envisagées en des formes
aussi proches que possible des productions originales.
C'est surtout l'analyse littéraire qui sert à reconsti-
tuer ces états textuels qu'on désigne couramment comme
les "textes originaux". (2) Le deuxième stade est celui
de la forme textuelle la plus primitive (ou des formes
les plus primitives) qui soi(en)t attestée(s) par des
témoins existants. Ce sont les techniques de l'analyse
textuelle qui servent à déterminer ces formes. On pourrait appeler ce stade celui du "texte attesté le plus
primitif" (que cette attestation soit d'ailleurs di-
recte ou indirecte). (3) Le troisième stade est celui
du texte consonnantique que les savants juifs ont rendu normatif peu après 70 après J.-C. On peut appeler
ce stade celui du "texte proto-massorétique". (4) Le
quatrième stade enfin est celui du "texte massorétique",
c'est-à-dire de la forme textuelle que les Massorètes
ont déterminée aux 9e et 10e siècles après J.-C., et
qui peut être pratiquement représentée, quant à la vo-
calisation et à l'accentuation, par les principaux manuscrits des écoles massorétiques de Tibériade.

Lorsque des leçons rivales viennent concurrencer
celle qu'atteste la tradition textuelle massorétique,
le Comité chargé de les départager a essayé de déterminer celle ou celles de ces leçons que l'on peut considérer comme caractéristique(s) du deuxième stade du
développement du texte hébreu de l'Ancien Testament.
Pour ce faire, le Comité s'est servi dans son travail
des principes d'analyse textuelle ordinairement recon-
nus comme applicables à ce genre de recherches. Quel-
ques-uns des facteurs qui sont le plus fréquemment pris

en considération par l'analyse textuelle seront énumé-
rés plus bas. Dans ce compte rendu provisoire ils recevront des numéros d'ordre par lesquels ils seront
cités pour fournir au lecteur quelque indication sur
les données principales qui ont orienté le jugement
porté par le Comité sur les diverses formes du texte.

Les caractéristiques de ce compte rendu

Les difficultés textuelles que ce compte rendu
discutera seront énumérées dans leur ordre biblique
selon les chapitres et les versets. Pour chaque difficulté, on donnera d'abord le texte massorétique. En-
suite viendront une ou plusieurs variantes textuelles.
Celles-ci seront pour la plupart des formes textuelles
attestées par des témoins, mais parfois ce seront de
pures conjectures. On les donnera presque toujours en
hébreu, et, si ce texte hébreu a dû être reconstruit
parce qu'il n'est pas attesté par aucun témoin hébraïque, il sera placé entre crochets. Dans ce compte
rendu provisoire, on n'a pas voulu donner l'ensemble
des témoins anciens, hébraïques ou écrits en d'autres
langues. Pour cela l'apparat mentionné de Kittel donne
souvent des informations, et le rapport complet fournira toutes les données requises.

En regard de la forme textuelle que le Comité a
jugé être la plus représentative du second stade de
développement textuel, une lettre majuscule A, B, C
ou D indiquera au lecteur le degré de probabilité que
le Comité attribue à son jugement. Ainsi, la lettre A
signifiera-t-elle qu'il est très hautement probable
que cette forme soit la plus primitive parmi toutes
les formes textuelles attestées, tandis que la lettre
B indiquera une grande probabilité du même fait avec
cependant une certaine marge de doute. L'adjonction de
la lettre C à une forme donnée la caractérise comme
étant probablement la plus primitive, mais avec un co-
efficient de doute considérable. Lorsqu'en revanche
une forme de texte est marquée par la lettre D, elle
présente quelques chances d'être la plus primitive,
mais cela demeure très incertain. Un système de quatre
lettres, A - D, indiquant le degré de probabilité de
la solution adoptée a déjà été employé pour l'analyse
du texte grec, conduite par le Comité du Nouveau Testament et publiée par l'Alliance Biblique Universelle.

Il est arrivé au Comité de se trouver en désaccord
sur les jugements à porter entre des formes textuelles
concurrentes. Ce compte rendu n'a retenu que la solution majoritaire sans indiquer ni qu'il y avait une po-
sition minoritaire ni quelle elle était.

Chaque forme textuelle, normalement donnée en hébreu, sera suivie par une traduction littérale, en
anglais d'abord, puis en français. A cela s'ajouteront
les traductions modernes qui servent de référence :
RSV, J, L, NEB, TOB. Un contexte un peu plus large sera cité entre parenthèses si le sens le requiert.

Après chaque forme textuelle rejetée, les facteurs
ayant conduit à leur rejet seront indiqués. Sans que
l'on prétende être exhaustif dans l'énumération de ces
facteurs qui ont déterminé le jugement du Comité, on a
essayé cependant de les donner dans l'ordre de leur importance. Dans quelques cas particuliers, la liste des
facteurs sera complétée par un résumé d'autres consi-
dérations qui ont joué un rôle dans le jugement du Comité. Quand une forme textuelle soulève des questions de
traduction, elle sera pourvue de suggestions appropriées.

Notons cependant que les traducteurs ne devraient
pas interpréter ces suggestions comme des modèles de
traduction à imiter, mais seulement comme des interprétations correctes du sens qui pourront servir comme
point de départ à des traductions justes et heureuses
du texte biblique dans les différentes langues.

Les facteurs entrant en ligne de compte dans les jugements sur les formes textuelles

Lorsqu'on compare soigneusement les diverses variantes d'un texte donné (sans essayer de comprendre
les causes littéraires ou historiques qui ont donné
naissance à ces variantes), on remarque tout de suite
deux séries distinctes, quoique complémentaires, de
facteurs permettant de déterminer quelle forme a des
chances d'être la plus primitive et quelle est la
forme ou quelles sont les formes qui sont dérivées.
La première série est surtout descriptive et considère
les relations existant entre les différentes formes
textuelles. C'est par-là qu'elle peut servir à appré-
cier la valeur relative de chacune des variantes. La
deuxième série de facteurs est génétique, car elle
énumère les causes qui ont produit des altérations
textuelles. On pourrait appeler les critères de cette
seconde série des facteurs de modification.

A. Facteurs d'appréciation

Le Comité a fait appel à trois facteurs d'appréciation.

1. Etroitesse de la base d'une variante textuelle = Facteur 1. Lorsqu'une variante ne se rencontre qu'en une tradition du texte biblique, par exemple, dans le Targum, la Syriaque ou la Vulgate seulement, on donnera moins de poids à cette forme que lorsqu'elle se rencontre dans plusieurs traditions. Cependant, en analyse textuelle, il ne s'agit pas de faire l'addition des traditions textuelles. Il faut peser celles-ci. Cela veut dire que ce n'est pas tant le nombre des témoins textuels qui compte que l'indépendance de leur attestation. Ainsi, la version syriaque, bien qu'étant importante quelquefois, n'est souvent qu'un reflet de la Septante ou d'un Targum et ne peut être comptée alors comme un témoin indépendant.

2. Largeur trompeuse de la base d'une variante textuelle = Facteur 2. Quelquefois une variante semble s'appuyer sur une large base parce que plusieurs traditions textuelles différentes l'attestent. Mais un examen plus attentif de la situation peut révéler que ces diverses traditions ont toutes cédé à une même tendance d'interprétation. Cela se passe fréquemment là où un passage obscur pouvait être rendu clair par un changement qui s'imposait aux anciens scribes et traducteurs comme une amélioration évidente du texte. De la sorte, au lieu d'être des témoins indépendants de quelque texte hébraïque plus ancien, ces nombreuses formes textuelles identiques ne sont que des témoins secondaires. Elles dérivent en effet non de quelque archétype textuel, commun à elles toutes, mais d'une même manière obvie d'échapper à une difficulté textuelle.

3. Dépendance de diverses formes textuelles à l'égard d'une forme unique plus primitive = Facteur 3. Quand une expression d'un texte primitif offre une difficulté particulière (que cette difficulté soit inhérente au texte ou qu'elle tienne à la perte de certaines connaissances prérequises pour en déchiffrer le sens), il arrive que différents scribes et traducteurs se tirent de cette difficulté par des moyens très divers. Il s'agit donc de trouver la clef qui explique cette diversité. Une fois cette forme-clef découverte, il est souvent possible d'expliquer comment à partir d'elle on

est allé en différentes directions pour chercher une
solution à la difficulté qu'elle recélait. Aucune autre
forme textuelle ne fournirait un point de départ permettant de rendre compte avec aisance de la complexité
des développements.

Ces trois facteurs d'appréciation sont complémentaires. Ils peuvent conduire à des jugements opposés
en des situations apparemment semblables. C'est pourquoi ils doivent s'accompagner toujours au moins d'un
facteur génétique (ou "facteur de modification") qui
indique la cause des divergences en question.

B. Facteurs de modification

Lorsqu'on envisage la situation textuelle présente
comme le résultat d'un développement historique qui a
donné naissance à des variantes sous l'influence de
causes diverses, on peut alors appeler ces causes d'altération du texte "facteurs de modification". Dans cette perspective génétique, de tels facteurs motivent en
effet les altérations du texte.

Il y a lieu de distinguer deux espèces de facteurs
de modification : (1) Les changements conscients dont
sont responsables les scribes et les traducteurs (Facteurs 4-9) et (2) les erreurs inconscientes ou "méca-
niques" (Facteurs 10-13). Les altérations conscientes
à la charge des scribes et des traducteurs peuvent se
regrouper dans les six catégories suivantes énumérées
dans l'ordre de leur importance et fréquence.

1. Simplification du texte (leçon plus facile) = Fac-
teur 4. Lorsqu'un texte était difficile à comprendre,
les scribes et les traducteurs tendaient à simplifier
le texte. Dans ce but ils faisaient choix de mots ou
de formes grammaticales et stylistiques s'insérant de
façon plus coulante dans le contexte. (On appelle de
tels changements des "leçons facilitantes".) Cela
n'est pas la même chose que d'adapter le texte original aux requêtes de la langue dans laquelle on le traduit, ou d'introduire dans le texte une interprétation
tendancieuse. Cela revient plutôt à l'amélioration de
passages qui semblaient être grevés de difficultés inu-
tiles. Cette tendance vers des textes plus coulants
donne aux textes plus difficiles une meilleure chance
d'être primitifs. Car, à la lumière de cette tendance,

on s'explique aisément pourquoi on a simplifié une
forme compliquée, mais on ne voit pas comment on au-
rait délibérément obscurci un texte clair et simple.

2. Assimilation à des passages parallèles = Facteur 5.
Certaines formes textuelles divergentes ont vu le jour
parce que d'anciens éditeurs, scribes ou traducteurs
ont assimilé un passage biblique à un autre qui était
semblable ou se trouvait dans le proche voisinage.
L'intention de ce procédé était d'arriver à une plus
grande cohérence. Voici quelques types d'assimilation
plus fréquents : assimiler un passage plus condensé à
son parallèle plus détaillé, assimiler l'exécution
d'une action à l'ordre donné ou au plan énoncé de cette action, assimiler un passage moins important à son
parallèle littérairement et théologiquement plus important, assimiler les choix de mots ou les tournures
grammaticales à celles des passages semblables.

3. Altérations textuelles requises par la traduction
= Facteur 6. Lorsque l'on entreprit de traduire la
Bible en grec, syriaque, latin etc., il fallut quelquefois faire subir au texte quelques adaptations requises par ces langues dans lesquelles on traduisait.
Une transposition littérale et mot-à-mot de l'hébreu
en une autre langue eût en effet été intolérable.
C'est pourquoi, lorsqu'on relève des différences entre
le texte hébreu traditionnel et les versions anciennes,
il s'agit de déterminer (1) si elles relèvent des a-
daptations requises par les langues dans lesquelles
on devait traduire, ou par les particularités de style
propres à chaque traducteur, ou bien (2) si elles sup-
posent qu'un autre texte hébraïque se trouvait sous
les yeux des traducteurs.

4. Modification du texte pour des motifs d'exégèse =
Facteur 7. Dans certains cas, la forme particulière
d'un texte est le résultat d'une exégèse spéciale que
l'on en donnait. En d'autres termes, certains éditeurs
anciens, scribes ou traducteurs, croyaient devoir modifier le texte reçu en le changeant ou en l'amplifiant
pour le rendre conforme à certaines conceptions, prin-
cipalement théologiques. Ou il arrivait aussi qu'ils
voulaient un texte qui exprimât plus clairement un
sens qui n'en ressortait qu'imparfaitement. De telles
formes divergentes du texte, lorsqu'elles sont nées
en des stades tardifs du développement textuel, ne
peuvent évidemment être préférées aux formes textuel-

les qui ne trahissent aucune préoccupation exégétique
de cet ordre.

5. Mauvaise compréhension de certaines données linguis-
tiques = Facteur 8. Au cours de certaines époques, il
est arrivé que l'on perde la connaissance de certaines
données de la grammaire et du vocabulaire bibliques
ainsi que de certains procédés employés par les co-
pistes des manuscrits. (Ces connaissances étaient parfois déjà perdues à l'époque du texte attesté le plus
primitif.) Des textes devenus de ce fait inintelli-
gibles ne purent demeurer à l'abri de corrections qui
semblaient s'imposer. Mais les connaissances dont nous
disposons actuellement dans les domaines (1) de la
langue hébraïque en particulier, (2) des langues sémi-
tiques apparentées en général, et (3) de la langue, du
style et des particularités des traductions anciennes
de la Bible, aidant, dans maint cas, à retrouver le
sens original d'un texte difficile. Ainsi devient-il
possible d'identifier la forme primitive d'un texte.

6. Mauvaise compréhension de données historiques =
Facteur 9. Chaque auteur présuppose dans ses oeuvres
un grand nombre d'éléments de vie qui composent le
monde historique et culturel dont il est issu. Ce
sont les conditions normales dans lesquelles il vit
et parle. En progressant, l'histoire cependant modifie,
ou emporte même, ces conditions en les remplaçant par
d'autres. Par conséquent, des lecteurs postérieurs,
ignorant les conditions du passé, risquent de ne plus
comprendre le sens des textes nés dans le passé. De
telles incompréhensions des textes anciens devenus
obscurs donnèrent occasion à des changements textuels
visant à leur rendre un sens. Cependant, les découver-
tes faites depuis lors dans le domaine de la culture
et de la civilisation du Proche Orient Ancien et du
monde biblique permettent parfois de redécouvrir le
sens original des textes obscurs. La redécouverte des
lois et des coutumes anciennes, de la vie cultuelle,
politique et miliraire peut rouvrir l'accès de certains textes énigmatiques, permettant ainsi de distinguer les formes textuelles primitives de celles qui
ont subi des modifications subséquentes.

Les altérations inconscientes qui ont abouti à la modification de la forme du texte, peuvent se ramener aux
quatre types suivants :

1. Omission accidentelle de lettres, syllabes ou paroles semblables = Facteur 10. Lorsque les scribes
copient des manuscrits, il arrive qu'ils omettent par
mégarde des séquences. Par exemple, quand deux phrases
se terminent par la même séquence de lettres, la
deuxième peut tomber par une méprise du scribe. (Cette
méprise s'appelle techniquement homéotéleuton.) Inver-
sement, lorsque deux phrases débutent par la même séquence de lettres, la première phrase peut tomber,
victime de l'erreur d'un scribe. (Cela s'appelle techniquement homéoarcton.) En d'autres cas, deux séquences sont parfaitement identiques (en Hébreu, il arrive
que les consonnes soient identiques tandisque la voca-
lisation prévue, et par conséquent le sens, diffère
du tout au tout). Les scribes laissent parfois tomber
une de ces deux séquences par erreur. (Cela s'appelle
techniquement haplographie.)

2. Répétition accidentelle d'une séquence identique
= Facteur 11. A l'opposé de l'omission accidentelle
d'expressions, une erreur inverse, moins fréquente
il est vrai, consiste à répéter une séquence de lettres.
(Cette erreur s'appelle techniquement dittographie.)

3. Autres erreurs de scribes = Facteur 12. Il existe
de nombreuses autres erreurs de scribes, telle la
confusion, la transposition ou l'omission de lettres
ou de groupes de lettres et les fausses coupures entre
mots ou entre phrases (dans beaucoup d'anciennes écritures il n'y a ni coupure entre les mots ni ponctuation
de la phrase). Parfois on interprétait mal le schéma
des consonnes d'un mot (puisque les écritures sémiti-
ques n'ont pas toujours noté les voyelles des mots,
elles offraient des mots et des phrases ambigus, c.-à-
d. ouverts à plusieurs interprétations). Quelquefois
aussi des erreurs provenaient de sons phonétiquement
voisins (lorsque le scribe copiait en écoutant la dic-
tée d'un texte). On rencontre enfin d'autres fautes
de copie difficiles à expliquer.

4. Leçons gonflées et doublets = Facteur 13. Une autre
espèce d'erreurs se situe à la limite entre erreurs de
scribes inconscientes et intervention délibérées sous
l'influence des Facteurs 3 et 6. Des textes difficiles
portaient dans certains manuscrits de brèves explica-
tions (gloses) ou des leçons concurrentes (variantes)
inscrites sur les marges ou entre les lignes au-dessus
du passage faisant difficulté. Or, certains scribes

malheureusement ne prenaient pas la peine de distinguer
soigneusement entre le texte et ces gloses. Aussi in-
corporaient-ils ces éléments étrangers dans la trame
même du texte. Le résultat en était des textes ampli-
fiés et des doublets. En d'autres occasions, le texte
subissait une correction, mais on omettait d'ôter du
texte la forme primitive qu'on venait de remplacer par
la forme corrigée, si bien qu'alors les deux formes
l'une plus ancienne et l'autre plus récente et modifiée,
existaient côte-à-côte, et devenaient, avec le temps,
toutes les deux partie intégrante du texte. Le texte
qui en résulte s'appelle leçon gonflée.

   Tous ces facteurs de modification peuvent être re-
gardés sous un aspect positif ou négatif. Car ils ex-
pliquent pourquoi telle forme du texte est le résultat
d'une altération survenue au cours de la transmission
du texte et disent en même temps pourquoi la forme textuelle opposée est primitive. Ainsi est-il toujours
possible de présenter les facteurs de modification soit
négativement comme ci-dessus, c'est-à-dire comme révé-
lateurs du caractère secondaire de certaines formes du
texte, soit positivement, c'est-à-dire comme preuves
de l'authenticité des formes textuelles rivales. Par
exemple le facteur 4 (leçon plus facile) dirait en
termes positifs qu'une forme du texte plus dure ou plus
difficile a généralement davantage de chances d'être
sa forme originale qu'une forme plus aisée. Ou de façon semblable, le facteur 5 (assimilation) serait en
termes positifs : la forme textuelle caractéristique ou
dissymétrique a un meilleur titre à être la forme primitive que la forme semblable ou symétrique. Ou de même
le facteur 7 (modification pour des motifs d'exégèse)
équivaut à observer qu'un texte qui répugne à l'une
des options exégétiques typiques d'une tradition textuelle, offre par là même une meilleure garantie d'authenticité qu'un texte qui est parfaitement conforme à
cette option. Puisque dans ce rapport cependant les
facteurs seront toujours indiqués à propos des leçons
rejetées, c'est-à-dire secondaires, ils y seront formu-
lés sous leur aspect négatif. En énumérant dans ce rapport les facteurs qui ont joué un rôle dans les décisions du Comité, on n'a voulu ni décrire l'analyse textuelle que le Comité a faite ni développer les motifs
précis de son jugement dans chaque cas. Cela est réser-
vé bien sûr à l'exposé détaillé du rapport scientifique.

C. Deux facteurs supplémentaires

Deux autres motifs intervenant quelquefois dans
le jugement du Comité, méritent une mention ici quoi-
qu'ils ne puissent être considérés comme des facteurs
de même type que les précédents.

1. Conjectures = Facteur 14. Lorsqu'un texte hébreu
apparaissait spécialement étrange (que ce soit dû à
sa structure grammaticale ou à un vocabulaire insolite),
des érudits proposèrent parfois d'autres expressions
qui semblaient correspondre mieux au contexte. Quelquefois ils se bornèrent à changer l'ordre des mots,
à déplacer des lettres, à couper différemment les
mots et les phrases ou à modifier simplement la ponctuation vocalique. Dans d'autres cas, ils arrivèrent à
des changements et substitutions assez radicaux. Le
Comité étant chargé cependant d'analyser les problèmes
textuels, non les problèmes littéraires, de l'Ancien
Testament, ne pouvait entrer dans ce domaine des suggestions purement conjecturales. Car celles-ci entraî-
neraient le Comité hors des limites qu'il s'est fixées
lui-même puisque les conjectures ne se basent sur aucune forme existante du texte de l'Ancien Testament,
c'est-à-dire sur aucune forme attestée directement ou
indirectement soit par l'Hébreu soit par les différentes traductions anciennes.

Quelquefois le Comité a voté en donnant la qualification B ou C à une leçon en face d'une conjecture.
Un tel vote n'attribue jamais une inclination du Comité vers cette conjecture. Il indique plutôt la difficulté inhérente à cette leçon choisie qui ne peut
pas prétendre avec certitude à être la forme originale
du texte.

2. Textes inexplicables = Facteur 15. Il existe des
cas où la forme du texte que les principes de l'analyse textuelle permettent de considérer comme la
meilleure ne donne cependant pas un sens très heureux.
Car il se peut que se soit déjà glissée dans cette
forme quelque erreur de scribe très ancienne, ou que
nous ne comprenions plus pleinement toutes les données
présupposées par ce texte. Dans de tels cas, force
est de reconnaître le caractère insatisfaisant de la
forme textuelle choisie. Dans ces cas difficiles, on
proposera aux traducteurs des solutions à adopter. Le
plus souvent on leur recommandera de s'inspirer de

l'une ou de plusieurs des traductions anciennes, quoi
que celles-ci aient adopté des solutions sans aucun
doute secondaires.

Les Facteurs 14 et 15 se juxtaposeront quelquefois
dans ce rapport parce que les traductions modernes
ont donné accès aux conjectures dans leur texte, à
propos de quelques passages de l'Ancien Testament qui
semblent résister à tout jugement vraiment satisfai-
sant sur la forme originale du texte et son interprétation plausible.

En passant en revue ces différents facteurs énu-
mérés, on se rend aisément compte que plusieurs d'entre
eux sont reliés les uns aux autres de multiples façons.
Par exemple, si on les classe en critères intérieurs
au texte et extérieurs à lui, c'est-à-dire en critères
que fournit l'étude des textes bibliques existants,
et ceux qui viennent d'ailleurs, alors les facteurs
8, 9 et 14 sont surtout des critères extérieurs au
texte, tandique que les facteurs 1-7 et 10-13 se fon-
dent essentiellement sur l'étude des textes de l'Ancien Testament eux-mêmes. Il n'est pas rare d'ailleurs
que plusieurs de ces facteurs entrent en ligne de
compte. Il n'est pas facile alors de déterminer celui
ou ceux qui ont réellement causé l'altération du texte.

La forme et le contenu de ce compte rendu pourraient donner lieu à des malentendus, si le lecteur
ne restait pas constamment conscient de son caractère
provisoire et limité et du but restreint que le Comité poursuit. Ainsi, le grand nombre de cas où le Comité donne sa préférence au texte massorétique, pourrait
éveiller un soupçon : N'y a-t-il pas là un préjugé,
peut-être inconscient, en faveur de la tradition massorétique ? Cela n'est pas le cas. Pour chaque problème
l'ensemble des données a été examiné et pesé avec soin,
et si c'est la leçon du texte massorétique qui a été
choisie en tel ou tel cas, ce fut pour l'unique raison
que ce texte apparaissait le meilleur selon les critères dont use l'analyse textuelle. Tout cela sera jus-
tifié clairement dans le rapport technique final qui
exposera en détail les méthodes et les démarches du
Comité.

Certains malentendus pourraient surgir si l'on oubliait le but visé par le Comité. Celui-ci se propose de déterminer la meilleure forme textuelle de la deuxième période (le texte attesté le plus primitif), comme on l'a précisé dans la première partie de cette introduction. Il n'est pas impossible que quelques lecteurs jugent le Comité trop conservateur et se demandent pourquoi le Comité n'a pas constamment recouru à l'analyse littéraire afin d'établir un Urtext (première période). Un tel texte cependant ne serait pas seulement hautement conjectural et partant objet de multiples controverses, il serait en plus totalement inadapté pour servir de base aux nombreuses traductions de l'Ancien Testament que l'on projette ou entreprend dans les différentes parties du monde.

Il se peut aussi qu'on se méprenne sur le sens des traductions fournies aux traducteurs dans ce rapport. Ce n'est nullement dans les intentions du Comité de vouloir inviter les traducteurs à suivre textuellement les suggestions de traduction qui accompagnent chaque leçon retenue. Celles-ci sont bien plutôt des bases correctes à partir desquelles les traducteurs peuvent concevoir l'expression adaptée qu'exigeront leurs langues particulières. Si l'on donne cependant ces traductions sous une forme plus ou moins littérale, c'est pour que le lecteur puisse se rendre pleinement compte du rapport existant entre la forme de base hébraïque et son contenu sémantique ou son sens. Peut-être le traducteur sera-t-il déçu parce qu'il cherchera en vain dans ce rapport une discussion des difficultés exégétiques liées aux problèmes textuels. Il pourra même croire que le Comité ne s'en est point préoccupé. Qu'il soit assuré, au contraire, que le Comité s'est efforcé de tenir compte de toutes les implications exégétiques des problèmes textuels. Il a accordé une attention spéciale à tous les cas où une leçon retenue de la tradition massorétique soulève des difficultés particulières d'interprétation. Toutes ces questions recevront un traitement développé dans le rapport technique. C'est alors qu'on pourra juger des décisions du Comité en ayant sous les yeux toutes les données qui entrent en ligne de compte.

Il a déjà été noté que la forme et le contenu de
ce compte rendu ne sont pas définitifs. Si on a déci-
dé de publier périodiquement ces résumés provisoires
du travail du Comité, c'est pour seconder les traducteurs qui ont réclamé avec instance cette aide dans
les difficultés textuelles. Le Comité accueillera
avec reconnaissance toute suggestion à propos des
problèmes et questions traités ici. On voudra bien
les adresser au Comité : United Bible Societies,
Postfach 755, 7 Stuttgart 1, BRD.

Foreword to Vol. 5

The editing of this second and last part of the
Prophetical Books is the work of Pierre Casetti
and Adrian Schenker. The typing of this volume was
done by Bernadette Schacher, scientific secretary
at the Biblical Institute, University of Fribourg,
Switzerland. Eugene Nida, Dominique Barthélemy and
Pierre Casetti read and corrected the manuscript.

An appendix at the end of the volume adds several
supplements.

Adrian Schenker   Fribourg, 1st of July, 1980

Préface au Vol. 5

La rédaction de cette deuxième et dernière partie
des livres prophétiques est l'oeuvre de Pierre
Casetti et d'Adrian Schenker. La dactylographie
du volume est due à Bernadette Schacher, collabo-
ratrice scientifique à l'Institut Biblique de
l'Université de Fribourg en Suisse. Eugene Nida,
Dominique Barthélemy et Pierre Casetti ont relu
et corrigé le manuscrit.

Le volume se termine par un appendice contenant
des cas textuels supplémentaires.

Adrian Schenker   Fribourg, 1er juillet 1980

EZEKIEL   EZECHIEL

==================

J   = La Sainte Bible, traduite en français sous
         la direction de l'Ecole Biblique de Jérusa-
         lem, nouvelle édition, Paris 1973.

L   = Die Bibel oder die ganze Heilige Schrift
         des Alten und Neuen Testaments nach der
         Uebersetzung Martin Luthers, 3. Aufl.,
         Stuttgart 1971.

NEB   = The New English Bible, The Old Testament,
         Oxford 1970.

RSV   = The Holy Bible, Revised Standard Version,
         New York 1952.

TOB   = Traduction Oecuménique de la Bible, Edition
         intégrale, Ancien Testament, Paris 1975.

Brockington
L.H.Brockington, The Hebrew Text of the Old
Testament. The Readings Adopted by the Trans-
lators of the New English Bible, Oxford -
Cambridge 1973

1.1

מראות B
    visions of / from (God)
    des visions de (Dieu)
        RSV : visions (of God)
        J   : (je fus témoin) de visions (divines)
        TOB : des visions (divines)
        L   : (und Gott zeigte mir) Gesichte
 [מַרְאַת] (=Brockington)
    a vision of / from (God)
    une vision de (Dieu)
        NEB : a vision (of God)
    Fac.: 1, 5
    Rem.: See the similar cases below in 8.3; 40.2; 43.3.
    Rem.: Voir les cas analogues en 8.3; 40.2; 43.3.
    Transl.: visions of (God) / from (God)
    Trad.:   des visions (divines)

1.10

אדם ... נשר A
    of a man ... of an eagle
    d'un homme ... d'un aigle
        J   : d'homme ... d'aigle
        NEB : of a man ... of an eagle
        TOB : d'homme ... d'aigle
 [אדם לפנים ... נשר מאחור]
    of a man before ... of an eagle behind
    d'un homme devant ... d'un aigle derrière
        RSV*: of a man in front ... of an eagle at the
              back
        L   : vorn gleich einem Menschen ... und hinten
              gleich einem Adler
    Fac.: 14
    Transl.: of a man ... of an eagle
    Trad.:   d'un homme ... d'un aigle

1.11

ופניהם C
    and their faces
    et leurs faces
        RSV : such were their faces
        TOB : c'étaient leurs faces
 [Lacking.Manque] = NEB*, J*, L

Fac.: 4
Rem.: The simplest translation of this clause
  would be the following : "their faces (and their
  wings were separated above)".
Rem.: La traduction la plus simple du passage sera :
  "leurs faces (et leurs ailes étaient séparées par
  en-haut)".
Transl.: See Remark
Trad.:   Voir Remarque

1.13

B מראיהם ... ודמות
  and the likeness..., their appearance
  et la ressemblance..., leur apparence
     NEB : the appearance (of the creatures) was as if
     TOB : ils ressemblaient (à des êtres vivants).
           Leur aspect
  [ומראה ... ומתוך]
  and from the midst of ... the appearance of
  et du milieu de ... l'apparence de
     RSV*: in the midst of (the living creatures)
           there was something that looked like
     J* : au milieu (des animaux), il y avait quel-
           que chose comme
     L   : und in der Mitte zwischen (den Gestalten)
           sah es aus wie
  Fac.: 4
  Transl.: and the likeness <was that> (of living
           creatures), their appearance
  Trad.:   et la ressemblance <était celle> (d'êtres
           vivants), leur apparence

1.14

B V. 14 = RSV, J*, TOB, L
  [Lacking.Manque] = NEB* (=Brockington)
  Fac.: 4
  Transl.: V. 14
  Trad.:   V. 14

1.16

C ומעשיהם
    and their structure
    et leur structure
        RSV : and their construction
        J   : et leur structure
        TOB : et leur structure
 [Lacking.Manque] = NEB*, L (=Brockington)
 Fac.: 4
 Transl.: and their structure
 Trad.:   et leur structure

1.16

C ומראיהם
    and their appearance
    et leur apparence
        NEB : in form (... they were)
        J   : quant à leur aspect
        TOB : c'était leur aspect
 [Lacking.Manque] = RSV, L
 Fac.: 4
 Transl.: and their appearance
 Trad.:   et leur apparence

1.18

B ויראה להם
    and fear ⟨was⟩ for them / they caused fear
    et de la crainte ⟨c'était⟩ à eux / ils faisaient
    peur
        J   : (leur circonférence était de grande taille)
            et effrayante
        TOB : (la hauteur de leurs jantes) faisait peur.
 [ואראה להם]
    and I looked upon them
    et je les regardai
        L   : und ich sah
 Fac.: 4,12
 [וּרְאִיָּה / וּרְאִיָה להם] (=Brockington)
    and they had sight
    et ils étaient capables de voir
      NEB*: which had the power of sight
 Fac.: 4

[וידים להם]
   and hands ⟨were⟩ for them / and they had hands
   et des mains ⟨étaient⟩ à eux / et ils avaient des
   mains
      RSV*: and they had spokes
   Fac.: 14
   Transl.: and were dreadful
   Trad.:   et faisaient peur

1.20

B שמה הרוח ללכת
   there ⟨wherever⟩ the spirit ⟨wanted⟩ to go
   là ⟨où⟩ l'esprit ⟨voulait⟩ aller
   Lacking.Manque = RSV, NEB, J*, TOB*, L
   Fac.: 4
   Transl.: there ⟨wherever⟩ the spirit ⟨wanted⟩ to go
   Trad.:   là ⟨où⟩ l'esprit ⟨voulait⟩ aller

1.22

A הנורא
   terrible / dreadful
   terrible / effroyable
      NEB : awe-inspiring
      TOB : resplendissant
      L   : unheimlich anzusehen
   [Lacking.Manque] = RSV*, J*
   Fac.: 4
   Transl.: dreadful / causing fear
   Trad.:   faisant peur

1.24

A כקול שדי
   like the voice of Shaddai
   comme la voix de Shaddaï
      RSV : like the thunder of the Almighty
      J   : comme la voix de Shaddaï
      TOB : (c'était...) la voix du Puissant
      L   : wie die Stimme des Allmächtigen
   [כקול שֶׁדִי / שַׁדִי] (=Brockington)
   like the noise of a cloud-burst / downpour
   comme le bruit d'une averse
      NEB*: (like the noise...) of a cloud-burst (note:
            "or 'of the Almighty'.")
   Fac.: 14

Transl.: like the voice of Shaddai
Trad.:   comme la voix de Shaddaï

1.25

B בעמדם תרפינה כנפיהן
    when they stood still, they let down their wings
    lorsqu'ils s'arrêtaient, ils abaissaient leurs
    ailes
       RSV : when they stood still, they let down their
            wings
       NEB : as they halted with drooping wings
       L   : wenn sie stillstanden, liessen sie die
            Flügel herabhängen.
  Lacking.Manque = J*, TOB*
  Fac.: 10
  Transl.: when they stood still, they let down their
         wings
  Trad.:   lorsqu'ils s'arrêtaient, ils abaissaient
         leurs ailes

2.3

B אל-גוים
    to people(s) / pagans
    vers des peuples / païens
      TOB : vers des gens (révoltés)
[אל גוי]
    to a people
    vers un peuple
      RSV*: to a nation (of rebels)
      NEB : (to...) a nation (of rebels)
      L   : zu dem (abtrünnigen) Volk
  Fac.: 1,4
  [Lacking.Manque] = J*
  Fac.: 7,4
  Transl.: to people / pagans
  Trad.:   vers des gens / païens

2.7

B כי מרי המה
    for they ⟨are in⟩ rebellion
    car ils ⟨sont⟩ rébellion
      TOB : ...: ce sont des rebelles
      NEB : rebels that they are

כי בית מרי המה
    for they ⟨are⟩ the house of rebellion
    car ils ⟨sont⟩ la maison de rébellion
        RSV : for they are a rebellious house
        J* : car c'est une engeance de rebelles
        L   : denn sie sind ein Haus des Widerspruchs
Fac.: 5
Rem.: See a similar textual difficulty below at
    44.6.
Rem.: Voir une difficulté textuelle analogue ci-
    dessous en 44.6.
Transl.: for they ⟨are in⟩ rebellion
Trad.:   car ils ⟨sont⟩ rébellion

2.10

B קנים והגה והי
    lamentations and groaning / lament and woe
    lamentations et gémissement et plainte
        RSV : words of lamentation and mourning and woe
[קנים והגים והי]
    lamentations and groaning / laments and words of
    woe
    lamentations et gémissements et plaintes
        NEB : with dirges and laments and words of woe
        J   : "Lamentations, gémissements et plaintes"
        TOB : des plaintes, des gémissements, des cris
    Fac.: 1,5
[קינה והגה והי]
    lamentation and groaning / lament and woe
    lamentation et gémissement et plainte
        L   : Klage, Ach und Weh
    Fac.: 5,6
Transl.: lamentations, groaning / lament and woe
Trad.:   lamentations, gémissement et plainte

3.12

A ברוך כבוד יהוה
    blessed ⟨be⟩ the glory of the LORD
    bénie ⟨soit⟩ la gloire du SEIGNEUR
        J   : bénie soit la gloire de Yahvé
        TOB : "Bénie soit ... la Gloire du SEIGNEUR !"
[ברום כבוד יהוה] (=Brockington)
    in the rising of the glory of the LORD
    dans l'élévation de la gloire du SEIGNEUR
        RSV*: and as the glory of the LORD arose
        NEB*: as the glory of the LORD rose

      L   : als die Herrlichkeit des HERRN sich erhob
Fac.: 14
Transl.: blessed ⟨be⟩ the glory of the LORD
Trad.:   bénie ⟨soit⟩ la gloire du SEIGNEUR

3.15

וָאֵשֵׁב הֵמָּה יושבים שם = QERE
   and I dwelt there ⟨where⟩ they were dwelling
   et j'habitais là ⟨où⟩ eux habitaient
      L   : und setzte mich zu denen, die dort wohn-
          ten
   Fac.: 5
C שם יושבים הֵמָּה ואשר = KETIV
   and there where they were dwelling
   et là où ils habitaient
      J   : c'est là qu'ils habitaient
      TOB : - car c'est là qu'ils résident -
Lacking.Manque = RSV*, NEB* (=Brockington)
Fac.: 10
Transl.: and there where they were dwelling
Trad.:   et là où ils habitaient

4.4

A וְשָׂמְתָּ
    and you will lay
   et tu poseras
      J   : et prends
      TOB : tu poseras
      L   : (du sollst...) und ... legen
   ושמת =[וְשַׂמְתִּי] (=Brockington)
   and I will put
   et je mettrai
     RSV*: and I will lay
     NEB : and I will lay
Fac.: 14
Rem.: See the following case.
Rem.: Voir le cas suivant
Transl.: and you will lay
Trad.:   et tu poseras

4.4

A עליו
    upon him / it
    sur lui
        TOB : (sur le côté gauche) où (tu poseras)
[עליך]
    upon you
    sur toi
        RSV*: upon you
        NEB : on you
        J* : sur toi
        L   : auf dich
    Fac.: 14
    Rem.: See the preceding case.
    Rem.: Voir le cas suivant.
    Transl.: upon it
    Trad.:   sur lui

4.5

A שלש-מאות
    three-hundred (and ninety)
    trois cent (quatre-vingt-dix)
        RSV : three hundred (and ninety)
        J* : trois cent (quatre-vingt-dix)
        TOB*: trois cent (quatre-vingt-dix)
        L   : dreihundertneunzig
[מאה] (=Brockington)
    one hundred (and ninety)
    cent (quatre-vingt-dix)
        NEB*: one hundred (and ninety)
    Fac.: 4
    Rem.: See a similar case in 4.9
    Rem.: Voir un cas analogue en 4.9.
    Transl.: three hundred (and ninety)
    Trad.:   trois cent (quatre-vingt-dix)

4.9

A שלש-מאות
    three hundred (and ninety)
    trois cent (quatre-vingt-dix)
        RSV : three hundred (and ninety)
        J* : trois cent (quatre-vingt-dix)
        TOB*: trois cent (quatre-vingt-dix)
        L   : - dreihundertneunzig

[מאה]
   one hundred (and ninety)
   cent (quatre-vingt-dix)
     NEB*: one hundred (and ninety)
 Fac.: 4
 Rem.: See the same textual difficulty in 4.5.
 Rem.: Voir la même difficulté textuelle en 4.5.
 Transl.: three hundred (and ninety)
 Trad.:   trois cent (quatre-vingt-dix)

5.7

B עשיתם לא (2°)
   you have not kept (lit. made)
   vous n'avez pas observé (litt. fait)
     NEB : (you have... not kept my laws) or even
          (the laws of the nations)
     J   : vous n'observez pas non plus (les cou-
          tumes des nations)
     TOB*: vous n'avez même pas agi (selon les cou-
          tumes des nations)
     L   : und nicht einmal (nach den Ordnungen der
          Heiden) gelebt habt
 עשיתם
   you have kept (lit. made)
   vous avez observé (litt. fait)
     RSV*: (but) have acted (according to the ordi-
          nances of the nations)
 Fac.: 2,4
 Transl.: you did not <even> act in accordance with
 Trad.:   vous n'avez <même> pas accompli

5.11

C וגם-אני אגרע
   and I too, I will cut down/shave
   et moi aussi, je vais couper/raser
     NEB : I in my turn will consume you
     TOB : moi aussi, je passerai le rasoir
 וגם-אני אגדע
   and I too, I will cut down
   et moi aussi, je vais couper/abattre
     RSV*: I will cut you down
     L   : will auch ich dich zerschlagen
 Fac.: 12

[וגם-אני אגרע]
    and I also, I will reject
    et moi aussi, je vais rejeter
       J* : moi aussi, je rejetterai
    Fac.: 4
    Rem.: In this phrase, there is a play on words
       involving 5.1, where the text refers to a sharp
       sword used as a barber's razor with which Eze-
       chiel was instructed to shave his head and beard.
    Rem.: Dans cette phrase il y a un jeu de mots avec
       5.1 où le rasoir est mentionné qui sert à raser
       tête et barbe d'Ezéchiel, selon l'ordre que le
       prophète avait reçu du Seigneur.
    Transl.: and I too, I will shave
    Trad.:   et moi aussi je passerai le rasoir

5.15

והיתה
    and she will be / and it will be
    et elle sera : et ce sera
    Fac.: 5,12
C והית (Brockington : וְהָיְיתָ)
    and you will be
    et tu seras
       RSV*: you shall be (a reproach)
       NEB*: you will be (an object of reproach)
       J   : tu seras (un objet de raillerie)
       TOB : tu seras (... un objet de honte)
       L   : und du sollst (zur Schmach...) werden
    Transl.: and you will be
    Trad.:   et tu seras

5.16

B בהם
    against them
    contre eux
       J   : contre eux
       TOB : contre eux
 [בכם]
    against you
    contre vous
       RSV*: against you
       NEB*: against you
       L   : unter euch
    Fac.: 1,3,4

Transl.: against them
Trad.:   contre eux

6.6

C יחרבו ויאשמו מזבהותיכם
    your altars will be ruined and will be desecrated
    (lit. will expiate, i.e. be punished)
    vos autels subiront le ravage et seront exécrés
    (litt. expieront)
      TOB : vos autels seront ruinés et exécrés
[יחרבו וישמו מזבהותיכם]
    your altars will be laid waste and ruined
    vos autels subiront le ravage et seront déserts /
on ravagera et détruira vos autels
      RSV*: (so that) your altars will be waste and
            ruined
      NEB : your altars will be waste and desolate
      J* : (afin que) vos autels soient détruits et
            qu'ils soient dévastés
      L   : (denn) man wird eure Altäre wüst und zur
            Einöde machen
    Fac.: 6
    Rem.: In the expression : "they will be desecrated
      (lit. will expiate)", there is a word play in the
      MT with V. 4 : "(your altars) will be ruined".
    Rem.: Dans l'expression : "ils expieront", il y a
      un jeu de mots en TM avec V. 4 "(vos autels)
      seront ruinés".
    Transl.: your altars will be ruined and will be
             desecrated (lit. will expiate)
    Trad.:   vos autels seront ravagés et expieront

6.8

B והותרתי בהיות לכם
    and I will leave some alive for you
    et je laisserai subsister pour vous
      RSV : yet I will leave some of you alive. When
            you have...
      J   : mais j'en épargnerai qui seront pour vous...
      TOB : mais quand vous n'aurez..., je maintiendrai
            un reste.
[והותרתי בהיותו לכם]
    and when it falls, I will leave for you
    et je laisserai, quand il tombe, pour vous
      NEB*: but when they fall, I will leave you
    Fac.: 14

[והותרתי לכם]
    and I will leave for you
    et je conserverai pour vous
        L   : ich will aber einige von euch übrig-
              lassen
    Fac.: 4
    Transl.: yet I will leave ⟨some⟩ alive for you
    Trad.:   mais j'⟨en⟩ laisserai subsister pour vous

6.9

B נשברתי את-לבם
    I have been broken because of their hearts /
    I broke their hearts
    j'ai été brisé à cause de leur coeur / j'ai
    brisé leur coeur
        NEB : how I was grieved because their hearts
              (had...)
[שברתי את-לבם]
    I have broken their hearts
    j'ai brisé leur coeur
        RSV*: when I have broken their ... heart
        J* : eux dont j'aurai brisé le coeur
        TOB : eux dont je briserai le coeur
        L   : wenn ich ihr ... Herz ... zerschlagen
              habe
    Fac.: 4,6
    Transl.: I have broken their hearts
    Trad.:   j'ai brisé leur coeur

6.14

A מִמִּדְבַּר דבלתה
    from the desert of Diblatah
    du désert de Diblata
מִמִּדְבַּר רבלתה
    from the desert to Riblah
    du désert à Ribla
        RSV*: from the wilderness to Riblah
        J* : depuis le désert jusqu'à Ribla
        L   : von der Wüste an bis nach Riblo
    Fac.: 4,5
[מִמִּדְבַּר רִבְלָתָה] (=Brockington)
    from the desert of Riblatah
    du désert de Riblata
        NEB*: more (desolate) than the desert of Riblah
    Fac.: 14

[מִמִּדְבָּר דבלתה]
   from the desert to Diblah
   du désert à Dibla
     TOB*: depuis le désert jusqu'à Divla
  Fac.: 14
  Rem.: From the point of view of textual analysis,
   the earliest attested text is without doubt "from
   the desert of Diblatah". All the text witnesses
   which give other readings must be considered as
   secondary, for they have changed the text in order
   to give it a more acceptable meaning. Nevertheless,
   this earliest attested text, as represented by
   the MT, is wrong because the place meant is probably Riblah, not Diblatah. Translators may indicate
   this in a note, saying that the original text probably was : "from the desert to Riblah".
  Rem.: Du point de vue de l'analyse textuelle, le texte
   attesté la plus ancien est certainement "du désert de
   Diblata". Tous les témoins qui présentent une autre
   forme textuelle, sont secondaires, c.-à-d. ont altéré
   le texte par des interventions visant à le corriger.
   Cependant, ce texte attesté le plus ancien, représenté
   par le TM, est erroné. Il s'agit probablement de Ribla,
   et non de Diblata. Les traducteurs peuvent mentionner
   cela en note, disant que le texte original était probablement : "du désert à Ribla".
  Transl.: from the desert of Diblatah
  Trad. : du désert de Diblata

7.2

B ואתה בן-אדם כה
   and you, son of man, thus
   et toi, fils d'homme, ainsi
     RSV : and you, o son of man, thus
     NEB : man, (the Lord GOD says) this
     TOB : écoute, fils d'homme ! Ainsi
  [ואתה בן אדם אמר כה]
   and you, son of man, say : thus
   et toi, fils d'homme, dis : ainsi
     J* : fils d'homme, dis : ainsi
  Fac.: 4,5
  Transl.: and you, son of man, thus
  Trad.:   et toi, fils d'homme, ainsi

7.5

רעה אחת רעה C
   a disaster, one disaster
   un malheur, un seul malheur
      J   : (voici que vient) un malheur, un seul
             malheur
      TOB : malheur jamais vu ! malheur !
רעה אחר רעה (=Brockington)
   one disaster after another disaster
   un malheur après un malheur
      RSV : disaster after disaster !
      NEB*: disasters one upon another
      L   : (es kommt) ein Unglück über das andere !
Fac.: 12
Transl.: a disaster, a unique (i.e. final and deci-
          cive) disaster
Trad.:   un malheur, un unique (c.-à-d. définitif)
          malheur

7.6

קץ בא בא הקץ הקיץ אליך הנה באה A
   ⟨it is⟩ the end ⟨which⟩ comes, the end comes, it
   has awakened, against you; behold it comes
   la fin vient, elle vient, la fin, elle s'est
   éveillée contre toi; voici qu'elle vient !
      RSV : and the end has come, the end has come;
             it has awakened against you. Behold, it
             comes
      J   : la fin approche, la fin approche, elle
             s'éveille en ta direction, la voici qui
             vient
      TOB : la fin arrive; elle arrive la fin; elle
             s'éveille pour toi; la voici qui arrive
      L   : das Ende kommt, es kommt das Ende, es ist
             erwacht über dich; siehe, es kommt !
[קץ בא בא הקץ]
   ⟨it is⟩ the end ⟨which⟩ comes, the end comes
   la fin vient ! elle vient ! la fin
      NEB*: the end, the end it comes, it comes.
Fac.: 14
Transl.: the end comes, the end comes, it has
          awakened against you; behold it comes
Trad.:   la fin vient, elle vient, la fin, elle
          s'est éveillée contre toi; voici qu'elle
          vient

7.7

C וְלֹא-הֵד הָרִים
   and no joyful shouts of the mountains / ⟨upon⟩
   the mountains
   et pas de clameur de joie des montagnes / ⟨sur⟩
   les montagnes
      RSV : and not of joyful shouting upon the moun-
            tains
      J   : (c'est le trouble) et non plus la joie
            pour les montagnes
      TOB : (panique) au lieu de joie sur les montagnes
      L   : (der Tag...), an dem kein Singen mehr auf
            den Bergen sein wird
   [וְלוֹ הֵד הֵידָד] (=Brockington)
   and for him the noise of thunder
   et pour lui le coup de tonnerre
      NEB*: (the day is near, with confusion) and the
            crash of thunder
   Fac.: 14
   Transl.: and no shouts of joy ⟨on⟩ the mountains
   Trad.:   et plus de clameur de joie ⟨sur⟩ les mon-
            tagnes

7.10

A הַמַּטֶּה
   the rod
   la verge / le bâton
      J* : le bâton
      TOB*: la brutalité (en note : "Litt. le bâton...")
   המטה (= הַמֻּטָּה) (=Brockington)
   injustice
   injustice
      RSV*: injustice
      NEB : injustice
      L   : Unrecht
   Fac.: 14
   Transl.: the rod
   Trad.:   le bâton

7.11

C וְלֹא מֵהֲמֹנָם
   and their tumult ⟨is⟩ no more
   et ⟨il⟩ n'⟨y a⟩ plus leur tumulte
      RSV*: nor their wealth
      J* : ... (en note : "... Litt. '... ni de leur
            tumulte...")

```
        L   : nichts von ihrer Pracht
[ולא מֶהֱמִיהֶם] (=Brockington)
 ˙and not of their noise
   et non pas de leur bruit
      NEB*: (of...) and tumult
      TOB*: rien de leur grondement
 Fac.: 4,8
 Rem.: See the following case and Rem.2.
 Rem.: Voir le cas suivant et la Rem.2.
 Transl.: and their tumult ⟨is⟩ no more
 Trad.:   et leur tumulte n'⟨est⟩ plus
```

7.11

```
B ולא-נה בהם
     and ⟨there is⟩ no beauty in them
     et ⟨il⟩ n'⟨y a⟩ plus de beauté en eux
       RSV*: neither shall there be preeminence among
             them
       J*  : ... (en note : "... Litt. '...et ils n'ont
             pas de valeur'.")
       L   : und nichts von ihrer Herrlichkeit
[ולא-נוה בהם] (=Brockington)
     and ⟨there is⟩ no rest for them
     et ⟨il⟩ n'⟨y a⟩ plus de repos pour eux
       NEB*: (of...) and all their restless ways
       TOB*: plus de répit pour eux
     Fac.: 6,8
     Rem.: 1. See the preceding case also.
        2. The translation of the second part of V. 11
     is the following : "and nothing of them ⟨remains⟩
     and nothing of their multitude;  their tumult ⟨is⟩
     no more; ⟨there is⟩ no more beauty in them".
     Rem.: 1. Voir aussi le cas précédent.
        2. La traduction de la seconde partie du V. 11
     est la suivante : "il ne ⟨reste⟩ rien d'eux, rien
     de leur multitude; leur tumulte n'⟨est⟩ plus; ⟨il⟩
     n'⟨y a⟩ plus de beauté en eux".
     Transl.: ⟨there is⟩ no more beauty in them
     Trad.:   ⟨il⟩ n'⟨y a⟩ plus de beauté en eux
```

7.12

כי חרון B
    because wrath
    car la fureur
      RSV : for wrath
      J   : car la fureur
      TOB : car la fureur
      L   : denn (es kommt) der Zorn
[כי חרוני] (=Brockington)
    because my wrath
    car ma fureur
      NEB*: for I am angry
    Fac.: 1
    Rem.: See difficulties with similar expressions
      below in 7.13 and 7.14.
    Rem.: Voir des difficultés avec des expressions
      apparentées ci-dessous en 7.13 et 7.14.
    Transl.: for wrath ⟨threatens⟩ her whole multitude
    Trad.:   car la fureur ⟨menace⟩ toute sa multitude

7.13

ועוד בחיים היתם כי-חזון אל-כל-המונה לא ישוב B
    and ⟨even if⟩ they are still alive, for the vision
    ⟨threatening⟩ its whole multitude will not be
    taken back
    et ⟨même si⟩ leur vitalité ⟨est⟩ encore en vie,
    car la vision ⟨menaçant⟩ toute sa multitude ne
    sera pas révoquée
      NEB : while either of them lives; for the bar-
            gain will never be reversed because of
            the turmoil
      TOB*: même s'il est encore en vie; car la vision
            qui menace toute la richesse du pays ne
            sera pas révoquée
[ועוד בחיים היתם כי חרון אל-כל-המונה לא ישוב]
    and ⟨even if⟩ they are still alive, for the anger
    ⟨threatening⟩ its whole multitude will not be
    taken back
    et ⟨même si⟩ leur vitalité ⟨est⟩ encore en vie,
    car la colère ⟨menaçant⟩ toute sa multitude ne
    sera pas révoquée
      RSV*: while they live. For wrath is upon all
            their multitude; it shall not turn back
      L   : auch wenn er noch am Leben ist; denn der
            Zorn über all ihren Reichtum wird sich
            nicht wenden
    Fac.: 14

[Lacking.Manque] = J*
Fac.: 10
Transl.: even if they ⟨are⟩ (lit. their life ⟨is⟩)
         still alive, for the vision ⟨threatening⟩
         her whole multitude will not be taken back
Trad.:   même s'ils ⟨sont⟩ (litt. leur vie ⟨est⟩)
         encore en vie, car la vision ⟨menaçant⟩
         toute sa multitude ne sera pas révoquée

7.14

A כי חרוני אל-כל-המונה
    for my wrath ⟨is⟩ against all its multitude
    car ma fureur ⟨est dirigée⟩ vers toute sa multi-
    tude
       RSV : for my wrath is upon all their multitude
       J   : car ma fureur est contre tout le monde
       TOB : car ma fureur menace toute la richesse
             du pays
       L   : denn mein Zorn ist entbrannt über all
             ihren Reichtum
 [Lacking.Manque] =NEB* (=Brockington)
 Fac.: 14
 Rem.: See difficulties with similar expressions
    above in 7.12 and 7.13. From 7.12 to 14 these
    expressions form a kind of refrain which reaches
    a climax here in V. 14.
 Rem.: Voir des difficultés avec des expressions
    apparentées ci-dessus en 7.12 et 7.13. De 7.12 à
    14 ces expressions constituent une sorte de re-
    frain qui atteint ici au V. 14 un point culminant.
 Transl.: for my wrath ⟨threatens⟩ all her multitude
 Trad.:   car ma colère ⟨menace⟩ toute sa multitude

7.16

C כירני הגאיות
    like the doves of the valleys
    comme les colombes des vallées
       RSV : like doves of the valleys
       J   : comme les colombes des vallées
       TOB : comme de (plaintives) colombes des vallées
       L   : wie (gurrende) Tauben in den Schluchten
 [כירנים הגיות] (=Brockington)
    like moaning doves
    comme des colombes gémissantes
       NEB : like moaning doves
 Fac.: 5,4

Transl.: like the doves of the valleys
Trad.:   comme les colombes des vallées

7.16

B כלם המות
    they all, moaning
    eux tous, gémissant
      RSV : all of them moaning
      TOB*: tous (comme de) plaintives (colombes des
          vallées)
      L   : (wie) gurrende (Tauben in den Schluchten,)
          sie alle
[אמית]/[כלם המח] (=Brockington)
    kill them all / I will kill them all
    tue-les tous / je les tuerai tous
      NEB : there will I slay them
      J   : et je les ferai tous mourir
    Fac.: 6
    Transl.: all of them moaning
    Trad.:   eux tous gémissant

7.23

A עשה הרתוק
    make a chain
    fais une chaîne
      NEB : clench your fists
      J* : fabrique une chaîne
      TOB*: fabrique une chaîne
      L   : mache Ketten !
[עשה בקוק]
    cause destruction / destroy
    fais une dévastation / dévaste
      RSV*: and make a desolation
    Fac.: 14
    Rem.: The meaning of this expression is not certain.
    Rem.: La signification de cette expression n'est
     pas certaine.
    Transl.: make a chain
    Trad.:   fais une chaîne

7.23

B משפט דמים
   of judgments ⟨involving shedding⟩ blood
   de jugements de sang ⟨répandu⟩
      RSV : (full of) bloody crimes
      J   : (rempli d')exécutions sanglantes
      TOB : (plein de) jugements sanguinaires
      L   : (ist voll) Blutschuld
 [דמים] (=Brockington)
   blood
   du sang
      NEB*: (is full of) bloodshed
   Fac.: 14
   Transl.: of capital crimes
   Trad.:   de jugements pour meurtres

8.2

B כמראה-אש
   like the appearance of a fire
   comme l'aspect d'un feu
C[כמראה-איש] LXX (=Brockington)
   like the appearance of a man
   comme l'aspect d'un homme
      RSV*: that had the appearance of a man
      NEB : like a man
      J* : qui avait l'apparence d'un homme
      TOB*: comme l'aspect d'un homme
      L   : wie ein Mann
   Rem.: In this case, the Committee was equally divided as to the evaluation of this textual difficulty. One half of the Committee considered
   the MT to be the result of a literary development,
   which took place after the period of the Septuagint translation. By means of textual analysis
   alone it is not possible to go back to the textual form which existed prior to this specific literary development, cf. the introduction
   to the book of Jeremiah, vol.4,p.175. Those Committee members who favored this view gave the MT
   a B rating while at the same time they considered
   it as secondary, whereas the Septuagint tradition
   seems to have conserved a more primitive text
   form. But on the basis of textual analysis alone,
   these Committee members were of the opinion that
   a choice had to be made between the tradition of
   the MT and of the Septuagint, without mixing them.

In accordance with the principle pointed out in
the introduction mentioned above, they choose the
MT.
The other half of the Committee was, however, of
the opinion that the MT was merely the result of
textual corruption, i.e. of an assimilation (Fac.
5). They accordingly choose the Septuagint with a
C rating. Translators may therefore choose either
one of the readings.

Rem.: Dans ce cas le Comité était divisé dans le
jugement de cette difficulté textuelle. Une moitié
de ses membres considère le TM comme le résultat
d'un développement littéraire, survenu après
l'époque de la traduction de la Septante. Les
moyens de l'analyse textuelle ne permettent pas
d'atteindre l'état du texte antérieur à ce développement littéraire spécifique, cf. l'introd.
au livre de Jérémie, vol.4, p. 175.   Tout en le
considérant comme secondaire, les partisans de
cette vue des choses, au sein du Comité, attri-
buent au TM la note B, alors que la tradition de
la Septante semble avoir conservé un état du texte
plus primitif. Mais en se bornant à l'analyse
textuelle uniquement, ces membres du Comité
pensent qu'il faut choisir ou bien la tradition
du TM ou bien celle de la Septante, sans les mé-
langer. Ils s'en tiennent à celle du TM, en con-
formité avec le choix exposé dans l'introduction
déjà citée.
L'autre moitié du Comité pense au contraire que
le TM est le résultat d'une corruption purement
textuelle, c.-à-d. d'une assimilation (Fac.5).
Elle choisit donc la Septante avec la note C.
Les traducteurs pourront par conséquent choisir
l'une des deux formes du texte.

Transl.: MT : like the appearance of a fire /
         LXX: like the appearance of a man
Trad.:   TM : comme l'aspect d'un feu /
         LXX: comme l'aspect d'un homme

8.3

C במראות אלהים
   in visions from/of God
   dans des visions de Dieu
      RSV : in visions of God
      J   : en des visions divines
      TOB : en visions divines
      L   : in göttlichen Gesichten

בְּמַרְאַת אלהים (=Brockington)
   in a vision from/of God
   dans une vision de Dieu
      NEB : in a vision of God
   Fac.: 4
   Rem.: See similar textual difficulties in 1.1
      above and in 40.2; 43.3 below.
   Rem.: Voir des difficultés textuelles semblables
      ci-dessus en 1.1 et en 40.2; 43.3 ci-dessous.
   Transl.: in visions from/of God
   Trad.:   dans des visions de Dieu

8.12

A בחדרי משכיתו
   in the rooms ⟨where⟩ his picture ⟨was⟩
   dans les chambres ⟨où⟩ son image ⟨était⟩
      TOB : dans les chambres consacrées à son idole
[בחדר משכיתו]
   in the room ⟨where⟩ his picture ⟨was⟩
   dans la chambre ⟨où⟩ son image ⟨était⟩
      RSV*: in his room of pictures
      NEB : at the shrine of his own carved image
      J   : dans sa chambre ornée de peintures
      L   : in der Kammer seines Götzenbildes
   Fac.: 6
   Transl.: in the rooms / room ⟨where⟩ his picture
            ⟨was⟩
   Trad.:   dans les salles / chambres ⟨où⟩ son image
            ⟨se trouvait⟩ / dans la salle/chambre ⟨où⟩
            son image ⟨se trouvait⟩

9.3

B מעל הכרוב
   above the cherubim (singular)
   au-dessus du chérubin
      J   : de sur le chérubim
      TOB : au-dessus du chérubin
      L   : von dem Cherub
[מעל הכרובים] (=Brockington)
   above the cherubims
   au-dessus des chérubins
      RSV : (had gone) up from the cherubim
      NEB*: (rose) from above the cherubim
   Fac.: 4,5

Rem.: 1. See the same textual problem in 10.2 and 4
below.
2. The singular has here a kind of collective
meaning : "above the cherubim" (singular), i.e.
above the cherubims having all the same function
in connection with the wheels. The same holds
good for the singular רוח החיה, the spirit of the
living creature, in Ezek 1.20, which is a singular
with the same collective meaning.
Rem.: 1. Voir le même problème textuel en 10.2 et 4
ci-dessous.
2. Le singulier a ici une sorte de signification
collective:"au-dessus du chérubin", c.-à-d. au-
dessus des chérubins qui constituent une unité
fonctionnelle. La même chose vaut pour le singulier רוח החיה, l'esprit de la créature vivante,
en Ez 1.20, qui est aussi un singulier à sens col-
lectif.
Transl.: above the cherubim (singular)
Trad.:   au-dessus du chérubin

9.7

B צאו ויצאו והכו
    go out ! And they went out and smote
    sortez ! Et ils sortirent et frappèrent
      RSV : "... go forth." So they went forth, and
            smote
      J   : "... sortez." Ils sortirent et frappèrent
      TOB : "... allez !" Ils sortirent et frappèrent
      L   : "... dann geht hinaus !" Und sie gingen
            hinaus und erschlugen die Leute
[צאו והכו] (=Brockington)
    go out and smite ! (imperative plural)
    sortez et frappez !
      NEB*: "... then go out (into the city) and kill."
Fac.: 10
Transl.: go out ! And they went out and smote
Trad.:   sortez ! Et ils sortirent et frappèrent

10.2

B אל-תחת לכרוב
    under the cherubim (singular)
    sous le chérubin
       J   : sous le chérubin
       TOB*: sous le chérubin
       L   : unter dem Cherub
 [אל-תחת לכרובים] (=Brockington)
    under the cherubims
    sous les chérubins
      RSV : underneath the cherubim
      NEB*: under the cherubim
 Fac.: 4,5
 Rem.: See the same textual difficulty in 9.3 and
    10.4, and see Rem. 2 at 9.3.
 Rem.: Voir la même difficulté textuelle en 9.3 et
    10.4, et voir la Rem. 2 en 9.3.
 Transl.: under the cherubim (singular)
 Trad.:   sous le chérubin

10.4

B מעל הכרוב
    above the cherubim (singular)
    au-dessus du chérubin
       J   : de dessus le chérubin
       TOB : au-dessus du chérubin
       L   : (erhob sich) von dem Cherub
 [מעל הכרובים] (=Brockington)
    above the cherubims
    au-dessus des chérubins
      RSV : (went) up from the cherubim
      NEB*: (rose high) from above the cherubim
 Fac.: 4,5
 Rem.: See the same textual difficulty in 9.3 and
    10.2 above, and cf. Rem. 2 in 9.3.
 Rem.: Voir la même difficulté textuelle en 9.3 et
    10.2 ci-dessus, et cf. Rem. 2 en 9.3.
 Transl.: above the cherubim (singular)
 Trad.:   au-dessus du chérubin

10.12

A וכל-בשרם
    and their whole bodies
    et tout leur corps
      NEB : their whole bodies

```
    J   : et tout leur corps
    TOB : sur tout le corps des chérubins
    L   : und ihr ganzer Leib
[Lacking.Manque] = RSV*
 Fac.: 4
 Transl.: and their whole bodies (i.e. the entire
          body of each cherubim)
 Trad.:   et tout leur corps (c.-à-d. tout le corps
          de chaque chérubin)
```

10.12

לארבעתם אופניהם C
```
    the wheels <belonging> to the four
    leurs roues à <tous> les quatre
       RSV : the wheels that the four of them had
       J   : (leurs roues à tous les quatre)
       TOB : - leurs roues à tous les quatre -
[לארבעתם] (Brockington)
    to the four
    à <tous> les quatre
       NEB*: the four of them
       L   : bei allen vieren
 Fac.: 1,4
 Transl.: the wheels <belonging> to the four
 Trad.:   leurs roues à <tous> les quatre
```

10.14

פני האחד ... ופני השני B
```
    the face of the first ... and the face of the
    second
    la face du premier ... et la face du second
       RSV : the first face..., and the second face
       TOB : la face du premier...; la face du second
       L   : das erste Angesicht..., das zweite
[האחד ... השני]
    the first one... the second one
    la première ... la seconde
       NEB : the first..., the second
       J*  : la première..., la seconde
 Fac.: 1,6
 Transl.: the face of the first... and the face of
          the second
 Trad.:   la face du premier... et la face du second
```

10.22

C מראיהם ואותם
    their appearance and themselves
    leur apparence et eux-mêmes
      RSV : the very (faces) whose appearance
      TOB*: - c'était leur aspect
[ומראיהם וְאֶתְחָם]
    and their appearance and their will
    et leur apparence et leur volonté
      L   : (eines) ihrer Angesichter, wie sie woll-
           ten
 Fac.: 12
[מראיהם] (=Brockington)
    their appearance / ⟨in⟩ their vision
    leur apparence / ⟨dans⟩ leur vision
      NEB*: (in) vision
 Fac.: 14
[Lacking.Manque] = J
 Fac.: 14
 Rem.: TOB perhaps follows a text like that of NEB.
 Rem.: TOB a peut-être suivi un texte comme celui
  de NEB.
 Transl.: ⟨it was⟩ their appearance, ⟨it was⟩ they
         themselves (i.e. their faces)
 Trad.:   ⟨c'était⟩ leur apparence, ⟨c'était⟩ elles-
         mêmes (c.-à-d. les faces)

11.7

B הוציא
    to make come out
    faire sortir
      RSV : you shall be brought forth out
      L   : ihr müsst hinaus
אוציא (=Brockington)
    I will bring out
    je ferai sortir
      NEB*: I will take ... out
      J* : je (vous en) ferai sortir
      TOB : je (vous en) ferai sortir
 Fac.: 6,4
 Rem.: The infinitif here may be interpreted as
  reflecting a decision to bring out, "I will bring
  out". See a similar case of such an infinitive
  in 2 Samuel 3.18.
 Rem.: L'infinitif ici a valeur de décision de faire
  sortir, "je ferai sortir". Voir un cas analogue
  d'un tel infinitif en 2 Samuel 3.18.

Transl.: I will bring out
Trad.:   je ferai sortir

11.15

B גאלתך
    of your kindred
    de ta parenté
      NEB : and your kinsmen
      J   : à tes parents
      TOB : de ta parenté
      L   : Verwandten
[גלתך]
    of your exile
    de ton exil
      RSV*: (your fellow) exiles
  Fac.: 5
  Transl.: of your kindred / your kinsmen
  Trad.:   de ta parenté / tes parents

11.17

B לכם ... נפצותם ... אתכם ... אתכם
  you ... you ... you have been scattered ... to you
  vous ... vous ... vous avez été dispersés ... à vous
    RSV : you ... you ... you have been scattered ...
        (give) you (the land)
    J   ): vous ... vous ... vous avez été dispersés
    TOB)   ... (je) vous (donnerai)
    L   : euch ... euch ... (in die) ihr zerstreut
        seid ... euch (das Land geben)
[להם ... נפצתים ... אתם ... אתם] (=Brockington)
  them ... them ... I have scattered them ... to them
  eux ... eux ... je les ai dispersés ... à eux
    NEB*: them ... them ... I have scattered them ...
        (give) them (the soil)
  Fac.: 5
  Transl.: you ... you ... you have been scattered ...
        to you
  Trad.:   vous ... vous ... vous avez été dispersés ...
        à vous

11.19

אחד
   unique / one
   unique / unifié / un
      RSV*: one (heart)
      J* : seul (coeur)
      TOB*: (coeur) loyal
   Fac.: 12,5
C[אחר] LXX (=Brockington)
   other
   autre
      NEB*: different (heart)
      L   : anderes (Herz)

   Rem.: See the same textual difficulty below at 17.7;
      19.5; 34.23; 37.16.
   Rem.: Voir la même difficulté textuelle ci-dessous
      en 17.7; 19.5; 34.23; 37.16.
   Transl.: another (heart)
   Trad.:   un autre (coeur)

11.19

C בקרבכם
      in your midst
      au milieu de vous
         TOB : en vous
   בקרבם (=Brockington)
      in their midst
      au milieu d'eux
         RSV : within them
         NEB*: into them
         J* : en eux
         L   : in sie (geben)
   Rem.: In the MT there is a shift from the 3d to the
      2nd person, that is, from "them" to "you", accor-
      ding to a stylistic procedure which is quite fre-
      quent in the Bible. It expresses a more vivid form
      of language.
   Rem.: Dans le TM il y a passage de la 3e à la 2e
      personne, de "eux" à "vous", selon un procédé sty-
      listique assez fréquent dans la Bible. Il exprime
      un discours plus animé.
   Transl.: within you
   Trad.:   en vous

11.21

B ואל-לב
    and to the heart of
    et au coeur de
[ואלה אחרי]
    and those behind
    et ceux qui ⟨vont⟩ derrière
        RSV*: but as for those (whose heart goes) after
        J* : quant à ceux (dont le coeur est attaché) à
        TOB*: mais ceux (dont le coeur se plaît) aux
            (horreurs)
        L   : denen aber, die ... nachwandeln
  Fac.: 14
[ואל] (=Brockington)
    and towards
    et vers
        NEB*: but (as for those whose heart is set) upon
  Fac.: 14
  Rem.: The whole expression may be translated as fol-
    lows : "but ⟨those⟩ whose heart desires (lit. goes
    towards the heart of) their detestable things and
    their abominations...", or : "but ⟨those⟩ whose
    purpose is to engage (lit. goes towards the pur-
    pose of such things in order to conform with them)
    in their detestable things and in their abomina-
    tions...".
  Rem.: L'expression peut être traduite ainsi : "mais
    ⟨ceux⟩ dont le coeur va vers le coeur de leurs
    saletés et de leurs abominations...", ou : "mais
    ⟨ceux⟩ dont les desseins vont vers les desseins
    (c.-à-d. pour s'y conformer) de leurs saletés et
    de leurs abominations...".
  Transl.: See Remark
  Trad.:   Voir Remarque

12.5

C והוצאת
    and you will bring out
    et tu feras sortir
      NEB : and carry your belongings out
      TOB : et tu feras passer tes bagages
[ויצאת]
    and you will go out
    et tu sortiras
      RSV*: and go out
      J * : tu sortiras

   L   : (du sollst...) und (da) hinausziehen
Fac.: 2,4
Rem.: See a similar problem in 12.6,7,12 below.
Rem.: Voir un problème analogue en 12.6,7,12 ci-
  dessous.
Transl.: and you will bring ⟨it⟩ out
Trad.:   et tu ⟨le⟩ feras sortir

12.6

C חוציא
   you will bring out
   tu feras sortir
     RSV : (you shall...) and carry it out
     NEB : and carry out
     TOB : tu les feras sortir
  [תצא]
   you will go out
   tu sortiras
     J* : et tu sortiras
     L   : (du sollst...) und hinausziehen
Fac.: 2,4
Rem.: See a similar textual difficulty in 12.5,7,12.
Rem.: Voir une difficulté textuelle analogue en
  12.5,7,12.
Transl.: you will bring ⟨it⟩ out
Trad.:   tu ⟨le⟩ feras sortir

12.7

C הוצאתי (2°)
   I brought out
   je fis sortir
     NEB : (I...) and carried it out
     TOB : et je les portai
  [יצאתי]
   I went out
   je sortis
     RSV : I went forth
     J* : puis je sortis
     L   : (ich...) und zog hinaus
Fac.: 2,4
Rem.: See a similar textual difficulty in 12.5,6
  and 12.
Rem.: Voir une difficulté textuelle analogue en
  12.5,6 et 12.
Transl.: I brought ⟨it⟩ out
Trad.:   je ⟨le⟩ fis sortir

12.10

B הנשׂיא המשׂא הזה
   the prince, this oracle
   le prince, cet oracle
     RSV : this oracle concerns the prince
     NEB : this oracle concerns the prince
     TOB : cet oracle est pour le prince
     L   : diese Last trifft den Fürsten
[המשׂא הזה]
   this oracle
   cet oracle
     J* : cet oracle
  Fac.: 14
  Transl.: this oracle ⟨concerns⟩ the prince
  Trad.:   cet oracle ⟨concerne⟩ le prince

12.10

B בתוכם
   in their midst
   au milieu d'eux
     J   : où ils résident
     TOB*: qui s'y trouve (en note : "Litt. qui sont
         au milieu d'eux...")
[בתוכה] (=Brockington)
   in its midst
   au milieu d'elle
     RSV*: who are in it
     NEB*: therein
     L   : das dort wohnt
  Fac.: 1,4
  Rem.: The expression : "they who ⟨are⟩ in their
  midst" means : "they (i.e. the exiles) who belong
  to them (i.e. to the people of Israel and Jerusalem)".
  Rem.: L'expression : "eux qui ⟨sont⟩ au milieu d'eux"
  signifie "eux, (c.-à-d. les exilés) qui font partie d'eux (c.-à-d. du peuple d'Israël et de Jérusalem)".
  Transl.: in their midst
  Trad.:   au milieu d'eux

12.12

B יחתרו
    they shall dig / (la hole) will be dug
    ils perforeront / ou perforera
        NEB : (a hole) made (to let him out)
        J   : on percera
        TOB : on aura percé
 [(ו)יחתר]
    (and) he will dig
    (et) il perforera
        RSV*: he shall dig
        L   : (ihr Fürst wird...) und ... brechen
    Fac.: 4
    Transl.: they will dig a hole / a hole will be dug
    Trad.:   on perforera

12.12

C להוציא
    to bring out
    pour conduire dehors
        NEB : to let him out
        J   : pour faire une sortie
        TOB : (il sortira à travers le mur qu'on aura
              percé) à ce but
 [לצאת]
    to go out
    pour sortir
        RSV*: and go out
        L   : und da hinausziehen
    Fac.: 2,4
    Rem.: See a similar textual difficulty in 12.5, 6
      and 7 above.
    Rem.: Voir une difficulté textuelle analogue en
      12.5, 6 et 7.
    Transl.: to bring <it> out
    Trad.:   pour <le> faire sortir

12.12

B לא-יראה לעין הוא את-ארץ
    he will not see with his eyes the land
    il ne verra pas, de ses yeux, le pays
        RSV : that he may not see the land with his
              eyes
        J   : pour ne pas voir de ses yeux le pays

    TOB : de sorte qu'il ne verra pas, de ses yeux,
          le pays
    L   : dass er nicht mit seinen Augen das Land
          sehe
[לֹא יִרְאֶה וְלֹא יִרְאֶה הוּא אֶת-הָאָרֶץ] (=Brockington)
    he will not be seen and he himself will not see
    the land
    il ne sera pas vu et il ne verra pas lui-même le
    pays
      NEB*: so that he cannot be seen nor himself see
            the ground
  Fac.: 4,6
  Transl.: (since) ⟨it is⟩ he ⟨who⟩ will not see the
            land with his eyes
  Trad.:   (puisque) ⟨c'est⟩ lui ⟨qui⟩ ne verra pas
           de ses ⟨propres⟩ yeux la terre

12.14

B עֶזְרוֹ QERE / עזרה KETIV
    his help / his guard
    son aide   sa garde
      NEB : his bodyguard
      J   : sa garde
      TOB : sa garde
  [עזריו]
    his helpers
    ses aides
      RSV*: his helpers
      L   : seine Helfer
   Fac.: 6,4
   Transl.: his guard
   Trad.:   sa garde

12.19

B ממלאה
    from its content / from all it contains
    de son contenu / de tout ce qui l'emplit
      RSV : of all it contains
      NEB : because it is sated
      TOB : de tout ce qui l'emplit
      L   : von allem, was darin ist
  ומלאה
    and its content
    et son contenu
      J* : et ceux qui s'y trouvent (en note : "...
            (litt. ce qui l'emplit)...").

Fac.: 5
Transl.: from all it contains
Trad.:   de tout ce qui l'emplit

13.2

B הנבאים
   who prophesy
   qui prophétisent
     TOB : ces diseurs d'oracles
[והנבא] (=Brockington)
   and prophesy
   et prophétise
     RSV*: prophesy
     NEB*: prophesy
     J* : prophétise
Fac.: 5
[Lacking.Manque] = L
Fac.: 14
Transl.: who prophesy
Trad.:   qui prophétisent

13.11

B תפל ויפל
   with unsavouriness and it will fall
   avec de la fadaise et cela tombera
     RSV : with whitewash that it shall fall
     NEB : whitewash ... that it will fall
     TOB*: de crépi - car il tombera -
     L   : mit Kalk... "(Die Wand) wird einfallen !"
[תפל]
   with unsavouriness
   avec de la fadaise
     J* : de crépi
Fac.: 14
Rem.: There are two word plays in this Hebrew passage : תפל, "unsavouriness", resembles נפל, to
fall", and טפל, "to plaster". Therefore the expression may be translated as follows : "(say to
those who use) unsavouriness (as plaster) so that
it crumbles."
Rem.: Il y a deux jeux de mots dans ce texte hébraïque : תפל, "fadaise", ressemble à נפל, "tomber"
et à טפל, "étendre un enduit". C'est pourquoi
l'expression peut être traduite ainsi : "(dis à
ceux qui utilisent pour enduit) la fadaise de
sorte que cela croule".

Transl.: See Remark
Trad.:   Voir Remarque

13.11

C וְאַתֵּנָה
⌐and you (fem.plur.) (O stones...)
  et vous (fém.plur.) (pierres...)
    TOB*: et vous
וְאֶתְּנָה   (=Brockington)
⌐and I will give
  et je donnerai
    NEB : and I will send
  Fac.: 4
 [Lacking.Manque] = RSV*, J*, L
  Fac.: 14
  Transl.: as for you, (O stones...)
  Trad.:   quant à vous, (pierres...)

13.15

C וְאֹמַר
⌐and I will say
  et je dirai
    RSV : and I will say
    J   : je (vous) dirai
    TOB : je (vous) dirai
    L   : und will (zu euch) sagen
 [וְאָמְרוּ] (=Brockington)
⌐and they will say / one will say
  et ils disent / on dit
    NEB*: and (people) will say
  Fac.: 14
  Transl.: and I will say
  Trad.:   et je dirai

13.18

B ידי
  (all the joints) of the hands
  (toutes les articulations) des mains
    RSV : (upon all) wrists
    TOB : (pour tous) les poignets
    L   : (für alle) Handgelenke
 ידים   (=Brockington)
  (all the joints) of the hands
  (toutes les articulations) des mains

NEB*: (upon) the wrists
J*   : (sur tous) les poignets
Fac.: 6,4
Transl.: (all the joints) of the hands
Trad.:   (toutes les articulations) des mains

13.20

B לפרחות
    for birds
    pour des volatiles
        NEB : for the excitement of it
        J   : comme des oiseaux
 [Lacking.Manque] = RSV*, TOB*, L
 Fac.: 4,6
 Rem.: See below a similar textual problem at the end
    of the V.
 Rem.: Voir ci-dessous une difficulté textuelle
    semblable à la fin du V.
 Transl.: as if it were a matter of birds
 Trad.:   comme s'il s'agissait de volatiles

13.20

C את-נפשים
    the souls / souls
    les âmes / des âmes
        NEB : lives (that...)
 [את-נפשם] (=Brockington)
    their soul
    leur âme
 Fac.: 14
 [אתם חפשים]
    them, free ones
    eux, libres
        RSV*: ... free
        L   : ... befreien
 Fac.: 14
 [Lacking.Manque] = J*. TOB
 Fac.: 1,4
 Transl.: the souls / souls
 Trad.:   les âmes / des âmes

13.20

A לפרחת
  for birds
  pour des volatiles
    RSV : like birds
    NEB : for the excitement of it
    J*   : comme des oiseaux
 [Lacking.Manque] = TOB*, L
 Fac.: 14
 Rem.: See above a similar textual problem in the
    first part of the V.
 Rem.: Voir ci-dessus un problème textuel analogue
    dans la première partie du V.
 Transl.: as if it were a matter of birds
 Trad.:   comme s'il s'agissait de volatiles

14.4

בָּא QERE
  he came / comes
  il est venu / vient
    TOB : quand il viendra
 Fac.: 4
C בה KETIV
  in it / according to it
  en elle / selon elle
    L   : wie er's verdient hat
 [בי] (=Brockington)
  in me
  en moi
    RSV*: myself
    NEB*: in my own person
    J   : moi-même
 Fac.: 14
 Transl.: accordingly (<namely> according to the
          multitude of his idols)
 Trad.:   en correspondance (c.-à-d. en correspondance
          avec la multitude de ses idoles)

14.22

C המוצאים
  led away / those who are brought out
  conduits au dehors / ceux que l'on fait sortir
    NEB : to be brought out
    J   : que l'on fait sortir
    TOB : on a fait sortir

[המוציאים]
   leading out / those who lead out
   conduisant au dehors / ceux qui font sortir
     RSV : to lead out
     L   : die ... herausbringen werden
  Fac.: 4
  Transl.: those who are led out / those who are
         brought out
  Trad.:   ceux que l'on fait sortir

16.4

B לא-כרת שרך
   nobody cut your navel cord
   on ne coupa pas ton cordon ombilical
     RSV : your navel string was not cut
     J   : on ne coupa pas le cordon
     TOB : on ne t'a pas coupé le cordon
     L   : wurde deine Nabelschnur nicht abgeschnitten
  לא כרך שרך (=Brockington)
   your navel cord was not tied up
   ton cordon ombilical n'a pas été noué
     NEB*: your navel-string was not tied
  Fac.: 1,12
  Transl.: your navel cord was not cut
  Trad.:   on ne coupa pas ton cordon ombilical

16.6

C ואמר לך בדמיך חיי (2°)
   and I said to you in your blood : live
   et je t'ai dit dans ton sang : vis
     TOB*: je t'ai dit, alors que tu étais dans ton
         sang : Vis !
     L   : ja, zu dir sprach ich, als du so in deinem
         Blute dalagst : Du sollst leben
  Lacking.Manque = RSV, NEB*, J* (=Brockington)
  Fac.: 10
  Transl.: and I said to you ⟨lying⟩ in your blood :
       live
  Trad.:   et je t'ai dit dans ton sang : vis

16.7

B נתתיך...רבבה
    a multitude ... I made you
    une multitude ... je t'ai faite
        NEB : I tended you like an ever green plant
        J* : je te fis croître (en note : "... litt.:
              'je fis de toi une multitude'...".)
        TOB*: je t'ai rendue vigoureuse
    [נתתיך ...ורבי]
    and grow up (imperative singular)... I made you
    et grandis ... je t'ai fait
        L   : (du sollst...) und heranwachsen; ...
              machte ich dich
 Fac.: 4
[ורבי]
    and grow up (imperative singular)
    et grandis
        RSV*: and grow up
 Fac.: 1,4
 Transl.: I made you into a multitude
 Trad.:   j'ai fait de toi une multitude

16.7

C בעדי עדיים
    to the beauty of beauties
    à la beauté des beautés
        TOB : à la beauté des beautés
        L   : (und wurdest...) schön
    [בעת עדים]
    in the time of menstruations
    au temps des menstruations
        RSV*: (and arrived) at full maidenhood
        NEB : (you came) to full womanhood
        J* : (tu parvins) à l'âge nubile
 Fac.: 14
 Transl.: (and you came) ⟨to the age⟩ of the greatest
          beauty (lit. to the beauty of beauties)
 Trad.:   (et tu es parvenue) ⟨à l'âge⟩ de ta plus
          grande beauté (litt. à la beauté des beautés)

16.15

C לו יהי
    for him it may be
    que ce soit pour lui

    NEB : for your beauty to become his
[לו תהיי]
    for him you are
    tu seras pour lui
        TOB*: tu as été à lui
        L   : und warst ihm zu willen
 Fac.: 4
[Lacking.Manque] = RSV, J*
 Fac.: 4
 Rem.: This clause is a kind of quotation of what
    the woman says about every person passing by.
 Rem.: Cette phrase est une sorte de citation de ce
    que la femme dit à propos de chaque passant.
 Transl.: "that it may be for him !"
 Trad.:   "que ce soit pour lui !"

16.16

B לא באות ולא יהיה
    may they not come, and may that never be
    qu'elles ne viennent pas, et que ce ne soit pas
        RSV : the like has never been, nor ever shall be
        TOB*: que cela ne vienne ni ne se passe
        L   : wie es nie geschehen ist noch geschehen
              wird
[לו באת ולו יהיה]   (=Brockington)
    you came to him, and to him it belongs
    tu es allé vers lui, et ce sera pour lui
        NEB*: you had intercourse with him for your
              beauty to become his
 Fac.: 14
[Lacking.Manque] = J*
 Fac.: 14
 Rem.: This expression may be translated as follows :
    "- they (i.e. the shrines mentioned in the V.)
    should never have come into existence, and it
    should never have happened !", or : " - may they
    never have come into existence and may that never
    be !".
 Rem.: On peut traduire cette expression ainsi :
    "- ils (c.-à-d. les hauts lieux mentionnés dans
    le V.) n'auraient jamais dû venir à l'existence,
    et cela n'aurait jamais dû arriver !", ou bien :
    "- qu'ils ne viennent jamais à l'existence, et
    que cela ne soit jamais !".
 Transl.: See Remark
 Trad.:   Voir Remarque

16.19

B ויהי
    and it happened
    et il arriva
        J   : et il est arrivé
        TOB : voilà ce que tu as fait
        L   : ja, es kam dahin
  [Lacking.Manque] = RSV*, NEB* (=Brockington)
   Fac.: 1,4
   Transl.: and it happened !
   Trad.:   et cela est arrivé !

16.30

A מה אמלה
    how (your heart) is languishing
    comme languit (ton coeur)
        RSV : how lovesick (is your heart)
        J* : comme (ton coeur) était faible
        TOB*: comme il était fiévreux, (ton coeur)
        L   : wie fieberte doch (dein Herz)
  [מה אמלא] (=Brockington)
    how filled I am with your anger
    comme je suis rempli de (ta colère)
        NEB : how you anger me
   Fac.: 14
   Transl.: how (your heart) is languishing
   Trad.:   comme languit (ton coeur)

16.32

B את-זרים
    strangers
    des étrangers
        RSV : strangers
        J   : les étrangers
        TOB*: des étrangers
        L   : Fremde
  [אתנן זרים] (=Brockington)
    a fee from strangers
    le salaire d'étrangers
        NEB*: a fee from strangers
   Fac.: 14
   Transl.: strangers
   Trad.:   des étrangers

16.36

וכדמי C
   and like the blood of
   et comme le sang de
ובדמי
   and in/because of the blood of
   et dans le/à cause du sang de
      RSV : and because of the blood of
      NEB : and for the slaughter of
      J*   : pour le sang de
      TOB : à cause du sang de
      L   : und wegen des Blutes...
  Fac.: 5
  Transl.: and as the blood of/and likewise the blood
         of
  Trad.:   et comme le sang de/et de même le sang de

16.38

ונתתיך דם A
   and I will shed ⟨your⟩ blood (with anger...)
   et je te mettrai ⟨en⟩ sang de
      RSV : (I will...) and bring upon you the blood
          of (wrath)
      NEB*: and I will charge you with blood shed in
          (jealousy)
      TOB : je te mettrai en sang (par ma fureur)
[ונתתי בך]
   and I will let come against you
   et je ferai venir contre toi
      J*   : je te livrerai à (la fureur)
      L   : ich lasse (Grimm...) über dich kommen
  Fac.: 14
  Transl.: and I will shed your blood (with anger...)
  Trad.:   et je te mettrai en sang (par colère...)

16.43

הא B
   behold / well
   voici / eh bien
      RSV : behold
      J   : voici qu'(à mon tour)
      TOB : eh bien
 [Lacking.Manque] = NEB*, L (=Brockington)
  Fac.: 6
  Transl.: well
  Trad.:   eh bien

16.45

C אֲחוֹתֵךְ
   of your sister/sisters
   de ta soeur/de tes soeurs
     RSV : of your sisters
     TOB : de tes soeurs
     L   : deiner Schwestern
[אֲחוֹתַיִךְ] / [אֲחִיּוֹתַיִךְ] (=Brockington)
   of your sisters
   de tes soeurs
     NEB*: of your sisters
     J   : de tes soeurs
   Fac.: 6
   Rem.: 1. See the same textual difficulty in VV.51,
   52 (twice) and 55.
   2. The meaning of this word is in all these cases
   the plural "sisters", although the plural form
   is not distinct from the singular form.
   Rem.: 1. Voir la même difficulté textuelle aux VV.
   51, 52 (deux fois) et 55.
   2. La signification de ce mot est partout au pluriel "soeurs", quoique la forme du pluriel ne se
   distingue pas du singulier.
   Transl.: of your sisters
   Trad.:   de tes soeurs

16.50

B רָאִיתִי
   I saw
   j'ai vu
     RSV : I saw it
   רָאִית (=Brockington)
   you have seen
   tu as vu
     NEB : you have seen
     J* : tu l'as vu
     TOB : tu l'as vu
     L   : (wie) du gesehen hast
   Fac.: 4
   Transl.: I saw
   Trad.:   j'ai vu

16.51

A אֲחוֹתָיךְ QERE
    your sisters
    tes soeurs
       RSV : your sisters
       J   : tes soeurs
       TOB : tes soeurs
   אחותך   KETIV
    your sister/sisters
    ta soeur/tes soeurs
       NEB : your sister
       L   : deine Schwester
  Rem.: See the same textual difficulty in VV. 45, 52
    (twice) and 55, and see Rem. 2 in V. 45.
  Rem.: Voir la même difficulté textuelle aux VV. 45,
    52 (deux fois) et 55, et voir Rem.2 au V. 45.
  Transl.: your sisters
  Trad.:   tes soeurs

16.52

C לאחותך
    to your sister/sisters
    à ta soeur/à tes soeurs
       RSV : to your sisters
       NEB : your sisters
       TOB : tes soeurs
       L   : an die Stelle deiner Schwester
 [לאחותיך] / [לאחיותיך] (=Brockington)
    to your sisters
    à tes soeurs
       J* : tes soeurs
  Fac.: 6
  Rem.: See the same textual difficulty in VV. 45,
    51, 52 second half, and 55, and see Rem. 2 in V.
    45.
  Rem.: Voir la même difficulté aux VV. 45, 51, 52
    deuxième moitié, et 55, et voir Rem. 2 au V. 45.
  Transl.: to your sisters
  Trad.:   à tes soeurs

16.52

C אהירתך
   your sister/sisters
   ta soeur/tes soeurs
     RSV : your sisters
     TOB : tes soeurs
     L   : deine Schwester
אחירתיך (=Brockington)
   your sisters
   tes soeurs
     NEB*: your sisters
     J*   : tes soeurs
Fac.: 6
Rem.: See the same textual difficulty in VV. 45, 51,
  52 first part, and 55, and see Rem. 2 in V. 45.
Rem.: Voir la même difficulté textuelle aux VV. 45,
  51, 52 première partie, et 55, et voir Rem. 2 au
  V. 45.
Transl.: your sisters
Trad.:   tes soeurs

16.53

C וּשְׁבִוּת QERE
   and the captives (⟨led away⟩ in your deportations)
   et les captis (⟨emmenés⟩ dans tes déportations)
C ושבית KETIV
   and the captives (⟨led away⟩ in your deportations)
   et les captifs (⟨emmenés⟩ dans tes déportations)
[ושבתי] (=Brockington)
   and I will bring back (your captivities)
   et je retournerai (tes captivités)
     RSV : and I will restore (your own fortunes)
     NEB*: and I will restore (yours)
     J   : puis je (te) rétablirai
     TOB : et je changerai (ta propre destinée)
     L   : ich aber will wenden (auch dein Geschick)
Fac.: 4,5
Rem.: The end of the V. may be translated as follows :
  "and those who have been deported (in your deportations ⟨will be⟩ in their midst)", or "and the
  deported ⟨captives⟩ (when you were deported ⟨will
  be⟩ in their midst)".
Rem.: On peut traduire la fin du V. ainsi : "et les déportés
  (de tes déportations ⟨seront⟩ au milieu d'elles)", ou "et les
  déportés (lorsque vous étiez déportés ⟨seront⟩ au milieu d'elles)".
Transl.: See Remark
Trad.: Voir Remarque

16.55

C ואחותיך (Brockington : אחיותיך)
    and your sisters
    et tes soeurs
       RSV : as for your sisters
       J   : tes soeurs
       TOB : tes soeurs
       L   : und deine Schwestern
[ואחותך]
    and your sister
    et ta soeur
       NEB : but (when) your sister
    Fac.: 4
    Rem.: See the same textual difficulty in VV. 45,
       51, 52 (fist and second half of the V.), and see
       Rem.2 in V. 45.
    Rem.: Voir la même difficulté textuelle aux VV. 45,
       51, 52 (première et deuxième partie), et voir
       Rem. 2 au V. 45.
    Transl.: and your sisters
    Trad.:   et tes soeurs

16.57

A רעתך
    your wickedness
    ta malice/méchanceté
       RSV : your wickedness
       NEB : your wickedness
       TOB : ta méchanceté
ערותך
    your nakedness
    ta nudité
       J   : ta nudité
       L   : deine Blösse
    Fac.: 1,5
    Transl.: your wickedness
    Trad.:   ta malice/méchanceté

16.57

B כמו עת
    as ⟨in⟩ the time of (the shame of)
    comme ⟨au⟩ temps de (la honte de)
       NEB : in the days when
       TOB : de même, c'est le temps pour toi de
       L   : wie zur Zeit, als...

[כמוה עַתָּ היית]
   now you have become like her
   comme elle, maintenant tu es devenue
     RSV*: now you have become like her
 Fac.: 14
[כמוה את עַתָּ]
   you are now like her
   comme elle, toi maintenant
     J   : comme elle tu es maintenant
 Fac.: 14
 Transl.: as ⟨in⟩ the time of (the shame of)
 Trad.:   comme ⟨au⟩ temps de (la honte de)

16.57

B ארם
   of Aram
   d'Aram
     NEB : of Aram
     TOB*: d'Aram
 אדם
   of Edom
   d'Edom
     RSV*: of Edom
     J* : d'Edom
     L   : Edoms
 Fac.: 1,12
 Transl.: of Aram
 Trad.:   d'Aram

16.61

B בקחתך
   when you will receive
   quand tu prendras
     NEB : when you receive
     J   : quand tu accueilleras
     TOB : quand tu accueilleras
 [בקחתי]
   when I will receive
   quand je prendrai
     RSV*: when I take
     L   : wenn ich ... nehmen ... werde
 Fac.: 5,4
 Transl.: when you will receive
 Trad.:   quand tu prendras

17.5

A קח
  take ! / a shoot (i.e. of a plant)
  prends ! / une pousse
   RSV : he placed it
   NEB : a shoot
   TOB*: la pousse
  Lacking.Manque = J*, L
  Fac.: 14
  Transl.: a shoot
  Trad.: une pousse

17.7

  אחד
  only one
  un seul
   TOB : un (grand aigle)
  Fac.: 12
C[אחר] LXX (=Brockington)
  another
  un autre
   RSV : another (great eagle)
   NEB*: unother (great eagle)
   J* : un autre (grand aigle)
   L : ein anderer (grosser Adler)
  Rem.: See the same textual difficulty in 11.19;
   19.5; 34.23; 37.16.
  Rem.: Voir la même difficulté textuelle en 11.19;
   19.5; 34.23; 37.16.
  Transl.: another (grat eagle)
  Trad.: un autre (grand aigle)

17.7

B מֵעֲרֻגוֹת
  from the rows / ridges
  des rangées / billons
  מֵעֲרֻגַת (=Brockington)
  from the bed
  du parterre
   RSV : from the bed
   NEB : from the bed
   J : depuis le parterre
   TOB : hors du terrain
   L : mehr ... als das Beet
  Fac.: 8,4

Rem.: See the same difficulty at V. 10   below.
Rem.: Voir la même difficulté au V. 10 ci-dessous.
Transl.: from the rows/ridges
Trad.:   des rangées/billons

17.9

B תיבש
    it will wither
    elle séchera
        TOB : (toutes ses pousses arrachées) sécheront
        L   : (alle Blätter...) werden verwelken
[Lacking.Manque] = RSV, NEB*, J (=Brockington)
    Fac.: 4
    Rem.: The expression may be translated as follows :
        "and together with all the leaves which it had
        put forth, it will wither".
    Rem.: L'expression peut être traduite ainsi : "et
        que, en tous les gîts qu'elle avait poussés, elle
        sèche".
    Transl.: See Remark
    Trad.:   Voir Remarque

17.10

B עַל-עֲרֻגֹת
    on the rows/ridges
    sur les rangées/billons
        J   : sur les parterres
    עַל-עֲרֻגַת (=Brockington)
    on the bed
    sur le parterre
        RSV : on the bed
        NEB : on the bed
        TOB : sur le terrain
        L   : auf dem Beet
    Fac.: 8,4
    Rem.: See the same difficulty in V. 7 above.
    Rem.: Voir la même difficulté au V. 7 ci-dessus.
    Transl.: on the rows/ridges
    Trad.:   sur les rangées/billons

17.21

C מברחיו   QERE
    his places of refuge
    ses refuges

מברחו   KETIV
   his place of refuge
   son refuge
[מבחריו]
   his chosen troops
   son élite
      RSV*: the pick
      NEB : (every) commander
      J* : son élite
      TOB : l'élite
      L   : (alle) Auserlesenen
   Fac.: 1,12
   Transl.: (and all) his places of refuge
   Trad.:   (et tous) ses refuges

17.22

B הרמה ונתתי
   (from the) lofty (cedar), and I will plant (lit.
   give)
   (du cèdre) élevé, et je planterai (litt. donnerai)
      RSV : (from) the lofty top (of the cedar,) and
            will set it out
      NEB : (from) the lofty crown (of the cedar) and
            set it in the soil
      TOB : (du cèdre) altier - et je plante -
      L   : von dem Wipfel (der Zeder...) und ihr
            einen Platz geben
   הרמה
      (from the) lofty (cedar)
      (du cèdre) élevé
         J* : à la cime du grand (cèdre)
   Fac.: 1,4
   Transl.: (from) the lofty (cedar) in order to plant
            it
   Trad.:   (du cèdre) élevé pour le planter

17.23

C צפור
      (every) bird
      (tout) oiseau
         NEB : (winged) birds (of every kind)
         J   : (toutes sortes) d'oiseaux
         TOB : (toutes sortes) d'oiseaux
         L   : Vögel (aller Art)

[חיה צפור]
   (every) living creature, bird
   (tout) animal, oiseau (de toute aile)
     RSV : (all kinds) of beasts ... birds (of every
           sort)
 Fac.: 14
 Transl.: birds (of every kind)
 Trad.:   tout oiseau (de toute espèce)

18.7

B חבלתו חוב
   his pledge / pawn for a debt
   son gage ⟨pour⟩ une dette
[חבלת חיב] / [חבל החיב] (=Brockington)
   the pledge / pawn of the debtor
   le gage du débiteur
    NEB*: the debtor's pledge
 Fac.: 6
[חבלת חוב]
   the pledge / pawn for debt
   le gage d'une dette
    J   : le gage d'une dette
    TOB : le gage reçu pour dette
 Fac.: 1,6
[חבלתו היב]
   his pledge / pawn to the debtor
   son gage au débiteur
    RSV : to the debtor his pledge
    L   : dem Schuldner sein Pfand
 Fac.: 14
 Transl.: his pledge / pawn for debt
 Trad.:   son gage pour dette

18.9

אמת
   (to act in accordance with) truth
   (pour faire) la vérité
    NEB : loyally (observes my laws)
    J   : (en agissant) selon la vérité
    TOB : (agissant) d'après la vérité
 Fac.: 12
C[אתם]
   (to act in accordance with) them
   (pour) les (appliquer)
    RSV*: (and is caveful to observe my ordinances)

        L   : (dass er) danach (tut)
    Transl.: (to act in accordance with) them
    Trad.:   (pour) les (appliquer)

18.10

אח מאחד מאלה C
    a brother/only one of these
    un frère/seulement l'une de celles-ci
[מאחד מאלה] / [אחד מאלה]
    one of these
    un de ceux-ci
        J*   : (qui commet) une de ces (fautes)
        TOB : (et commet) l'une de ces choses
        L   : (oder) eine dieser Sünden (tut)
    Fac.: 6,4
[מאחרי אלה] / [מאחד מאלה] (=Brockington)
    from behind them / from among them
    de derrière ceux-ci / d'un issu d'eux
        NEB* : (who turns) his back on these rules
    Fac.: 14
    Rem.: See a similar textual difficulty in V. 18
        below, and in 21.20 where אח also can be transla-
        ted with the meaning of "only".
    Rem.: Voir une difficulté textuelle semblable au
        V. 18 ci-dessous, et en 21.20 où אח peut être
        également interprété dans le sens de "seulement".
    Transl.: one only of these ⟨things⟩
    Trad.:   une seule de ces ⟨choses⟩

18.13

לקה וחי לא יהיה B
    he lends (at interest), shall he live ? He will
    not live
    il a pris (des intérêts), vivra-t-il ? Il ne vivra
    pas
        RSV : (and) takes (increase); shall he then live ?
               He shall not live.
        TOB : (et) pratique (l'usure)... Lui, vivre !
               Il ne vivra pas.
        L   : (und einen Aufschlag) nimmt - sollte der
               am Leben bleiben ? Er soll nicht leben.
[לקה וחיה לא יחיה] (=Brockington)
    he lends (at interest), so he will certainly not
    live
    il a pris (des intérêts), ainsi certainement il
    ne vivra pas

NEB : (he lends... at interest.) Such a man
      shall not live
J* : (et) prend (des intérêts), celui-ci ne
      vivra pas
Fac.: 8
Transl.: he lends (at interest), will he live ?
         He will not live
Trad.: il a pris (des intérêts), et il vivra ?
        Il ne vivra pas

18.14

B ויראה
    and he sees
    et il voit
      NEB : he sees
      J   : qui les voit
      TOB : il les a vus
      L   : wenn er sie sieht
[וירא]
    and he is afraid
    et il craint
      RSV : and fears
    Fac.: 4
    Transl.: and he sees
    Trad.:   et il voit

18.17

B מעני
    from the poor
    loin du pauvre
[מעול] (=Brockington)
    from iniquity
    loin de l'injustice
      RSV*: from iniquity
      NEB*: (he shuns) injustice
      J* : de l'injustice
      TOB*: de l'injustice (note : "Litt. du malheureux")
      L   : von Unrecht
    Fac.: 5,4
    Rem.: The expression "hold back his hand" means "not
      to punish, refrain from punishing".
    Rem.: L'expression "retirer sa main" signifie "ne
      pas châtier, s'abstenir de châtier".
    Transl.: from the poor
    Trad.:   du pauvre

18.18

B גזל אח
    robbery 〈committed against〉 a brother
    la rapine 〈à l'égard〉 d'un frère
        RSV : robbed his brother
        TOB*: (a... commis) des rapines envers son frère
[גזלה] (=Brockington)
    robbery
    la rapine
        NEB*: robbery
        J*   : des rapines
        L   : Unrecht
    Fac.: 6
    Rem.: See a similar textual difficulty in V. 10
       above.
    Rem.: Voir une difficulté textuelle semblable au
       V.10 ci-dessus.
    Transl.: robbery 〈committed against〉 a brother
    Trad.:   rapine 〈à l'égard〉 d'un frère

18.26

B עליהם
    because of them
    à cause d'eux
        RSV : (he shall die) for it
        TOB : (et) en (meurt)
 [Lacking.Manque] = NEB*, J*, L   (=Brockington)
    Fac.: 4
    Transl.: because of them
    Trad.:   à cause d'eux

18.31

B בם
    within / through them
    en / par eux
    בי
    against me
    contre moi
        RSV : against me
    Fac.: 1,12
 [Lacking.Manque] = NEB, J, TOB, L
    Fac.: 4,6
    Transl.: through them (i.e. by doin them)
    Trad.:   par eux (c.-à-d. en les commettant)

18.32

B והשיבו וחיו
    bring back / come back (imperative plural) so that
    you may live
    faites revenir / rétractez-vous et vivez
        RSV : so turn and live
        J   : convertissez-vous et vivez !
        TOB : revenez donc et vivez
        L   : darum bekehret euch, so werdet ihr leben
    [Lacking.Manque] = NEB* (=Brockington)
    Fac.: 4
    Transl.: renounce and live (imperative plural)
    Trad.:   renoncez et vivez

19.4

A וַיִּשְׁמְעוּ
    then (the nations) heard
    et (les nations) entendirent
        J   : (les nations) entendirent
        TOB : (des nations) entendirent
    [וַיִּשְׁמִיעוּ] (=Brockington)
    and they sounded an alarm
    et on fit entendre / on annonça
        RSV : (the nations) sounded an alarm (against him)
        NEB : (then the nations) shouted (at him)
        L   : da boten sie (Völker gegen ihn) auf
    Fac.: 14
    Transl.: then (the nations) heard
    Trad.:   et (les nations) entendirent

19.5

    אחד
    one (of her whelps / cubs)
    un (de ses petits)
    Fac.: 12
C [אחר] LXX (=Brockington)
    another (of her whelps / cubs)
    un autre (de ses petits)
        RSV : another (of her whelps)
        NEB*: another (of her cubs)
        J   : un autre (de ses petits)
        TOB : un autre (de ses petits)
        L   : ein anderes (von ihren Jungen)
    Rem.: See the same textual difficulty in 11.9; 17.7;
        34.23; 37.16.

Rem.: Voir la même difficulté textuelle en 11.19;
    17.7; 34.23 et 37.16.
Transl.: another (of her whelps / clubs)
Trad.:   un autre (de ses petits)

19.7

וידע
   and he knew (his palaces)
   et il connut (ses palais)
   Fac.: 12
C[וירע] (=Brockington)
   and he broke down (his palaces)
   et il brisa (ses palais)
      RSV*: and he ravaged
      NEB*: he broke down
      J* : il démolit
      TOB*: il démolit
      L   : er zerstörte
   Transl.: and he broke down (his palaces)
   Trad.:   et il brisa / démolit (ses palais)

19.7

A אלמנותיו
   his widows / his palaces
   ses veuves / ses palais
      L   : ihre Burgen
 [ארמנותיו]
   his palaces
   ses palais
      RSV*: their strongholds
      NEB*: their palaces
      J* : leurs palais
      TOB*: leurs palais
   Fac.: 6
   Transl.: his palaces / their palaces
   Trad.:   ses palais / leurs palais

19.9

במצדות B
    into nets / into towers/prisons
    dans des filets / des tours/prisons
        RSV : into custody
        NEB : into prison
        TOB : dans des cavernes
        L   : in Gewahrsam
    [במצרות]
    into strongholds
    dans des lieux fortifiés
        J   : dans des lieux escarpés
    Fac.: 14
    Transl.: into towers/prisons
    Trad.:   dans des tours/prisons

19.10

בדמך C
    in your blood / in your likeness
    dans ton sang / en ta ressemblance
    [תדמה]
    looks like
    elle ressemble
        J* : était semblable
        TOB*: ressemblait
    Fac.: 1,6
    [בכרם] (=Brockington)
    in a vineyard
    dans une vigne
        RSV*: in a vineyard
        NEB*: in a vineyard
        L   : im Weingarten
    Fac.: 14
    Rem.: See a similar expression in 27.32 below.
    Rem.: Voir une expression semblable en 27.32 ci-dessous.
    Transl.: in your likeness / in your blood
    Trad.:   en ta ressemblance / dans ton sang

19.11

על-בין עבתים A
    above among the clouds / branches
    au-dessus entre les nuées / branches
        RSV : among the thick boughs
        NEB : through the foliage
        J   : jusqu'au milieu des nuages

    TOB : au milieu des branches
    L   : bis an die Wolken
[על-בין עבה]
    above among the branches
    au-dessus entre les branches
Fac.: 6
Rem.: See a similar textual problem in 31.3, 10 and
    14 below.
Rem.: Voir un problème textuel analogue en 31.3, 10
    et 14 ci-dessous.
Transl.: among the clouds / the branches
Trad.:   entre les nuées / les branches

19.14

A מִמַּטֵּה
    from the stem of (its branches)
    du tronc de (ses branches)
      TOB : du rameau
[מְמַּטֶּהָ = מְמַּטֶּיהָ] (=Brockington)
    from its branch / stem
    de son rameau / tronc
      RSV : from its stem
      NEB : from its own branches
      J   : de son cep
      L   : von seinen starken (Ranken)
    Fac.: 14
    Transl.: from the stem with (its branches)
    Trad.:   de son tronc (branchu)

19.14

C פריה
    its fruit
    son fruit
      RSV : its ... fruit
      J   : son fruit
      TOB : fruits
      L   : seine Frucht
 [Lacking.Manque] = NEB* (=Brockington)
 Fac.: 10
 Transl.: its fruit
 Trad.:   son fruit

19.14

למשול B
    to reign / royal
    pour régner / royal
        J   : (son sceptre) royal
        TOB : (de sceptre) royal
[למושל] (=Brockington)
    for a ruler
    pour un dominateur
        RSV : for a ruler
        NEB : for those who bear rule
    Fac.: 14
מושל
    of a ruler
    de dominateur
        L   : (ein Zepter)
    Fac.: 1
    Transl.: royal
    Trad.:   royal

20.22

והשבתי את-ידי B
    and I withheld/withdrew my hand
    et j'ai fait revenir ma main
        RSV : but I withheld my hand
        J   : mais je retirai ma main
        TOB : cependant je retirai ma main
        L   : ich hielt aber meine Hand zurück
[Lacking.Manque] = NEB* (=Brockington)
    Fac.: 4
    Transl.: but I withheld/withdrew my hand
    Trad.:   cependant j'ai retenu ma main

20.37

במסרת הברית C
    within the bond of the covenant
    dans le lien de l'alliance
        J   : (et je vous amènerai) à respecter l'alliance
        TOB : dans le lien de l'alliance
[במספר]
    by number
    en nombre
        RSV*: by number
        L   : (und euch) genau abzählen
    Fac.: 6,10

[בְּמָסֹרֶת הברית] (=Brockington)
   within the bond of the covenant
   dans le lien de l'alliance
      NEB*: within the bond of the covenant
   Fac.: 14
   Transl.: within the bond of the covenant
   Trad.:   dans le lien de l'alliance

20.39

B לכו עבדו
   go serve (imperative plural)
   allez, servez
      RSV : go serve
      J   : que (chacun) aille servir
      TOB : que (chacun) aille servir
      L   : fahrt hin und dient
 [לכו בערו] (=Brockington)
   go burn down / destroy (imperative plural)
   allez, brûlez / détruisez
      NEB*: go, sweep away
   Fac.: 14
   Transl.: go, serve (imperative plural)
   Trad.:   allez, servez

20.44

A בעשותי
   when I deal with
   lorsque j'agirai
      RSV : when I deal
      NEB : when I have dealt
      J   : quand j'agirai
      TOB : quand j'agirai
 [בעשותי כן]
   when I deal thus with
   lorsque j'agirai ainsi
      L   : wenn ich so ... handle
   Fac.: 8,4
   Transl.: when I deal with
   Trad.:   lorsque j'agirai

21.7(2)

מקדשים C
    sanctuaries / the sanctuaries
    des sanctuaires / les sanctuaires
        RSV : the sanctuaries
        TOB : les sanctuaires
    מקדשם (=Brockington)
        their sanctuary
        leur sanctuaire
            J*   : leur sanctuaire
    Fac.: 1,5
    [מקדשה]
        her sanctuary
        son sanctuaire
            NEB*: her sanctuary
            L   : sein Heiligtum
    Fac.: 14
    Transl.: holy places / the holy places
    Trad.:   des lieux saints / les lieux saints

21.15(10)

או נשיש C
    or we will rejoice / be happy
    ou bien nous nous réjouirons
        RSV : or do we make mirth ?
        L   : wie sollten wir uns da freuen ?
    [אוי נוסס]   (=Brockington)
        ah ! (the club) is brandished
        ah ! (le bâton) est brandi
            NEB : ah ! (the club) is brandished
    Fac.: 14
    Rem.: 1. J and TOB do not translate this text, since
        they evidently considered it to be irremediably
        corrupt.
        2. The expression may be interpreted as follows :
        "or should we rejoice ⟨that⟩ 'the scepter of my
        son (i.e. of the king Zedekiah) looks down upon
        all ⟨other⟩ scepters'."
    Rem.: 1. J et TOB renoncent à la traduction de ce
        texte, en le considérant comme irrémédiablement
        corrompu.
        2. L'expression peut être comprise ainsi : "ou
        bien nous réjouirons-nous ⟨de ce que:⟩ 'le sceptre
        de mon fils (i.e. du roi Sédécias) méprise tout
        ⟨autre⟩ bois (i.e. tous les autres sceptres)'?"
    Transl.: See Remark 2
    Trad.:   Voir Remarque 2

21.20(15)

C אבחת-חרב
    the threat of the sword
    la menace de l'épée
      RSV : the glittering sword
      NEB : the threat of the sword
      L   : (lasse ich) das Schwert wüten
[טבחת-חרב]
    the slaughter of the sword
    le massacre de l'épée
      J* : le massacre par l'épée
      TOB*: le massacre de l'épée
  Fac.: 8
  Rem.: 1. See the two following cases also.
    2. Three translations are possible : (1) "the
    threat of the sword", (2) "the unsheathing of the
    sword", (3) "the glittering of the sword".
  Rem.: 1. Voir aussi les deux cas suivants.
    2. On peut proposer trois traductions : (1) "la
    menace du glaive", (2) "le dégaînement du glaive",
    (3) "l'étincellement du glaive".
  Transl.: See Remark 2
  Trad.:   Voir Remarque 2

21.20(15)

C אח עשויה לברק
    only made for lightning / for glittering / for
    flashing
    seulement faite pour un éclair / pour étinceler
      RSV : ah ! it is made like lightning
      L   : wehe, es ist zum Blitzen gemacht
[עשויה לברק]
    made for lightning / for glittering / for flashing
    faite pour un éclair / pour étinceler
      J   : (l'épée) faite pour jeter des éclairs
      TOB : elle est faite pour jeter des éclairs
  Fac.: 14
[אבחת-חרב עשויה לברק] (=Brockington)
    the threat of the sword made for lightning / for
    flashing
    la menace de l'épée faite pour étinceler
      NEB*: the threat of the sword made to flash
          like lightning
  Fac.: 14
  Rem.: See the preceding and the following case also.
  Rem.: Voir aussi le cas précédent et le cas suivant.

Transl.: only made for flashing
Trad.:   seulement faite pour étinceler

21.20(15)

C מְעֻטָּה לטבח
   wrapped/sheathed for slaughter
   enveloppée pour le massacre
[מרטה לטבח]
   sharpened for slaughter
   aiguisée pour le massacre
     RSV*: polished for slaughter
     J* : fourbie pour le massacre
     TOB*: polie pour le massacre
     L   : zum Schlachten geschärft
   Fac.: 8
[מְעֻטָּה לטבח = מְעוּטָה] (=Brockington)
   drawn for slaughter
   tirée pour le massacre
     NEB : and drawn to kill
   Fac.: 14
   Rem.: See also the two preceding cases.
   Rem.: Voir aussi les deux cas précédents.
   Transl.: wrapped/kept in reserve for slaughter
   Trad.:   enveloppée / mise en réserve pour le mas-
            sacre

21.21(16)

C התאחדי
   join ⟨in an attack⟩ (imperative feminine singular,
   referring to the sword)
   rassemble-toi ⟨pour l'attaque⟩
[התחדי] (=Brockington)
   sharpen yourself (imperative feminine singular,
   referring to the sword)
   aiguise-toi
     RSV*: cut sharply
     NEB*: be sharpened
     J* : sois affûtée
     TOB*: montre-toi tranchante
     L   : hau drein
   Fac.: 5,8
   Rem.: See the following case too, and see the Rem.
     there.
   Rem.: Voir du même le cas suivant, et voir la Rem.
     là.

Transl.: join ⟨in an attack⟩ (towards your right) !
Trad.:   concentre-toi ⟨pour l'attaque⟩ (vers la
         droite) !

21.21(16)

B השימי
    put yourself
    place-toi
       J   : place-toi
[הושמי] (=Brockington)
    be unsheathed (?)
    sois dégaînée (?)
      NEB : be unsheathed
  Fac.: 14
  Lacking.Manque = RSV*, TOB*, L
  Fac.: 4,8
  Rem.: See the preceding case. The whole expression
    can be translated as follows : "join ⟨in an attack⟩
    (towards your right), turn (towards your left) !".
  Rem.: Voir le cas suivant. On peut traduire toute
    l'expression ainsi : "concentre-toi (vers la
    droite), porte-toi (vers la gauche) !".
  Transl.: turn (towards your left) !
  Trad.:   porte-toi (vers la gauche) !

21.25 (20)

B בְּצוּרָה
   ⅂fortified
    fortifiée
      RSV : (Jerusalem) the fortified
      J   : (à) la forteresse (de Jérusalem)
      TOB : (Jérusalem,) la ville forte
      L   : (zu) der festen Stadt (Jerusalem)
  בצורה = [בְּצוֹרָהּ] (=Brockington)
    in its midst
    dans son centre
      NEB : at the heart of it
  Fac.: 8
  Transl.: fortified
  Trad.:   fortifiée

21.27(22)

A לשום כרים   (1°)
    to set battering rams
    pour placer des béliers
        J   : pour y placer des béliers
        TOB : qu'on place des béliers
  [Lacking.Manque] = RSV*, NEB*, L (=Brockington)
  Fac.: 14
  Transl.: - for battering rams to be set up
  Trad.:   - pour y placer des béliers

21.27(22)

C ברצח
    to the slaughter
    à la tuerie
        J   : (donner l'ordre) de la tuerie
        TOB : (qu'on hurle) à la tuerie
C[בצרח] LXX (=Brockington)
    with shouting
    avec hurlement
      RSV*: with a cry
      NEB*: (raise) a shout
      L   : mit grossem Geschrei
    Rem.: In this case, the Committee was equally divi-
      ded. One half preferred the MT, considering the
      reading of LXX to be the result of a scribal error.
      The other half of the Committee chose the reading
      of the Septuagint, explaining the reading of the
      MT as a scribal error. Translators may choose either
      one of the two readings.
    Rem.: Dans ce cas, le Comité se trouva divisé en deux
      moitiés. La première moitié choisit la leçon du TM,
      car elle estime que celle de la Septante est le
      résultat d'une erreur de scribe. La deuxième moitié
      préféra au contraire la leçon de la Septante, en
      jugeant celle du TM comme une erreur de copiste.
      Les traducteurs peuvent choisir l'une ou l'autre
      de ces deux leçons.
    Transl.: MT:for the slaughter / LXX:with shouting
    Trad.:   TM:pour le massacre / LXX:avec clameur

21.28(23)

B שבעי שבעות להם
   oaths of oaths, for them (i.e. they have sworn
   solemn oaths)
   serments des serments, pour eux (c.-à-d. ils ont
   juré des serments solennels)
      RSV : they have sworn solemn oaths
      J   : on leur avait prêté serment
      TOB*: on leur a fait une promesse
      L   : haben sie doch heilige Schwüre empfangen
   Lacking.Manque = NEB* (=Brockington)
   Fac.: 4
   Transl.: they ⟨have sworn⟩ solemn oaths / ⟨have been
            sworn⟩ solemn oaths on their behalf
   Trad.:   ils ⟨ont juré⟩ des serments solennels / on
            leur ⟨a juré⟩ des serments solennels

21.29(24)

B בכף תתפשו
   you shall be seized by the hand
   vous serez pris en main
      NEB : you will fall into the enemies' hand
            by force
      J   : vous serez capturés
      TOB : vous serez capturés à pleine main
   [בהם תתפשו]
   you shall be taken in them
   vous serez pris en eux
      RSV*: you shall be taken in them
      L   : sollt ihr dabei behaftet werden
   Fac.: 4
   Transl.: you shall be seized by force (lit. by the
            hand)
   Trad.:   vous serez pris de force (litt. par la main)

21.32(27)

B גם-זאת לא היה
   neither has this taken place
   ceci aussi ne s'est pas produit
      NEB : as never was
      J   : comme il n'y en eut pas
      TOB : il n'y en a jamais eu de pareille
   [גם-זאת לא תהיה]
   neither will this take place
   ceci aussi ne se produira pas

          L   : aber auch dies wird nicht bleiben
     Fac.: 6
[גם אות לא יהיה]
       even a sign will not exist
       même un signe n'existera pas
          RSV*: there shall not be even a trace
     Fac.: 14
     Transl.: this has never taken place
     Trad.:   il n'en a jamais existé

21.33(28)

B להכיל
       to contain / to feed
       pour contenir / donner à manger
          J   : pour dévorer
          TOB : pour dévorer
[לכלה] (=Brockington)
       for annihilation
       pour l'anéantissement
          NEB*: for destruction
          L   : dass es schlachten soll
     Fac.: 6
[להַהל]
       to glitter
       pour briller
          RSV*: to glitter
     Fac.: 14
     Rem.: The expression may be translated as follows :
       "(polished) as much as possible (lit. to the ex-
       tent of its capacity ⟨to be polished⟩) so that it
       shines (or glitters)".
     Rem.: L'expression peut se traduire ainsi : "(fourbie)
       autant que possible (litt. autant qu'il est capable
       ⟨d'être fourbie⟩) pour briller".
     Transl.: See Remark
     Trad.:   Voir Remarque

21.34(29)

A אותך
       (to give) you (i.e. you O sword)
       (pour te donner) toi (c.-à-d. toi, épée)
          TOB : (pour trancher le cou des impies)
[אותה] (=Brockington)
       (to give) it
       (pour) la (donner)

```
        RSV : (a sword... to be laid)
        NEB*: (bring) it (down)
        J*  : (l'épée... pour égorger) (note : "litt.
              'pour mettre sur la gorge'")
        L   : das Schwert (soll ... gesetzt werden)
    Fac.: 14
    Transl.: (to lay) you <O sword> (upon...)
    Trad.:   (pour) te (placer) <ô épée>...
```

22.3

```
B עִיר
    a city
    une ville
        RSV : a city
        J   : ville
        TOB : c'est une ville
        L   : o Stadt
 [אוֹי עִיר] (=Brockington)
    alas for the city
    malheur à la ville
        NEB*: alas for the city
    Fac.: 4,13
    Rem.: This clause is a proverbial saying : "a city
      which sheds blood in its midst : its time will
      come".
    Rem.: Cette phrase exprime un proverbe : "une ville
      qui verse le sang dans son milieu : son temps
      viendra".
    Transl.: a city
    Trad.:   une ville
```

22.4

```
C וַתָּבוֹא
    and she comes / you come
    et elle vient / tu viens
        RSV : (the ... time...) has come
        J   : tu es arrivée
        TOB : tu es parvenue
 [וַתְּבִיאִי] (=Brockington)
    and you bring
    et tu fais venir
        NEB : you have ... brought ... nearer
        L   : hast du ... bewirkt, dass ... kommen müssen
    Fac.: 4
    Transl.: and you come
    Trad.:   et tu viens
```

22.4

B עד
   until
   jusqu'à
      NEB : (you have ... brought) the end of (your
            years nearer)
      J   : (tu es arrivée) au terme de (tes années)
      TOB : (tu es parvenue) au terme de (tes années)
   עת
   the time of...
   le temps de...
      RSV*: the appointed time of (your years)
   Fac.: 4
[Lacking.Manque] = L
   Fac.: 14
   Transl.: until (your years/time)
   Trad.:   jusqu'à (tes années / ton temps)

22.12

B לקחת
   you took
   tu as pris
      RSV : you take
      J   : tu as pris
      TOB : tu perçois (des taux usuraires)
      L   : du nimmst
[לקחו בך] (=Brockington)
   they took from you (lit. in you)
   ils ont pris en toi
      NEB*: and they have exacted (discount and inte-
            rest) on their loans
   Fac.: 4
   Transl.: you took
   Trad.:   tu as pris

22.16

   וְנִחַלְתְּ בָּךְ
   and you will profane yourself
   et tu seras profanée en / par toi
      J* : tu seras profanée par ta faute (en note :
            "... litt. 'par toi'...")
      TOB : tu t'es profanée toi-même
      L   : und du wirst ... als verflucht gelten
   Fac.: 7

C[וְנִהֲלְתִּי בָךְ] (Brockington)
    and I will be profaned by you
    et je serai profané par toi
      RSV*: and I shall be profaned through you
      NEB*: I will sift you
    Transl.: and I will be profaned by you
    Trad.:   et je serai profané par toi

22.18

C כור סגים כסף
    (in) the furnace, dross of silver (they have be-
    come)
    (au milieu) d'une fournaise (ils sont devenus)
    des scories d'argent
      L   : (im) Ofen; ja, zu Silberschlacken (sind
            sie geworden)
[כסף סגים] (=Brockington)
    (within the) silver, (they have become) dross
    (au milieu) de l'argent, (ils sont devenus) des
    scories
      NEB*: (are) an alloy, their silver alloyed
            (with...)
    Fac.: 4
[כסף (נחשת ובדיל וברזל ועופרת בתוך) כור סגים]
    silver, (bronze and tin and iron and lead in)
    the furnace (have become) dross
    de l'argent (du bronze, de l'étain, du fer, du
    plomb au milieu) d'une fournaise : (ils sont de-
    venus) des scories
      RSV*: (all of them,) silver (and bronze and tin
            and iron and lead in) the furnace, (have
            become) dross
      TOB*: de l'argent, (du bronze, de l'étain, du
            fer, du plomb, ils sont devenus) des
            scories (au milieu) du creuset
    Fac.: 14
[כור סגים]
    (in) the furnace (they have become) dross
    (au milieu) d'une fournaise, (ils sont devenus)
    des scories
      J* : (dans) une fournaise : c'est un métal
            impur
    Fac.: 14
    Transl.: (in) the fournace (they have become) dross
             <combined with> silver
    Trad.:   (au milieu) de la fournaise (ils sont de-
             venus) des scories <avec> de l'argent

22.24

C לא מטהרה
     <which> has not been purified
     <qui> n'a pas été purifiée
       RSV : that is not cleansed
       TOB : qui n'a pas été purifiée
[לא מטרה]
     <which> has not been soaked by rain
     <qui> n'a pas reçu de pluie
       J   : qui n'a reçu ni pluie (ni...)
       L   : das nicht beregnet ist
  Fac.: 13
[לא המטרה] (=Brockington)
     <which> has not been soaked by rain
     <qui> n'a pas été mouillée par la pluie
       NEB*: on which no rain has fallen
  Fac.: 13
  Rem.: The expression may be translated as follows :
    "(you are a land) which has not been cleansed,
    (which has not had its rain, in the day of wrath)"
    (i.e. no rain has fallen because of the judgment
    or punishment). It is likely that the clause "which
    has not had its rain" is an ancient gloss which
    entered into the MT at an early date.
  Rem.: L'expression peut être traduite ainsi : "(tu
    es une terre) qui n'a pas été purifiée, (qui n'a
    pas eu sa pluie au jour de la colère)"(c.-à-d. la
    pluie n'est pas tombée à cause du jugement et en
    guise de châtiment). Il est vraisemblable que la
    proposition "qui n'a pas eu sa pluie" soit une an-
    cienne glose entrée dans le TM a une date très haute.
  Transl.: See Remark
  Trad.:   Voir Remarque

22.25

C קשר נביאיה
     the conspiracy of her prophets
     la conjuration de ses prophètes
       TOB : il y a une conjuration de ses prophètes
[אשר נשיאיה] (=Brockington)
     whose princes
     dont les princes
       RSV*: her princes
       NEB*: the princes
       J* : les princes
       L   : dessen Fürsten
  Fac.: 4
  Transl.: the conspiracy of its prophets (of the land)
  Trad.:   la conjuration de ses prophètes (c.-à-d. de
            la terre)

23.21

C ממצרים
   from Egypt
   de l'Egypte
 מצרים
   Egypt
   l'Egypte
     RSV*: the Egyptians
     TOB*: les Egyptiens
     L   : die Aegypter
  Fac.: 1,4
 במצרים
   in Egypt
   en Egypte
     NEB : in Egypt
     J   : en Egypte
  Fac.: 4
  Rem.: See the next case also.
  Rem.: Voir aussi le cas suivant.
  Transl.: from Egypt
  Trad.: dès l'Egypte

23.21

 למען
   for the sake of
   en vue de
  Fac.: 12
C[לְמֹעֵךְ] / [לְמַעַךְ] (=Brockington)
   to press / caress
   pour presser / caresser
     RSV*: and pressed
     NEB*: be ... fondled
     J* : en portant la main sur
     TOB*: pelotant
     L   : und ... betasteten
  Rem.: The form for which the Committee voted is
  לְמֹעֵךְ, i.e. the qal infinitive.
  Rem.: La forme pour laquelle le Comité a voté, est
  לְמֹעֵךְ, c.-à-d. le qal infinitif
  Transl.: to press / caress
  Trad.: pour presser / caresser

23.23

וקראים B
   and dignitaries
   et dignitaires
      J   : et habiles (cavaliers)
      TOB : dignitaires
      L   : und Edle
[וקרובים] / [וקרבים] (=Brockington)
   and warriors
   et des guerriers
      RSV*: and warriors
      NEB*: and staff officers
  Fac.: 14
  Transl.: and dignitaries
  Trad.:   et dignitaires / notables

23.24

הֹצֶן
   weapons (?)
   armes (?)
  Fac.: 8
[מצפון]
   from the north
   du nord
     RSV*: from the north
     J* : du nord
     TOB*: du nord
  Fac.: 5
חֹצֶן (=Brockington)
   bosom / shoulder / arm
   sein / épaule / bras
     NEB*: with war-horses
     L   : gerüstet
  Fac.: 8
D[הָצֵן]
   equipped (with chariots...)
   équipés (avec des chars...)
  Rem.: The reading chosen by the Committee is gramma-
     tically a hiphil absolute infinitive in an adver-
     bial construction.
  Rem.: La leçon choisie par le Comité est, grammatica-
     lement parlant, un hiphil infinitif absolu dans une
     construction adverbiale.
  Transl.: equipped (with chariots...)
  Trad.:   équipés (avec des chars...)

23.33

תמלאי B
   you will be filled
   tu seras remplie
     RSV : you will be filled
     J   : tu seras remplie
     TOB : tu seras remplie
     L   : du musst dich ... volltrinken
[תמלא] (=Brockington)
   it (i.e. the cup) will be filled
   elle sera remplie (c.-à-d. la coupe)
     NEB*: it will be full
  Fac.: 4
  Transl.: you will be filled
  Trad.:   tu seras remplie

23.34

ואת-חרשיה תגרמי B
   and you will chew on its broken pieces
   et tu rongeras ses tessons
     NEB*: then you will chew it in pieces
     J   : puis tu en mordras les morceaux
     TOB : tu (la) briseras de tes dents, et de ses
          tessons (note : "... litt. _ses tessons_
          tu rongeras...")
     L   : danach die Scherben ausschlürfen
[ואת-שערך תמרטי / תגרעי]
   and you will tear out your hair
   et tu t'arracheras tes cheveux
     RSV*: (you shall...) and pluck out your hair
  Fac.: 1,5
  Transl.: and you will chew on its broken pieces
  Trad.:   et tu rongeras ses tessons

23.37

להם לאכלה B
   to them for food
   à eux pour nourriture
     RSV : to them for food
     NEB : to them for food
     TOB : (elles) leur ont fait manger
     L   : zum Frasse (darbrachten)
[לאש לאכלה]
   to the fire to be consumed
   au feu pour combustible

    J*   : (les a fait passer) par le feu pour les
           consumer
 Fac.: 14
 Transl.: to them for food
 Trad.:   à eux pour nourriture

23.38/39

A ביום ההוא...ביום ההוא
    on that day ... on that day
    ce jour-là ... ce jour-là
       RSV : on the same day... on the same day
       J   : en ce jour ... le même jour
       TOB : le même jour ... ce jour-là
       L   : noch am gleichen Tag... noch am gleichen
             Tag
  [Lacking.Manque] = NEB* (=Brockington)
   Fac.: 4
   Transl.: on that very day... on that very day
   Trad.:   ce même jour-là... ce même jour-là

23.42

    סבאים QERE   (=Brockington)
    Sabaeans
    des Sabéens
       NEB : Sabaeans
       L   : (Menschen) ... aus Saba
    Fac.: 4
    סובאים KETIV
    drunkards
    des buveurs
       RSV*: drunkards
       J*   : (la multitude...) de buveurs
       TOB : (venant) de tous les points (du désert)
             (note : "Litt. ... étaient amenés des
             buveurs du désert.")
    Fac.: 13
C[Lacking.Manque] = LXX
   Transl.: The word is to be omitted
   Trad.:   On omettra le mot

23.44

C אשת הזמה
    the lewd women
    les femmes de l'infamie
      NEB : those lewd women
      J   : ces femmes dépravées
      TOB : ces femmes impudiques
      L   : den zuchtlosen Weibern
 [לעשות זמה]
    to engage in lewdness
    pour commettre l'infamie
      RSV*: to commit lewdness
  Fac.: 4,5
  Transl.: these lewd women
  Trad.:   ces femmes infâmes

23.48

C כזמתכנה
    (and they will no more act) according to your
    lewdness
    (et elles n'agiront plus selon votre infamie
      RSV :   (all women... and not commit) lewdness
            as you have done
      J   : (toutes les femmes...) et n'imiteront plus
            votre infamie
      TOB : et elles n'imiteront plus votre impudicité
      L   : (dass alle Frauen... und nicht) nach sol-
            cher Unzucht (tun)
 [כזמתן] (=Brockington)
    (and they will no more act) according to their
    lewdness
    (et elles n'agiront plus) selon leur infamie
      NEB*: (not to be) as lewd as they
  Fac.: 4,5
  Transl.: (and they will no more act) according to
          your lewdness / (and they will no more act)
          lewdly as you do
  Trad.:   (et elles n'agiront plus) selon votre in-
          famie

24.5

A העצמים
   the bones
   les os
      TOB : (entasse) les os
 [העצים] (=Brockington)
   the wood / the logs
   le bois / les bûches
     RSV*: (pile) the logs
     NEB*: (pack) the logs
     J* : (entasse) du bois
     L   : (schichte) Holzscheite
  Fac.: 14
  Transl.: (heap up) the bones (at the bottom)
  Trad.:   (entasse) les os (au fond)

24.5

B רתחיה
   its boiling
   ses bouillons
     J : (fais bouillir) à gros bouillons
     TOB : (fais- la bouillir) à gros bouillons
 [נתחיה (=Brockington)
   its pieces
   ses morceaux
     RSV : (boil) its pieces
     NEB : (seethe) the stew
     L   : (lass) die Stücke (tüchtig sieden)
  Fac.: 1,5
  Rem.: The whole expression can be translated as
    follows : "make it boil vigorously", lit. "and boil
    it ⟨with⟩ its boiling".
  Rem.: Toute l'expression peut être traduite ainsi :
    "fais bouillir à gros bouillons".
  Transl.: its boiling (see Remark)
  Trad.:   ses bouillons (voir Remarque)

24.5

B בשלו
   they were cooked / boiled
   ils ont cuit / ils sont cuits
     J   : que soient cuits
     TOB : (les os) doivent cuire

[בשׁל] (=Brockington)
  make ⟨them⟩ boil / boil ⟨them⟩ (imperative singular)
  fais cuire
    RSV : seethe
    NEB : boil
    L   : lass... gut kochen
 Fac.: 1,5
 Transl.: (its bones) were boiled
 Trad.:   (ses os) sont cuits

24.10

B והרקה המרקחה
  and boil the broth / stew down
  et fais réduire la décoction
    J   : prépare les épices
    TOB : ajoute les épices
[והרק המרק] (=Brockington)
  and empty out the broth
  et verse le bouillon
    RSV*: and empty out the broth
    NEB*: pour out all the broth
    L   : und giess die Brühe aus
 Fac.: 6
 Transl.: and boil the broth / stew down
 Trad.:   et fais réduire la décoction

24.10

B והעצמות יחרו
  and the bones will be burned
  et les os seront brûlés
    RSV : and let the bones be burned up
    J   : que les os brûlent
    TOB : que les os soient brûlés
    L   : dass die Knochen anbrennen
[והעצמות יחדו] (=Brockington)
  and the bones together
  et les os ensemble
    NEB*: and the bones with it
 Fac.: 14
 Transl.: and the bones will be burned
 Trad.:   et les os seront brûlés

24.12

C תאנים הלאת
  it (i.e. the pot) has frustrated the efforts ⟨to
  clean it⟩
  elle (c.-à-d. la marmite) a lassé les efforts ⟨pour
  la nettoyer⟩
[תאנים הלאת]
  efforts ⟨for⟩ rust
  des efforts ⟨pour⟩ de la rouille
    TOB*: que d'efforts pour de la rouille !
 Fac.: 14
[תאנים תלאה] (=Brockington)
  you got tired with efforts
  tu t'es fatigué par des efforts
    NEB*: try as you may
 Fac.: 14
[חנם נלאתי]
  in vain I got tired
  en vain je me suis fatigué
    RSV*: in vain I have wearied myself
 Fac.: 14
[Lacking.Manque] = J*
 Fac.: 4,8
 Rem.: 1. It is not possible to determine with certainty the Hebrew basis on which the translation
   of L rests.
   2. The simplest translation seems to be : "it (i.e.
   the pot) has frustrated the efforts ⟨to clean it⟩".
 Rem.: 1. Il n'est pas possible de déterminer la base
   textuelle de la traduction de L.
   2. La traduction la plus simple semble être : "elle
   (la marmite) a lassé les efforts ⟨pour la nettoyer⟩".
 Transl.: See Remark 2
 Trad.:   Voir Remarque 2

24.13

B בטמאתך זמה
   in your filth ⟨there is⟩ lewdness
   dans ton impureté ⟨il y a⟩ de l'infamie
     NEB : in your filthy lewdness
     TOB : l'impudicité est dans ta souillure
[בטמאתך בזמה]
   in your filth through lewdness
   dans ton impureté, par l'infamie
     L   : weil du durch Unzucht dich unrein gemacht
           hast
 Fac.: 1,6

[טמאתך זמה]
   your filth ⟨is⟩ lewdness
   ton impureté ⟨est⟩ une infamie
     RSV : (its rust is) your filthy lewdness
     J* : ta souillure est une infamie
  Fac.: 1,6
  Transl.: in your filth ⟨there is⟩ lewdness
  Trad.:   dans ton impureté, ⟨il y a⟩ de l'infamie

24.14

C שפטוך
   they have judged you / you have been judged
   ils t'ont jugée / on t'a jugée
     J   : on te jugera
     TOB : on te jugera
     L   : sie sollen dich richten
[אשפטך] (=Brockington)
   I will judge you
   je te jugerai
     RSV : I will judge you
     NEB : I will judge you
  Fac.: 5,4
  Transl.: they have judged you / they will judge you /
          you have been judged / you will be judged
  Trad.:   ils t'ont jugée / ils te jugeront / on
          t'a jugée / on te jugera

24.17/24.22

B ולחם אנשים
   and the bread of men
   et le pain des hommes
     J* : (ne mange pas) de pain ordinaire (note :
         "... (litt. 'pain des hommes')...")
     TOB : le pain des voisins (note : "Litt. le
         pain des hommes...")
[ולחם אונים]
   and the bread of mourning
   et le pain de deuil
     RSV*: the bread of mourners
     L   : und ... das Trauerbrot
  Fac.: 4,9
[ולחם אנושים] (=Brockington)
   and the bread of those who are incurable
   et le pain des incurables
     NEB : the bread of despair

Fac.: 14
Rem.: The expression means "the bread of the people",
   i.e. the ordinary bread eaten by those who are not
   priests, while these have their special food.
Rem.: L'expression signifie "le pain des gens",
   c.-à-d. le pain ordinaire que mangent ceux qui ne
   sont pas prêtres, alors que ceux-ci ont leur nourriture spéciale.
Transl.: and the bread of the people/ordinary bread
Trad.:   et le pain des hommes / du pain ordinaire

25.5

ואת-בני עמון A
   and the Ammonites
   et les fils d'Ammon
     NEB : and Ammon
     TOB : et du pays des fils d'Ammon
     L   : und das Land der Ammoniter
[ואת-ערי בני עמון]
   and the cities of the Ammonites
   et les villes des fils d'Ammon
     RSV*: and the cities of the Ammonites
 Fac.: 14
[ואת-ערי עמון]
   and the cities of Ammon
   et les villes d'Ammon
     J* : et des villes d'Ammon
 Fac.: 14
Rem.: 1. See a similar textual problem in 25.10 below.
   2. The expression refers to the land of the Ammonites.
Rem.: 1. Voir un problème textuel semblable en 25.10
   ci-dessous.
   2. L'expression désigne en fait le pays des Ammonites.
Transl.: and Ammon / and ⟨the land of⟩ the Ammonites
Trad.:   et Ammôn / et ⟨le pays⟩ des fils d'Ammôn

25.8

B ושעיר
    and Seir
    et Séïr
        J   : et Séïr
        TOB : et Séïr
        L   : und Seïr
  [Lacking.Manque] = RSV*, NEB* (=Brockington)
  Fac.: 5
  Transl.: and Seir
  Trad.:   et Séïr

25.9

B מהערים מעריו
    from the cities, from its cities
    des villes, de ses villes
        J   : ses villes ne seront plus des villes
        TOB : de villes ... de ces villes
  [מהערים]
    from the cities
    des villes
        RSV*: from the cities
        L   : dass es ohne Städte sei
  Fac.: 4
  [ומערה עריו] (=Brockington)
    and laying bare his cities
    et mettant à nu ses villes
        NEB*: (I will...) and lay open its cities
  Fac.: 14
  Rem.: The whole expression can be translated as
    follows : "from the cities, from its cities (all-
    together)".
  Rem.: L'expression dans son ensemble peut être tra-
    duite ainsi : "des villes, de ses villes (toutes
    ensemble)".
  Transl.: See Remark
  Trad.:   Voir Remarque

25.10

A לא תזכר בני עמטן
    ⟨the land of⟩ the Ammonites shall not be remembe-
    red
    on ne se souviendra pas de ⟨la terre des⟩ fils
    d'Ammon
        NEB : the Ammonites shall not be remembered

          J   : (des Ammonites, afin qu')on ne s'en sou-
                vienne plus
          TOB : on ne se souviendra plus des fils d'Ammon
          L   : (so dass) man an sie nicht mehr denken
                wird
   [לא תזכר]
      it will not be remembered
      on ne se souviendra pas
          RSV*: it may be remembered no more
      Fac.: 14
      Rem.: See a similar problem in 25.5 above.
      Rem.: Voir un problème textuel semblable ci-dessus
            en 25.5.
      Transl.: ⟨the land of⟩ the Ammonites shall be re-
                membered no more
      Trad.:   ⟨du pays⟩ des Amonites on ne se souviendra
                plus

   26.1
A בעשתי-עשרה שנה
      in the eleventh year
      dans la onzième année
          RSV : in the eleventh year
          J   : la onzième année
          TOB : la onzième année
   [בעשתי-עשרה שנה ראשון] = Brockington
      in the eleventh year, the first ⟨month⟩
      dans la onzième année, au premier ⟨mois⟩
          NEB*: (on the first day of) the first month
                in the eleventh year
          L   : im elften Jahr (am ersten Tage) des ersten
                Monats
      Fac.: 4,13
      Transl.: in the eleventh year
      Trad.:   dans la onzième année

26.2

B אֶמָּלְאָה
   ‍I will be replenished / grow rich
    je vais me remplir
      RSV : I shall be replenished
      NEB*: I grow rich
      TOB : à mon tour de me remplir
      L   : ich werde jetzt reich werden
  [הַמְּלֵאָה] (=Brockington)
    she who was full / it (the city) which was full
    elle qui était pleine
      NEB* (note) : she that was rich
  Fac.: 4
  [מְלֵאָה]
    ‍its content
    ce qui l'emplit
      J*   : sa richesse (note : "... litt. : 'ce qui
             l'emplit'...")
  Fac.: 14
  Transl.: I will replenished / I will grow rich
  Trad.:   je vais me remplir

26.15

B בַּהֲרֹג הרג
    when slaughter is going on
    quand le massacre sévit
      RSV : when slaughter is made
      NEB*: while... the slaughter goes on
      J   : quand sévira le carnage
      TOB : dans la tuerie qui s'accomplira
  [בַּחֲרֹב חרב]
    when the sword is killing
    lorsque le glaive tue
      L   : wenn... das Schwert morden wird
  Fac.: 4,6
  [בִּנְהֹר הָרֵג] (=Brockington)
    ‍when the murdered ⟨victim⟩ falls
    quand le tué se plie
      NEB*(note) : when he who is struck is bowed
                   down
  Fac.: 14
  Transl.: when slaughter goes on
  Trad.:   quand le massacre sévit

26.17

נושבת B
   inhabited
   habitée
      TOB : ville, dont les habitants (venaient de la mer)
      L   : die du (am Meer) lagst (?)
[נִשְׁבַּתְ] (=Brockington)
   led away into captivity
   amenée en captivité
      NEB*: swept (from the sea)
      J   : disparue (des mers)
 Fac.: 4,6
[Lacking.Manque] = RSV*
 Fac.: 14
 Rem.: The expression can be translated as follows :
   "<you whose> inhabitants (come from the sea)".
 Rem.: On peut traduire cette expression comme suit :
   "<toi dont> la population (vient des mers)".
 Transl.: See Remark
 Trad.: Voir Remarque

26.17

לכל-יושביה A
   to all her inhabitants
   pour tous ses habitants
      TOB : (qui provoquait) partout (la terreur) (?)
[לכל-היבשה] (=Brockington)
   to all the mainland
   pour toute la terre ferme
      RSV*: on all the mainland
      NEB*: throughout the mainland
      J* : sur tout le continent
      L : das ganze Land
 Fac.: 14
 Transl.: to all its inhabitants
 Trad.: à tous ses habitants

26.20

כחרבות מעולם B
   like ancient ruins / like ruins of old days
   comme des ruines, depuis toujours / comme des
   ruines d'autrefois
      NEB : as in places long desolate
      J : semblable aux ruines d'autrefois
      TOB : semblable à des ruines éternelles

בחרבות מעולם
  in ancient ruins
  dans des ruines d'autrefois
    RSV : among primeval ruins
    L   : zwischen den Trümmern der Vorzeit
Fac.: 1,4
Transl.: like very old ruins / like ancient ruins
Trad.:   comme des ruines d'autrefois

26.20

C ונתתי צבי
  and I will give beauty / my beauty
  et je donnerai de la / ma splendeur
    TOB : et je mettrai ma splendeur
C[ונתיצבי] = LXX
  and you will stand
  et tu te tiendras
    RSV*: you will (not)... have a place
    NEB*: you will (never)... take your place
    J* : pour être rétablie
    L   : dass du... (keine) Stätte mehr hast
[והתיצבי] (=Brockington)
  and stand (imperative singular)
  et tiens-toi
Fac.: 14
Rem.: In this case, the Committee was equally divided. One half of the Committee chose the MT, because they considered the reading of the LXX as
  the result of a scribal error and of a reinter-
  pretation of the passage (Fac.12 and 4). But the
  other half preferred the LXX, since they believed
  that the MT could be explained also as a scribal
  error and a rearrangement of the text (Fac. 12
  and 4). Translators may choose either one of the
  two readings.
Rem.: Dans ce cas, le Comité se trouva divisé en
  deux moitiés. Une moitié opta pour le TM et considéra la leçon de LXX comme une erreur de copiste
  et une réinterprétation de tout le passage (Fac.
  12 et 4). L'autre moitié préféra la leçon de LXX,
  en estimant que le TM peut lui aussi être expli-
  qué comme erreur de scribe et réarrangement du
  texte (Fac. 12 et 4). Les traducteurs peuvent
  choisir l'une ou l'autre de ces deux leçons.
Transl.: MT : (in order that...) I will manifest my
       beauty (in the land of the living) /
       LXX : (in order that...) you will (not)
       enter (into the land of the living)

Trand.:   TM : (afin que...) je place ma beauté
           (dans la terre des vivants) /
           LXX : (afin que...) tu (ne) te présentes
           (plus dans la terre des vivants)

27.6

C בת-אשרים
    enrhrined in cypress wood (lit. daughter of cypress
    wood)
    enchassé en bois de cyprès (litt. fille de bois
    de cyprès)
        RSV : of pines... inlaid with (ivory) (?)
        NEB : with box-wood
        TOB : incrusté dans du cyprès
        L   : gefasst in Buchsbaumholz
  [בִּתְאַשֻּׁרִים] (=Brockington)
    with cypresses
    avec des cyprès
        J* : incrusté dans du cèdre
  Fac.: 1,6,9
  Rem.: See a similar textual problem in 31.3 below.
  Rem.: Voir un problème textuel analogue en 31.3
    ci-dessous.
  Transl.: enshrined in cypress-wood
  Trad.:   enchassé en bois de cyprès

27.8

A חכמיך צור
    your wise men, O Tyre
    tes sages, ô Tyr
        NEB : skilled men..., O Tyre
        J   : tes sages, ô Tyr
        TOB : des sages, ô Tyr
  [חכמי צור]
    the wise men of Tyre
    les sages de Tyr
        L   : die kundigsten Männer von Tyrus
  Fac.: 1,10
  [חכמי צמר]
    the wise men of Zemer
    les sages de Çémar
        RSV*: skilled men of Zemer
  Fac.: 14
  Transl.: your wise men, O Tyre
  Trad.:   tes sages, ô Tyr

27.15

בני דדן
  the Dedanites (lit. the children of Dedan)
  les Dédanites (litt. les fils de Dédân)
      J   : les fils de Dedân
      TOB : les fils de Dedân
  Fac.: 12,9
C[בני רדן] = LXX (=Brockington)
  the Rodanim / Rodanites / the people of Rhodes
  les fils de Rhodes / les gens de Rhodes
      RSV*: the men of Thodes
      NEB*: Rhodians
      L   : die Leute von Rhodos
  Rem.: This textual problem also occurs in Gen 10.4 :
      see there.
  Rem.: Ce problème textuel se rencontre aussi en Gn
      10.4 : voir là.
  Transl.: and the Rodanim / Rodanites / the people of
           Rhodes
  Trad.:   et les Rodanim / Rhodiens / le peuple de
           Rhodes

27.16

C ארם
  Aram
  Aram
      TOB*: Aram
C אדם (=Brockington)
  Edom
  Edom
      RSV*: Edom
      NEB*: Edom
      J*   : Edom
      L   : die Edomiter
  Rem.: One half of the Committee chose the MT, the
      other half preferred the variant, witnessed by A-
      quila and Symmachus. In both cases, the rival rea-
      dings must be considered as the result of a scri-
      bal error and of ignorance as to the precise geo-
      graphical situation (Fac. 12,9). Translators may
      translate the text in either one of the two pos-
      sible ways.
  Rem.: Une moitié des membres du Comité opta pour le
      TM, l'autre moitié pour la variante, qui est
      attestée par Aquila et Symmaque. Dans les deux
      cas, on doit considérer la leçon rivale comme le
      résultat d'une erreur de copiste et de l'ignorance

des données géographiques précises (Fac.: 12,9). Les
traducteurs peuvent donc traduire l'une ou l'autre
leçon.

Transl.: See Remark
Trad.:   Voir Remarque

27.17

B בחטי מנית ופנג
   with wheat from Minnith and millet (?)
   avec du blé de Minnith et du millet (?)
      NEB : wheat from Minnith, and meal
      J* : du grain de Minnit, du pannag
      TOB*: du blé de Minnith, du millet
בחטי מנית ופגג
   with wheat from Minnith and figs
   avec du blé de Minnith et des figues
     L   : Weizen aus Minnith, Feigen
  Fac.: 1
[חטים זית ופגג]
   wheat, olives and figs
   du blé, des olives et des figues
     RSV*: wheat, olives and early figs
  Fac.: 14
  Rem.: The meaning of the word פגג is not clear.
    Translators may simply transliterate it as "pan-
    nag", or give one of the many uncertain equiva-
    lents : millet, oil, balsam, rice, (honey) cake.
  Rem.: Le sens du mot פגג n'est pas clair. Les tra-
    ducteurs peuvent simplement le transcrire : "pan-
    nag", ou donner un des équivalents nombreux, mais
    incertains : millet, huile, baume, riz, galette
    (de miel).
  Transl.: with wheat from Minnith and pannag (see
        Remark)
  Trad.:   avec du blé de Minnit et du pannag (voir
        Remarque)

27.19

ודן ויון מאוּזָּל בעזבוניך נתנו
   Wedan and Javan - Meuzzal supplied ⟨merchandise⟩
   for
   Wedân et Yavân - Méouzzal ont donné ⟨des marchan-
   dises⟩ dans tes entrepôts
     TOB*: Wedân et Yavân - Méouzzal te donnaient du
        fret
  Fac.: 9

C רדן ויון מָאוּזָּל בעזבוניך נתנו
    Wedan / and Dan and Javan in the area of Uzzal
    supplied ⟨merchandise⟩ for your store-houses
    Wedân / et Dan et Yavân, en provenant d'Ouzzal,
    ont donné ⟨des marchandises⟩ dans tes entrepôts
        J* : Dan et Yavân, depuis Uzal, te livraient
              en échange de tes marchandises (?)
        L   : Wedan und Jawan haben von Usal auf deine
              Märkte ... gebracht
[ויין מָאוּזָּל בעזבוניך נתנו]
    and they supplied wine from Uzzal for your store-houses
    et ils ont donné du vin provenant de Ouzzal dans
    tes entrepôts
        RSV*: and wine from Uzal they exchanged for
              your wares
    Fac.: 14
[ודני יין מָאִיזָל בעזבוניך נתנו]
    and they supplied jars of wine from Izalla for
    your store-houses
    et ils ont donné des cruches de vin provenant
    d'Izalla dans tes entrepôts
        NEB*: and casks of wine from Izalla, for your
              staple wares
    Fac.: 14
    Transl.: Wedan and Javan, in the area of Uzzal,
           have supplied your store-houses
    Trad.:   Wédân et Yavân en provenance d'Ouzal ont
           approvisionné tes entrepôts

27.23

C רכלי עבא
    the traders of Sheba
    les commerçants de Sheba
        J   : les marchands de Sheba
        TOB : les commerçants de Saba
[רכלי] (=Brockington)
    the traders of
    les commerçants de
        NEB*: dealers from (Asshur)
        L   : samt den Kaufleuten aus (Assur)
    Fac.: 14
    [Lacking.Manque] = RSV*
    Fac.: 14
    Transl.: the traders of Sheba
    Trad.: les commerçants de Sheba

27.23

B כלמד
    Chilmad
    Kilmad
      RSV : Chilmad
      J   : Kilmad
      TOB : Kilmad
[וכל מדי] = (=Brockington)
    and all Media
    et toute la Médie
      NEB*: and all Media
      L   : und ganz Medien
  Fac.: 14
  Transl.: Chilmad
  Trad.:   Kilmad

27.24

במרכלתך
    in your market
    sur ton marché
      J   : sur tes marchés
      TOB : sur ton marché
      L   : im Handel mit dir
  Fac.: 12
C[בָּם רְכֻלָּתֵךְ] (=Brockington)
    in these ⟨consisted⟩ your trade
    en ceux-là ⟨consistait⟩ ton commerce
      RSV*: in these they traded with you
      NEB : your dealings with them were in these
  Transl.: your trade ⟨consisted⟩ in these
  Trad.:   ton commerce ⟨consistait⟩ en ceux-là

27.32

B כדמה
    like its silence / as its likeness
    comme son silence / comme sa similitude
      TOB : forteresse
      L   : (wer) ist je ... so still geworden
[נִדְמָה]
    was destroyed
    a été détruit
      RSV*: (who) was ever destroyed
  Fac.: 6,8

[נִדְמָה]
  has been compared
  a été comparé
     J* : (qui) était comparable
  Fac.: 6,8
[כרמה] (=Brockington)
  like a height (?)
  comme une hauteur (?)
     NEB*: (like Tyre) with her buildings piled (off
           shore)
  Fac.: 14
  Rem.: This expression can be translated as "as its
     likeness" / "like its silence" / "like a fortress".
     The first translation would seem to be best.
  Rem.: On peut traduire cette expression ainsi :
     "comme sa ressemblance" / "comme son silence" /
     "comme une forteresse". La première traduction
     est la plus probable.
  Transl.: See Remark
  Trad.:   Voir Remarque

28.3

A כל-סתום
     every secret
     tout secret
        RSV : (no) secret
        NEB : (no) secret
        TOB : (aucun) secret
        L   : (dass dir nichts verborgen sei)
  [כל-הוכמ(ים)]
     every wise <man> / all wise <men>
     tout sage / tous les sages
        J* : (pas un) sage
  Fac.: 14
  Transl.: (no) secret
  Trad.:   (aucun) secret

28.9

A הרגך
     your murderer / your murderers
     ton assassin / tes assassins
        RSV : those who slay you
        NEB : your assailants
        J   : tes meurtriers
        TOB : celui qui va te tuer
        L   : (vor) deinen Henkern

הרגיך (=Brockington)
  your murderers
  tes assassins
Fac.: 6,12
Transl.: your murderers
Trad.:   tes assassins

28.14

B -אַתְּ
  ˙you
  toi
    J   : toi
    TOB : tu
    L   : du
-את =[-אֶת] (=Brockington)
  with
  avec
    RSV*: with
    NEB*: with
Fac.: 6
Transl.: you
Trad.:   toi

28.14

B ונתתיך
  and I established you
  et je t'ai établi
    TOB : que j'avais établi
    L   : und ... hatte ich dich gesetzt
[נתתיך] (=Brockington)
  I established you
  je t'ai établi
    RSV*: I placed you
    NEB*: I set you
    J*   : j'avais fait de toi
Fac.: 6
Rem.: Translators should follow the phrase division
    of the MT : "you ⟨are/were⟩ a cherubim...; I had
    established you; you were on the holy mountain of
    God; in the midst of...".
Rem.: Les traducteurs devraient suivre la division
    de la phrase du TM : ""tu ⟨es/étais⟩ un chéru-
    bin...; je t'avais établi; tu étais sur la sainte
    montagne de Dieu; au milieu de...".
Transl.: I established you
Trad.:   je t'avais établi

29.3

A התנים
   the jackals / the crocodile
   les chacals / le crocodile
  התנין (=Brockington)
   the whale / the monster of the sea
   la baleine / le monstre marin
    RSV : the (great) dragon
    NEB*: you (great) monster
    J   : (grand) crocodile
    TOB : (grand) dragon
    L   : du (grosser) Drache
  Rem.: 1. See a similar case in 32.2 and in Lam 4,3.
   2. The meaning of the expression of the MT is
  either "the jackals" or "the crocodile".
  Rem.: 1. Voir un cas semblable en 32.2 et en Lm 4.3.
   2. Le sens de l'expression du TM est ou bien "les
  chacals" ou bien "le crocodile".
  Transl.: See Remark
  Trad. : Voir Remarque

29.3

B עשיתני
   I made myself / I made ⟨it⟩ for myself
   je me suis fait moi-même / je ⟨l'⟩ ai fait pour
   moi
    TOB*: je me suis fait moi-même
    L   : (und ich) habe ihn mir gemacht (?)
[עשיתיו] (=Brockington)
   I made it
   je l'ai fait
    RSV*: I made it
    NEB*: (it was I who) made it
    J* : (c'est moi qui) l'ai fait
  Fac.: 1,6
  Rem.: Two translations are possible : (1) "I made
  myself" (i.e. I owe my power and authority to
  myself alone); (2) "I made it for myself" (i.e.
  I made the Nile for myself).
  Rem.: On peut traduire cette expression de deux
  façons : (1) "je me suis fait moi-même" (c.-à-d.
  je ne dois mon pouvoir et mon autorité qu'à moi
  seul); (2) "je me le suis fait" (c.-à-d. j'ai
  fait le Nil pour moi).
  Transl.: See Remark
  Trad. : Voir Remarque

29.5

B ולא תקבץ
    and you will not be brought together
    et tu ne seras pas rassemblé
        TOB*: sans qu'on ... te rassemble
        L   : du wirst ... nicht wieder ... und gesam-
              melt werden
   ולא תקבר (=Brockington)
    and you will not be buried
    et tu ne seras pas enterré
        RSV : you shall... not be (gathered) and buried
        NEB*: with none to (pick up) and bury you
        J* : tu ne seras (ni ramassé) ni enterré
    Fac.: 1
    Transl.: and you will not be brought together
    Trad.:   et tu ne seras pas rassemblé

29.7

C והעמדת
    and you made stand still (the hips) / and you made
    stand upright (the hips)
    et tu as fait s'arrêter (les reins) / et tu as
    redressé (les reins)
        TOB*: et tu paralyses
C[והמעדת]
    and you weakened ⟨them⟩
    et tu ⟨les⟩ as affaiblis
        RSV*: (you...) and made (all their loins) to
              shake
        J   : tu faisais chanceler
   [ומעדו]
    and they were shaken
    et ils chancelèrent
        NEB : and (their limbs) gave away
        L   : und (alle Hüften) wankten
    Fac.: 14
    Rem.: One half of the Committee chose the MT, the
    other half the reading of Syriac and Vulgate. If
    the MT is preferred, then the variant of Syriac and
    Vulgate must be considered as a misunderstanding
    or a corruption of the MT (Fac.8 or 12). The MT may
    be translated as : "you made stand still" (lit. you
    made [their hips] lamed), or, if the MT is under-
    stood as irony : "you ⟨really⟩ made stand upright"
    (i.e. you ⟨really⟩ made strong their hips, symbol
    of strength). If on the other hand the reading of
    Syriac and Vulgate is chosen, then it should be

translated as follows : "you made their hips (i.e.
their strength) weak". In this case, the MT must
be considered as the result of a scribal error
(Fac.12). Translators may choose either one of
these two readings.
Rem.: Une moitié du Comité donna sa préférence au TM,
tandis que l'autre moitié opta pour la leçon de
la Syriaque et de la Vulgate. Si l'on choisit le
TM, la leçon de la Syriaque et de la Vulgate est
le résultat d'une mauvaise compréhension du TM ou
d'une erreur de copiste (Fac. 8,12). La traduction
du TM est la suivante : "tu as fait s'arrêter" (c.-
à-d. tu as paralysé, bloqué pour eux tous leurs
reins, c.-à-d. leur énergie et force), ou, si l'on
comprend le TM comme une ironie : "tu as ⟨vraiment⟩
redressé !" (c.-à-d. tu as ⟨vraiment⟩ redressé pour
eux tous leurs reins, c.-à-d. leur énergie et
force). Dans ce cas, le TM serait une erreur de
copiste (Fac. 12). Les traducteurs peuvent choisir
l'une des deux leçons.
Transl.: See Remark
Trad.:   Voir Remarque

30.5

B וְכָל-הָעֶרֶב
     and all the mixture / crowd ⟨of peoples⟩
     et tout le mélange / ramassis ⟨de peuples⟩
        TOB*: tout ce mélange de peuples (note : "Litt.
              tout le mélange...")
         L   : mit allerlei fremdem Volk
   [וְכָל-הָעֲרָב] (=Brockington)
     and all Arabia
     et toute l'Arabie
        RSV : and all Arabia
        NEB : all the Arabs
        J* : toute l'Arabie
Fac.: 9,12
Rem.: See a similar textual problem in Jer 25.24.
Rem.: Voir un problème textuel semblable en Jr 25.24.
Transl.: and all the crowd ⟨from different peoples⟩
Trad.:   et tout le ramassis ⟨de différents peuples⟩

30.5

B וכוב
   and Kub
   et Koub
      J   : Kub
      TOB : Kouv
      L   : Kub
[ולוב] (=Brockington)
   and Libya
   et la Libye
     RSV*: and Libya
     NEB*: and Libyans
 Fac.: 14
 Transl.: and Kub
 Trad.:   et Koub

30.9

B בצים
   in ships / on ships / by boat
   dans des bateaux / en bateau
      J   : sur des bateaux
      TOB : en bateau
      L   : in Schiffen
[אצים] (=Brockington)
   hurrying
   qui se hâtent
     RSV*: swift (messengers)
     NEB*: (messengers shall go out) in haste
 Fac.: 5,6
 Transl.: by boat / in ships
 Trad.:   en bateau / sur des bateaux

30.15

B נא
   of No
   de No
     RSV : of Thebes
     J   : de No
     TOB : de Thèbes
     L   : von No
[נף] (=Brockington)
   of Noph
   de Noph
     NEB*: of Noph
 Fac.: 4

Transsl.: of No
Trad.:   de No

30.16

B סִין
   Sin
   Sîn
     RSV : Pelusium
     J   : Sîn
     TOB : Sîn
     L   : Sin
 [סונה] (=Brockington)
   Syene
   Syène
     NEB*: Syene
 Fac.: 14
 Transl.: Sin
 Trad.:   Sîn

30.16

B וְנָף צרי יומם
   and Noph ⟨will suffer⟩ anguish daily
   et Noph ⟨souffrira⟩ des angoisses chaque jour
     L   : (soll...) und Noph täglich geängstigt wer-
         den
 [ונפרצו מים] (=Brockington)
   and waters will burst into it
   et les eaux se répandront
     NEB*: and flood-waters shall burst into it
     J* : et les eaux se répandront
 Fac.: 12,4
 [ונפרצו חומתיה]
   and openings will be made in its wall
   et ses murs seront ouverts par des brèches
     RSV*: (shall be...) and its wall broken down
 Fac.: 14
 [ונָף נפרצו מים]
   and waters will burst ⟨into⟩ Noph
   et ⟨à⟩ Noph, les eaux se répandront
     TOB*: Memphis sera inondée
 Fac.: 14
 Transl.: and Noph ⟨will suffer⟩ anguish daily
 Trad.:   et Noph sera angoissée chaque jour

30.17

אָוֶן
  of Awen / of Evil
  de Awèn / de Méfait
Fac.: 7
B אוֹן =[אוֹן] =LXX (=Brockington)
    of On / Heliopolis
    de On / Héliopolis
        RSV : of On
        NEB : of On
        J   : de On
        TOB : de One
        L   : von On
  Transl.: of On
  Trad.:   de On

30.18

C את-מטות
    the yokes of
    les jougs de
        RSV : the dominion of
        TOB*: les jougs de
    את-מטות =[את-מטות]
    the rods / scepters of
    les sceptres de
        J   : les sceptres de
  Fac.: 12
  [את-מטה]
    the rod / scepter of
    le sceptre de
        L   : das Zepter (Aegyptens)
  Fac.: 1
  [את-מטה] (=Brockington)
    the yoke of
    le joug de
        NEB : the yoke of
  Fac.: 14
  Rem.: The expression refers to the yokes or yoke
    which Egypt imposes.
  Rem.: L'expression désigne les jougs ou le joug que
    l'Egypte impose.
  Transl.: the yokes / the yoke of
  Trad.:   les jougs / le joug de

30.21

B לחבשה
    to bind it
    pour la panser
      RSV : by binding it
      J   : en le pansant
      TOB : on n'y fait pas de pansement
      L   : umwickelt
  Lacking.Manque = NEB* (=Brockington)
  Fac.: 10
  Transl.: to bind it / by binding it
  Trad.:   pour la panser / en la pansant

31.3

A אשור ארז
    (behold) Assyria : ⟨it is⟩ a cedar / (behold) a
    cypress, ⟨behold⟩ a cedar
    (voici) l'Assyrie : ⟨elle est⟩ un cèdre / (voici)
    un cyprès, ⟨voici⟩ un cèdre
      NEB : (look at) Assyria : it was a cedar
      TOB : à un cyprès, à un cèdre
 [אשוך לארז]
    I will liken you to a cedar
    je te comparerai à un cèdre
      RSV*: I will liken you to a cedar
  Fac.: 14
 [תאשור]
    a cypress
    un cyprès
      J* : à un cèdre
      L   : einem Zedernbaum
  Fac.: 14
  Rem.: See a similar textual problem in 27.6 above.
  Rem.: Voir un problème textuel analogue en 27.6 ci-
    dessus.
  Transl.: (behold) a cypress, ⟨behold⟩ a cedar
  Trad.:   (voici) un cyprès, ⟨voici⟩ un cèdre.

31.3

B ובין עבתים
    and among the branches / clouds
    et entre les branches touffues / nuées
      NEB : through the foliage

[ובין עבת]
  and among clouds
  et entre les nuées
    RSV*: among the clouds
    J   : parmi les nuages
    TOB*: entre les nuages
    L   : in die Wolken (ragte)
Fac.: 6
Rem.: See a similar textual problem in 19.11 above
  and in 31.10 and 14 below.
Rem.: Voir un problème analogue en 19.11 ci-dessus
  et en 31.10 et 14 ci-dessous.
Transl.: and among the clouds / branches
Trad.:   et entre les nuées / branches

31.5

בשלחו B
  when it put forth ⟨shoots and branches⟩
  lorsqu'il poussait ⟨branches et rameaux⟩
    J* : qui le faisaient croître
    TOB*: lorsqu'il sortit ses pousses
    L   : sich auszubreiten
[בשלחיו] (=Brockington)
  in its channels / shoots (speaking of the Nile)
  dans ses canaux / pousses (en parlant du Nil)
    RSV : in its shoots
    NEB : in the channels
Fac.: 14
Transl.: when it put forth ⟨shoots and branches⟩
         (speaking of the Nile)
Trad.:   lorsqu'il poussait ⟨branches et rameaux⟩
         (en parlant du Nil)

31.10

אל-בין עבותים B
  until among the branches / clouds
  jusqu'entre les branches touffues / nuées
    NEB : through the foliage
[אל-בין עבות]
  until among the clouds
  jusqu'entre les nuées
    RSV*: among the clouds
    J   : jusqu'au milieu des nuages
    TOB : entre les nuages
    L   : bis in die Wolken

Fac.: 6
Rem.: See a similar textual problem in 19.11 and
    31.3 and 14.
Rem.: Voir un problème textuel analogue en 19.11
    et 14.
Transl.: until among the clouds / branches
Trad.:   jusqu'entre les nuées / branches

31.11

C וָאֶתְּנֵהוּ
    and I will give it
    et je le donnerai
        RSV : I will give it
        TOB : je le livre
    ואתנהו = [וְאֶתְּנֵהוּ] (=Brockington)
    and I gave it
    et je l'ai donné
        NEB : I handed it
        J   : je l'ai livré
        L   : gab ich ihn ... in die Hände
    Fac.: 6,8
    Transl.: therefore I will give it / I gave it
    Trad.:   c'est pourquoi je le donnerai / je l'ai
             donné

31.14

B אֶל-בֵּין עֲבֹתִים
    until among the branches / clouds
    jusqu'entre les branches touffues / nuées
        NEB : through the foliage
    [אֶל-בֵּין עָבוֹת]
    until among the clouds
    jusqu'entre les nuées
        RSV : among the clouds
        J   : jusqu'au milieu des nuages
        TOB : (perce) les nuages
        L   : bis in die Wolken
    Fac.: 6
    Rem.: See a similar textual problem in 19.11 and
        30.3,10 above.
    Rem.: Voir un problème textuel analogue en 19.11 et
        en 31.3 et 10 ci-dessus.
    Transl.: until among the clouds
    Trad.:   jusqu'entre les nuées

31.15

כסתי B
    I covered
    j'ai recouvert
      NEB : I closed
      J   : j'ai fermé
      TOB : je (l') ai recouvert
  [Lacking.Manque] = RSV*, L
    Fac.: 4
    Transl.: I covered ⟨in mourning⟩ (the Sheol)
    Trad.:   j'ai recouvert ⟨en deuil⟩ (le Shéol)

31.17

וּזְרֹעוֹ ישבו בצלו C
    and ⟨they were⟩ his arm, they dwelt under his
    shadow
    et ⟨ils étaient⟩ son bras, ils ont habité à son
    ombre
      TOB : ils étaient son bras et habitaient à son
            ombre
      L   : weil sie unter dem Schatten seines Armes
            gewohnt hatten
  [וזרעו ישבו בצלו]
    and ⟨they were⟩ his seed / progeny, they dwelt
    under his shade (i.e. protection)
    et ⟨ils étaient⟩ sa descendance, ils ont habité à
    son ombre (c.-à-d. protection)
      J* : et sa descendance qui habitait sous son
            ombre
    Fac.: 1,6
  [ורגעו ישבי בצלו]
    and those who dwell under his shadow will die
    et ceux qui habitent à son ombre mourront
      RSV*: those who dwelt under its shadow ... shall
            perish
    Fac.: 14
  [וְזֹרְעוּ יעבי בצלו] (=Brockington)
    and those who dwell under his shadow were sown
    (i.e. scattered)
    et ceux qui habitent à son ombre furent semés
    (c.-à-d. dispersés)
      NEB : and those who had lived in his shadow
            were scattered
    Fac.: 14
    Transl.: and his allies (lit. his arm or power) who
             sat in his shadow (i.e. under his protection)

Trad.: et ses alliés (litt. son bras ou sa puissance)
      qui étaient assis dans son ombre (c.-à-d.
      sous sa protection)

32.1

B בשתי עשרה שנה
   in the twelfth year
   dans la douzième année
     RSV : in the twelfth year
     NEB*: in the twelfth year
     J   : la douzième année
     TOB : la douzième année
בעשתי עשרה שנה
   in the eleventh year
   dans la onzième année
     L   : im elften Jahr
Fac.: 4,9
Rem.: See the same textual difficulty in 32.17 and
   33.21.
Rem.: Voir la même difficulté textuelle en 32.17 et
   33.21.
Transl.: in the twelfth year
Trad.:   dans la douzième année

32.2

A כתנים
   like jackals / like a crocodile
   comme des chacals / comme un crocodile
כתנין (=Brockington)
   like the monster of the sea
   comme le monstre marin
     RSV : like a dragon
     NEB*: like a monster
     J   : comme un crocodile
     TOB : comme un dragon
     L   : wie ein Drache
  Rem.: See a similar case above in 29.3, and see
  the Remark 2 there.
  Rem.: Voir un cas semblable ci-dessus en 29.3, et
  voir la Remarque 2 en cet endroit
  Transl.: like a crocodile
  Trad.:   comme un crocodile

32.5

C רְמוּתֶךָ
    your refuse / your corpse
    ton rebut / ta dépouille
        J   : tes déchets
        TOB : tes rognures
        L   : (mit) deinem Aas
[וְרִמָּתֶךָ] (=Brockington)
    your rotting
    ta pourriture
      RSV*: your carcass
      NEB : the worms that feed on it (i.e. on your
             flesh)
 Fac.: 6
 Transl.: your corpse
 Trad.:   ta dépouille

32.9

C בהביאי שברך
    when I cause your ruin
    quand je ferai venir ta ruine
      NEB : when I bring your broken army
      J   : quand je provoquerai ta ruine
      TOB : quand je ferai sentir... les conséquences
             de ton écroulement (note : "Litt. quand
             j'amènerai ... ton brisement...")
[בהביאי שביך]
    when I bring your captives
    quand je ferai venir tes prisonniers
      RSV*: when I carry you captive
      L   : wenn ich deine Gefangenen ... bringe
 Fac.: 4
 Transl.: when I bring ⟨news of⟩ your ruin
 Trad.:   quand j'apporte ⟨la nouvelle de⟩ ta ruine

32.17

B בשתי עשרה שנה
    in the twelfth year
    dans la douzième année
      RSV : in the twelfth year
      NEB : in the twelfth year
      J   : la douzième année
      TOB : la douzième année

בעשתי עשרה שנה
  in the eleventh year
  dans la onzième année
     L : im elften Jahr
Fac.: 4,9
Rem.: See the same textual difficulty in 32.1 and
  33.21.
Rem.: Voir la même difficulté textuelle en 32.1 et
  33.21.
Transl.: in the twelfth year
Trad.:   dans la douzième année

32.17

B שנה
  (in the twelfth) year
  (la douzième) année
    TOB : (la douzième) année
    L : (im elften) Jahr
[שנה בראשון] (=Brockington)
  (in the twelfth) year, in the first month
  (la douzième) année, le premier mois
    RSV*: (in the twelfth) year, in the first month
    NEB*: of the first month (in the twelfth) year
    J : (la douzième) année, au premier mois
  Fac.: 13
  Transl.: (in the twelfth) year
  Trad.:   la (douzième) année

32.18

B והורדהו אותה ובנות
  and send it (i.e. the crowd of Egypt) down, it and
  the daughters of
  et fais-la (c.-à-d. la multitude de l'Egypte)
  descendre, elle et les filles de
    RSV : and send them down, her and the daughters
          of
    TOB*: fais-la descendre dans l'abîme, elle et
          les filles (des nations)
[והורדהו את בנות]
  and send it ((i.e. the crowd of Egypt) down with
  the daughters of
  et fais-la (c.-à-d. la multitude de l'Egypte)
  descendre avec les filles de
    J* : et fais-la descendre avec les filles (des
          nations)

        L   : und stoss es hinab mit den Töchtern (der
               ... Völker)
    Fac.: 14
[וַהֲדָרָהּ אַתָּ וּבְנוֹת]
    and its glory (i.e. of Egypt), you and the
    daughters of
    et sa gloire (c.-à-d. de l'Egypte), toi et les
    filles de
        NEB : (raise a lament), you and the daughters
               (of the nations, over the hordes of Egypt)
               and her nobles
    Fac.: 14
    Transl.: and send them (i.e. the crowd of Egypt)
             down, them and (or : like) the daughters of
    Trad.:   et fais-les descendre (c.-à-d. la multitude
             de l'Egypte), eux et (ou : comme) les
             filles de

32.18

B אַדִּרִם
    nobles / majestic
    nobles / prestigieux
      RSV : (and the daughters of) majestic (nations)
      J* : (avec les filles des nations), majestueuses
      TOB : que malgré leur splendeur, (elles...)
      L   : (mit den Töchtern der) starken (Völker)
[אֹרִדֵם] (=Brockington)
    I will bring them down
    je les ferai descendre
      NEB*: whom I will bring down
    Fac.: 14
    Transl.: majestic nations
    Trad.:   (nations) prestigieuses

32.20

B הרב נתנה משכו אותה וכל-המוניה
      she (i.e. Egypt) has been delivered up to the
      sword; draw her and all her multitudes
      à l'épée elle (c.-à-d. l'Egypte) a été livrée;
      tirez-la, elle et toutes ses cohues
        TOB : maintenant que l'épée est tombée, entraî-
               nez l'Egypte et toute sa multitude !
[בהרב ושכב אַתָּה כל-המוניה]
      by the sword, and with her (i.e. Egypt) lie all
      her multitudes
      par l'épée, et avec elle se couchent toutes ses
      cohues

    RSV*: and with her shall lie all her multitudes
Fac.: 14
[חרב נתנה משכו אותה על-המוניה]
    the sword has been handed out; it is drawn against
    all her multitudes
    l'épée a été donnée et ils l'ont / on l'a tirée
    sur toutes ses cohues
    L   : das Schwert ist schon gefasst und gezückt
           über ihr stolzes Volk
Fac.: 14
[חרב נתנה משכו אָתָּהּ וכל-המוניה] (=Brockington)
    the sword has been handed out; they set out with
    it (i.e. the sword) and all her multitudes
    l'épée a été donnée; ils ont marché avec elle et
    toutes ses cohues
    NEB : a sword stands ready. Those who marched
           with her, and all her horde, (shall fall...)
Fac.: 14
[חרב נתנה משכו אותו וכל המוניהו]
    the sword has been handed out; it has been drawn -
    he and all his multitudes
    l'épée a été donnée ils ont / on a tiré, lui et
    toutes ses cohues
    J*   : (ils sont tombés) - l'épée a été donnée,
           on l'a tirée - lui et toutes ses multi-
           tudes
Fac.: 14
Transl.: she (i.e. Egypt) has been delivered up to
         the sword; carry away both her and all her
         multitude
Trad.:   elle (c.-à-d. l'Egypte) a été livrée à
         l'épée; enlevez-la, elle et toute sa cohue

32.22
B סביבותיו קְבְרֹתָיו
    around it (i.e. Assyria's company) are their gra-
    ves
    autour d'elle (c.-à-d. l'assemblée d'Assyrie) sont
    ses tombeaux
    J   : (ses troupes,) avec leurs tombeaux tout
           autour de lui
    TOB : (l'assemblée...,) entourée de ses tombeaux
[סביבותה קְבְרֹתָיו]
    around it (i.e. Assyria's company) are its gra-
    ves (i.e. of Assyria)
    autour d'elle (c.-à-d. l'assemblée d'Assyrie) sont
    ses tombeaux (c.-à-d. ceux de l'Assyrie)

          RSV : (her company,) their graves round about
                her
Fac.: 14
[סביבות קְבֻרֹתֶיהָ]
   around her graves
   aux alentours ses tombeaux
      L : (Assur...,) ringsherum seine Gräber
Fac.: 14
[סביבותיו קְבֻרֹתָיו] (=Brockington)
   around it (i.e. Assyria's company) are its burial
   places (i.e. of Assyria)
   autour d'elle (c.-à-d. de l'assemblée d'Assyrie)
   sont ses tombeaux (c.-à-d. de l'Assyrie)
      NEB : her buried around her
Fac.: 14
Rem.: See also the three following cases for a
   similar textual problem.
Rem.: Voir les trois cas suivants pour un problème
   textuel semblable.
Transl.: its graves (i.e. the graves of Assyria) are
         around it (i.e. the company of Assyria)
Trad.:   autour d'elle (c.-à-d. de l'assemblée d'As-
         syrie) sont ses tombeaux (c.-à-d. ceux de
         l'Assyrie)

32.24

B סביבות קְבֻרֹתָהּ
   around her grave (i.e. of Elam)
   autour de sa tombe (c.-à-d. d'Elâm)
      RSV : about her grave
      J : autour de son tombeau
      TOB : (sa multitude) entoure sa sépulture
[סביבות קְבֻרֹתֶהָ] (=Brockington)
   around her graves (i.e. of Elam)
   autour de ses tombes (c.-à-d. d'Elam)
      NEB : (her hordes) buried around her
      L : (Elam...,) ringsherum seine Gräber
Fac.: 14
Rem.: Similar textual difficulties will be found in
   the preceding and the two following cases.
Rem.: Des difficultés textuelles semblables se
   rencontrent dans le cas qui précède, et les
   deux qui suivent.
Transl.: around her grave (i.e. of Elam)
Trad.:   autour de son tombeau (c.-à-d. d'Elam)

32.25

B סְבִיבוֹתָיו קְבִרֹתֶהָ
  around it (i.e. the crowd of Elam) its graves
  (i.e. of Elam)
  autour d'elle (c.-à-d. la multitude d'Elam) ses
  tombeaux (c.-à-d. d'Elam)
    TOB : (Elam, parmi toute sa multitude,) qu'en-
          tourent ses tombes
    L   : (Volk,) ringsherum ihre Gräber
  [סביבותה קברתיו]
    around it (i.e. Elam) its graves (i.e. of the
    crowd of Elam)
    autour de lui (c.-à-d. d'Elam) ses tombeaux (c.-à-
    d. de la multitude d'Elam)
      RSV : (her multitude,) their graves round about
            her
      J   : (sa multitude,) avec leurs tombeaux
            autour de lui
  Fac.: 14
  [סביבותיו קְבִרֹתֶהָ] (=Brockington)
    around it (i.e. the crowd of Elam) its burial
    places (i.e. of Elam)
    autour d'elle (c.-à-d. de la multitude d'Elam) ses
    tombeaux (c.-à-d. d'Elam)
      NEB : (her hordes) buried around her (?)
  Fac.: 14
  Rem.: A similar textual difficulty occurs in the two
    preceding cases and in the following case.
  Rem.: Une difficulté textuelle semblable se rencontre
    dans les deux cas qui précèdent et dans le cas
    suivant.
  Transl.: its graves (i.e. of Elam) around it (i.e.
           the crowd of Elam)
  Trad.:   autour d'elle (c.-à-d. de la multitude
           d'Elam) ses tombeaux (c.-à-d. d'Elam)

32.26

B סְבִיבוֹתָיו קְבִרוֹתֶיהָ
  around it (i.e. the crowd of Meshech Tubal) its
  graves (i.e. of Meshech Tubal)
  autour d'elle (c.-à-d. de la multitude de Méshek
  Tubal) ses tombeaux (c.-à-d. de Méshek Tubal)
    RSV : (their multitude,) their graves round
          about them
    J   : (sa multitude,) avec ses tombeaux autour
          de lui

TOB : (sa multitude) entourée de ses tombeaux
L   : (mit ihrem stolzen Volk) ringsherum ihre
       Gräber (?)
[קְבְרוֹתֶיהָ סְבִיבוֹתָיו] (=Brockington)
  around it (i.e. the crowd of Meshech Tubal) its
  burial places (i.e. of Meshech Tubal)
  autour d'elle (c.-à-d. la multitude de Méshek
  Tubal) ses tombeaux (c.-à-d. de Méshek Tubal)
    NEB : with their buried around them
Fac.: 14
Rem.: See the three preceding cases for a similar
  textual difficulty.
Rem.: Voir les trois cas précédents pour une diffi-
  culté textuelle semblable.
Transl.: its graves (i.e. of Meshech Tubal) around
         it (i.e. the crowd of Meshech Tubal)
Trad.:   autour d'elle (c.-à-d. de la multitude
         de Méshek Tubal) ses tombeaux (c.-à-d.
         de Méshek Tubal)

32.27

מֵעֲרֵלִים
  from among the uncircumcised
  d'entre les incirconcis
    TOB*: (eux qui sont tombés) incirconcis
Fac.: 5
C[מֵעוֹלָם] = LXX
  of old
  de jadis
    RSV*: (men) of old
    J* : (les héros tombés) autrefois
    L   : (die) in der Vorzeit (gefallen... sind)
[עֲרֵלִים] (=Brockington)
  the uncircumcised
  les incirconcis
    NEB*: (warriors fallen) strengthless
Fac.: 14
Transl.: of old
Trad.:   de jadis

32.27

A עונתם
   their iniquities
   leurs péchés
     TOB : leurs péchés
[צנותם] (=Brockington)
   their shields
   leurs boucliers
    RSV*: whose shields
    NEB*: their shields
    J*   : leurs boucliers
    L   : ihre Schilde
 Fac.: 14
 Transl.: their iniquities
 Trad.:   leurs péchés

32.27

B גבורים
   of the mighty men
   des héros
    RSV : (the terror of) the mighty men
    J   : (la terreur) des héros
    TOB : tels des héros (, ils ont consterné...)
    L   : die (gefürchtete) Helden waren
[גבורתם] (=Brockington)
   of their might / power
   de leur force
    NEB*: (the terror of) their prowess
 Fac.: 1,5
 Transl.: of the mighty men
 Trad.:   des héros

32.28

B תשבר ותשכב
   you shall be broken and lie down
   tu seras brisé et tu coucheras
    RSV : you shall be broken and lie
    NEB : you ... shall lie broken
    J   : tu seras brisé et ... tu te coucheras
    TOB : tu seras abattu..., tu te coucheras
[תקבר ותשכב]
   you shall be buried and lie down
   tu seras enterré et tu coucheras
    L   : du aber musst ... begraben sein und lie-
         gen

Fac.: 14
Transl.: you shall be broken and lie down
Trad.:   tu seras brisé et tu coucheras

32.32

B נתתי
    I gave
    j'ai donné
      TOB : je (l') ai laissé provoquer (la consterna-
             tion)
      L   : ich setzte (ihn)
  [נתן]
    he gave
    il a donné
      RSV*: he spread (terror)
      NEB*: he spread (terror)
      J* : il avait répandu (la terreur)
Fac.: 4
Rem.: The vote of the Committee includes the KETIV
    reading : חתיתו, his terror. The translation of
    the V. is the following : "(indeed) I set his
    terror (in the land of the living)".
Rem.: Le vote du Comité inclut la leçon du KETIV :
    חתיתו, sa terreur. On peut traduire l'expression
    ainsi : "(oui,) j'ai mis sa terreur (dans la
    terre des vivants)".
Transl.: See Remark
Trad.:   Voir Remarque

33.12

B בה ביום חטאתו
    by it (i.e. his righteousness) on the day of his
    sinning
    en elle (c.-à-d. sa justice) le jour où il péchera
      RSV : by his righteousness when he sins (note :
             "Heb by it")
      NEB : when (a righteous man) sins, all his
             righteousness
      TOB : (ne pourra pas vivre) de sa justice le
             jour où il péchera
  [בה ביום חטאתו]
    by it (i.e. his righteousness) on the day of his sin
    en elle (c.-à-d. sa justice) le jour de son péché
      J   : en vertu de sa justice au jour de son péché
    Fac.: 6

[בירם חטאתו]
    on the day of his sinning
    le jour où il péchera
        L   : wenn er sündigt
Fac.: 12,6
Transl.: by it (i.e. by his righteousness) on the
          day of his sinning
Trad.:   en elle (c.-à-d. en sa justice) le jour où
          il pèche

33.15

A רשע
    the wicked
    le méchant
      RSV : the wicked
      NEB : he (?)
      TOB : il (?)
      L   : der Gottlose
 [Lacking. Manque] = J*
 Fac.: 6
 Rem.: The omission simply smooths the text for
   stylistic reasons.
 Rem.: L'omission est un simple allègement de style.
 Transl.: the wicked
 Trad.:   le méchant

33.21

B בשתי עשרה שנה
    in the twelfth year
    dans la douzième année
      RSV : in the twelfth year
      NEB*: in the twelfth year
      J* : la douzième année
      TOB*: la douzième année
    בעשתי עשרה שנה
    in the eleventh year
    dans la onzième année
        L   : im elften Jahr
Fac.: 4,9
Rem.: See the same textual difficulty in 32.1 and
  17.
Rem.: Voir la même difficulté textuelle en 32.1 et
  17.
Transl.: in the twelfth year
Trad.:   dans la douxième année

33.31

B עגבים
   love passions / flattery
   des passions / flatteries
     RSV : much love
     NEB*: "fine words !" (note : "... <u>or</u> Love songs")
     TOB : (pleine) des passions (qu'ils...)
     L   : (voll von) Liebesweisen
[כזבים]
   lies
   des mensonges
     J*   : le mensonge
 Fac.: 6
 Transl.: love passions / flattery
 Trad.:   des passions / des flatteries

33.32

A כשיר
   like a song
   comme un chant
     J   : comme un chant
     TOB : comme un chant
[כשר] (=Brockington)
   like a singer
   comme un chanteur
     RSV*: like one who sings
     NEB*: (no more) than a singer
     L   : wie einer der (Liebeslieder) singt
 Fac.: 14
 Rem.: The expression should be translated as follows :
   "like a song ⟨accompanied or sung by⟩...".
 Rem.: On doit traduire cette expression ainsi :
   "comme un chant ⟨accompagné ou exécuté par⟩...".
 Transl.: See Remark
 Trad.:   Voir Remarque

34.3

  אֶת־הַחֵלֶב
   the fat
    la graisse
     RSV : the fat
     TOB : la graisse
     L   : das Fett
  Fac.: 9

C את-החלב‎ =[אֶת-הֶחָלָב‎] = LXX (=Brockington)
   the milk
   le lait
     NEB : the milk
     J* : (nourris) de lait
   Rem.: The expression refers to milk and to the products of milk : butter, cheese, cream, etc.
   Rem.: L'expression désigne le lait et tous les pro-
   duits laitiers : beurre, fromage, crème, etc.
   Transl.: milk
   Trad.:   le lait

34.4

C ובפרך אֹתָם רדיתם וּבְחָזְקָה‎
   but you have ruled over them with strength and
   with harshness
   mais vous les avez écrasés avec violence et avec
   brutalité
     RSV : and with force and harshness you have
           ruled them
     J   : mais vous les avez régies avec violence
           et dureté
     TOB : mais vous avez exercé votre autorité par
           la violence et l'oppression
   [וּבְחָזְקָה רדיתם אַתֶּם בפרך‎] (=Brockington)
   and you have ruled over the strong one with
   harshness
   et vous, vous avez écrasé avec brutalité ce qui
   est fort
     NEB*: and even the strong you have driven with
           ruthless severity
     L   : das Starke aber tretet ihr nieder mit
           Gewalt
   Fac.: 12,5
   Transl.: but you haved ruled them with strength,
            indeed with harshness
   Trad.:   mais vous les avez écrasés avec violence,
            voire avec brutalité

34.16

C אשמיד‎
   I will destroy
   je détruirai
     TOB*: je (la) supprimerai

[אשמור] (=Brockington)
   I will watch over
   je garderai
      RSV*: I will watch over
      NEB*: (I will...) leave
      J*　: je veillerai
      L　　: ich will ... behüten
Fac.: 12
Transl.: I will destroy
Trad.:　je détruirai

34.20

B אליהם
   to them
   vers eux
      RSV : to them
      NEB : to them
      J　 : leur (parle)
Lacking. Manque = TOB, L
Fac.: 5
Transl.: to them
Trad.:　à eux / leur

34.23

   אחד
   one
   un
      RSV : one (shepherd)
      NEB : one (shepherd)
      J　 : un (pasteur)
      TOB : (un berger) unique
      L　 : (einen) einzigen (Hirten)
Fac.: 7,12
C[אחר] LXX
   another
   un autre
Rem.: See the same textual difficulty in 11.19;
   17.7; 19.5 above and in 37.16 below.
Rem.: Voir la même difficulté textuelle en 11.19;
   17.7; 19.5 ci-dessus et en 37.16 ci-dessous.
Transl.: another (shepherd)
Trad.:　un autre (berger)

34.26

B וסביבות גבעתי ברכה
   and ⟨in⟩ the area surrounding my hill, a blessing
   et ⟨aux⟩ alentours de ma colline, une bénédiction
       RSV : and the places round about my hill a
             blessing
       TOB : et des alentours de ma coline (je ferai)
             une bénédiction
       L   : (ich will sie) und alles, was um meinen
             Hügel her ist, segnen
   [סביבות גבעתי] (=Brockington)
     around my hill
     autour de ma colline
       NEB*: in the neighbour-hood of my hill
       J* : aux alentours de ma colline
   Fac.: 4
   Rem.: The simplest translation of this expression
     is the following : "(and I will plant them [lit.
     I will give them]), and around my hill ⟨will be⟩
     a blessing : (there will be rains of blessing)".
   Rem.: La manière la plus simple de traduire cette
     expression est : "(et je les planterai [litt. je
     les donnerai]), et autour de ma colline ⟨sera⟩
     une bénédiction : (ce seront des pluies de béné-
     diction)".
   Transl.: See Remark
   Trad.:   Voir Remarque

34.29

C מטע לשם
   a famous planting
   une plantation renommée
       J   : une plantation célèbre
       TOB*: une plantation renommée
       L   : eine Pflanzung ... zum Ruhm
   [מטע שלם] (= Brockington)
     a planting of peace / prosperity (i.e. a pro-
     sperous planting)
     une plantation de paix / prospérité (c.-à-d. une
     plantation prospère)
       RSV*: prosperous plantations
       NEB*: (I will give) prosperity to (their) plan-
             tations
   Fac.: 5,12
   Transl.: a famous planting
   Trad.:   une plantation renommée

34.31

B אדם
    man / men
    homme / hommes
        NEB : my people (?)
        J   : (le troupeau) humain
        TOB : (vous) les hommes
 [Lacking.Manque] = RSV*, L
 Fac.: 4,8
 Transl.: ⟨you are⟩ human beings
 Trad.:   ⟨vous êtes⟩ des hommes

35.6

B דם שנאת
    you did (not) hate the blood
    tu (n')as (pas) haï le sang
        TOB : tu (n')as (pas) haï le sang
 [לדם אשמת] (=Brockington)
    you are guilty of blood
    tu t'es rendu coupable envers du sang
        RSV*: you are guilty of blood
        NEB*: you are ... guilty of blood
        J* : tu t'es rendue coupable en versant le sang
        L   : (weil) du dich mit Blut verschuldet hast
 Fac.: 6
 Transl.: you have hated your kinsmen (lit. the blood)
 Trad.:   tu as haï ta parenté (litt. le sang)

35.8

B את-הריו
    its mountains
    ses montagnes
        J   : ses montagnes
        TOB : ses montagnes
        L   : seine Berge
 [את-הריך]
    your mountains
    tes montagnes
        RSV : your mountains
 Fac.: 4,5
 [Lacking.Manque]= NEB* (=Brockington)
 Fac.: 1,13
 Transl.: its mountains (i.e. of Seir)
 Trad.:   ses montagnes (c.-à-d. de Séïr)

35.11

B בם 2°
    in them / among them
    en eux / parmi eux
        J   : à cause d'eux
        TOB : d'eux
        L   : an ihnen
 [בך] (=Brockington)
    among you
    en toi
        RSV*: among you
        NEB*: among you
    Fac.: 4,6
    Transl.: among them
    Trad.:   parmi eux

35.15

B כָּלָהּ
     all of it
     sa totalité
        RSV : all of it
        J   : (Edom tout) entier
        TOB : en entier
        L   : ganz (Edom)
 כלה =[כָּלָה] (=Brockington)
     <and> it comes to an end
     il cessera
        NEB : and it will be the end
    Fac.: 8,6
    Transl.: all of it
    Trad.:   <dans> sa totalité

36.5

A למען מגרשה
    because of its pasture
    à cause de ses pâturages
        NEB : to hold it up (?)
        J   : pour (piller) son pâturage
        TOB : parce que les pâturages du pays
        L   : um es zu verheeren
 למורשה
    to possess it
    en possession
        RSV*: that they might possess it

Fac.: 1
Rem.: Two translations are possible : (1) "in order
   that its pasture ground (i.e. the pasture ground
   of my land) ⟨may be delivered up⟩ (for booty)";
   (2) "in order to drive out and to plunder it (i.e.
   my land)". The first translation is more probable.
Rem.: Deux traductions sont possibles : (1) "afin
   que son pâturage (c.-à-d. de mon pays) (⟨soit livré⟩
   en butin)", (2) "afin de chasser et de le spolier
   (c.-à-d. mon pays)". La première traduction est
   plus probable.
Transl.: See Remark
Trad.:   Voir Remarque

36.13

C רְמַשְׁכֶּלֶת גּוֹיַיִךְ   QERE
   and depriving your nations of children
   et privant d'enfants tes nations
      NEB : and robs your tribes of their children
C וְמַשְׁכֶּלֶת גּוֹיֵךְ   KETIV
   and depriving your nation of children
   et privant d'enfants ton peuple
      RSV : and you bereave your nation of children
      J* : tu as privé ta nation de ses enfants
      TOB : tu as privé ta nation de ses enfants
      L   : und deinem Volk die Kinder genommen

Rem.: Since the Committee was equally divided in this
   case, translators may choose the QERE or the KETIV.
   Those Comittee members who voted for the QERE considered the KETIV reading as the result of an assimilation (Fac.: 5). The other half of the Committee,
   preferring the KETIV, judged the QERE as an assimilation in the opposite direction (Fac.5).
Rem.: Le Comité, divisé en deux moitiés, laisse aux
   traducteurs le choix entre la leçon du QERE et
   celle du KETIV. Les membres du Comité qui avaient
   opté pour le QERE, considéraient le KETIV comme
   une assimilation au contexte (Fac.5), tandis que
   les autres, préférant le KETIV, expliquaient le
   QERE comme une assimilation en sens inverse (Fac.
   5).
Transl.: QERE and depriving your nations of children
         KETIV and depriving your nation of children
Trad.:   QERE et privant tes nations d'enfants
         KETIV et privant ta nation d'enfants

36.14

וְגוֹיַיִךְ לֹא תְשַׁכְּלִי עוֹד   QERE
and you will no more deprive your nations of
children
et tu ne priveras plus d'enfants tes nations
    NEB : nor rob your tribes of their children
Fac.: 5
וְגוֹיַךְ לֹא תַכְשִׁלִי-עוֹד   KETIV
and you will no more cause your people to stumble
et tu ne feras plus trébucher ton peuple
    TOB*: tu ne feras plus trébucher ton peuple
Fac.: 5
C[וְגוֹיַךְ לֹא תְשַׁכְּלִי עוֹד
and you will no more deprive your nation of children
et tu ne priveras plus d'enfants ton peuple
    RSV : and no longer bereave your nation of
          children
    J* : tu ne priveras plus ta nation de ses
          enfants
    L   : und deinem Volk nicht mehr die Kinder
          nehmen
Transl.: and you will no more deprive your nation
         of children
Trad.: et tu ne priveras plus ta nation d'enfants

36.15

וְגוֹיַיִךְ לֹא-תכשלי עוֹד   QERE
and you will no more cause your nations to
stumble
et tu ne feras plus trébucher tes nations
 Fac.: 5
C וְגוֹיַךְ לֹא-תכשלי עוד   KETIV
and you will no more cause your nation to stumble
et tu ne feras plus trébucher ton peuple
    RSV : (and you shall...) and no longer cause
         your nation to stumble
    TOB*: tu ne feras plus trébucher ton peuple
[וגויך לא תשכלי עוד
you will no more deprive your nation of children
et tu ne priveras plus d'enfants ton peuple
    J : tu ne priveras plus ta nation de ses
         enfants
    L : und du sollst deinem Volk nicht mehr die
        Kinder nehmen

Fac.: 1,5
[Lacking.Manque] = NEB* (=Brockington)
Fac.: 4
Transl.: and you will no more cause your nation to
          stumble
Trad.:   et tu ne feras plus trébucher ton peuple

36.20

D ויבוא
    and he came
    et il vint
      TOB : mon peuple est venu
ויבואו (=Brockington)
    and they came
    et ils vinrent
      RSV : when they came
      NEB*: when they came
      L   : so kamen sie
 Fac.: 4,5
 [Lacking.Manque] = J*
 Fac.: 14
 Rem.: Translators may translate the verb with a
   plural subject, following an old exegetical tra-
   dition.
 Rem.: Les traducteurs peuvent traduire par un sujet
   au pluriel, selon une ancienne tradition exégé-
   tique.
 Transl.: and he came / and they came
 Trad.:   et il vint / et ils vinrent

37.16

אחד
    one (wooden rod)
    un (bois)
      J   : un (morceau de bois)
 Fac.: 7,12
C[אחר] Vulgate
    another
    un autre
      RSV : another (wooden rod)
      NEB*: another (leaf)
      TOB : un autre (morceau de bois)
      L   : noch (ein Holz)
  Rem.: See the same textual difficulty in 11.19; 17.7;
    19.5 and 34.23 above.

Rem.: Voir la même difficulté textuelle en 11.19;
    17.7; 19.5 et 34.23 ci-dessus.
Transl.: another (rod)
Trad.:   un autre (bois)

37.23

מוֹשְׁבֹתֵיהֶם
  'their dwellings
  leurs lieux d'habitation
    TOB*: les lieux où ils habitent
  Fac.: 12
C[מְשׁוּבֹתֵיהֶם] Sym. (=Brockington)
  'their backslidings
  leurs apostasies
    RSV : the backslidings
    NEB*: their (sinful) backslidings
    J   : des infidélités
    L   : ihren Abwegen
  Transl.: (from all) their backslidings
  Trad.:   (de toutes) leurs apostasies

37.26

B ונתתים והרביתי אותם
  and I will establish ⟨them⟩ and I will greatly
  increase their number
  et je ⟨les⟩ établirai et je les multiplierai
    J   : je les établirai, je les multiplierai
    TOB*: je les établirai, je les multiplierai
    L   : und ich will sie erhalten und mehren
[וברכתים והרביתי אותם]
  and I will bless them and I will greatly increase
  their number
  et je les bénirai et je les multiplierai
    RSV*: and I will bless them and multiply them
  Fac.: 14
[והרביתי אותם] (=Brockington)
  and I will greatly increase their number
  et je les multiplierai
    NEB*: I will greatly increase their numbers
  Fac.: 1,6
  Transl.: and I will establish / settle ⟨them⟩ and I
           will greatly increase their number
  Trad.:   je ⟨les⟩ établirai et je les multiplierai

38.7

B להם
    for them
    pour eux
        RSV : for them
        TOB : (tu seras) leur (protection)
        L   : (sei du) ihr (Heerführer)
  [לי] (=Brockington)
    for me
    pour moi
        NEB*: for me
        J* : (à) mon (service)
    Fac.: 4
    Rem.: The phrase can be translated as follows : "(and
      you will watch over) them" (in order that they will
      not escape the discipline of this enormous coalition).
    Rem.: On peut traduire cette phrase ainsi : "(et tu
      veilleras sur) eux" (afin qu'ils n'échappent pas à
      la discipline de cette énorme coalition).
    Transl.: See Remark
    Trad.:   Voir Remarque

38.14

תדע
    do you (not) know ? / you (certainly) will know
    (ne) sauras-tu (pas) ? / tu sauras (certainment)
        TOB*: (n')auras-tu (pas) la connaissance ?
    Fac.: 12
C[תער] (=Brockington)
    will you (not) wake up / set ou
    (ne) te réveilleras-tu (pas) ? /(ne)te mettras-tu
    (pas) en route ?
        RSV*: you will bestir yourself
        NEB*: will you (not) awake
        J* : tu te mettras en route
        L   : dann wirst du aufbrechen
    Transl.: will you (not) wake up ? / will you (not)
             set out ?
    Trad.:   (ne) te réveilles-tu (pas) ? / (ne) te
             mettras-tu (pas) en route ?

38.17

C האתה הוא
    are you he (of whom...)
    est-ce que tu es celui (dont...)
       RSV : are you he (of whom...)
 [אתה הוא] (=Brockington)
    you are he (of whom...)
    tu es celui (dont...)
      NEB*: it was you (whom)
      J* : c'est toi (dont)
      TOB : c'est bien toi (dont)
      L   : du bist doch der, (von dem)
 Fac.: 4,10
 Transl.: are you he (of whom...)
 Trad.:   est-ce que tu es celui (dont...)

38.17

B ההם שנים
    these ⟨are⟩ years / for years
    ceux-ci ⟨sont⟩ des années / pendant des années
      RSV : (who in) those (days prophesied) for years
      NEB : (who prophesied in) those (days) unceasingly
      TOB*: (ces jours-)là - pendant des années -
 [בהם]
    in them
    en eux
      J* : (en ce temps-)là
      L   : (in) jener (Zeit)
 Fac.: 14
 Rem.: This phrase is probably a gloss, which can be
   translated as follows : "for years".
 Rem.: Cette phrase est selon toute vraisemblance une
   glose, que l'on peut traduire : "pendant des années".
 Transl.: See Remark
 Trad.:   Voir Remarque

38.21

B לכל-הרי חרב
    a sword upon all my mountains
    à toutes mes montagnes une épée
      TOB : sur toutes mes montagnes ... l'épée
      L   : das Schwert ... auf allen meinen Bergen
 [לכל-הרדה] (=Brockington)
    for every ⟨kind of⟩ terror
    pour toute ⟨sorte de⟩ terreur

          RSV*: every kind of terror
          NEB*: universal terror
    Fac.: 4
[לכל-חרב]
       for every sword
       pour toute épée
          J* : toute sorte d'épée
    Fac.: 14
    Transl.: (I will summon) a sword (against him) upon
             all my mountains
    Trad.:   (j'appellerai) une épée (contre lui) sur
             toutes mes montagnes

39.11

    מקום-שָׁם
      a place there (for a tomb)
      un lieu là-bas (pour une tombe)
         RSV : a place
         TOB*: là-bas (une sépulture)
         L   : einen Ort
    Fac.: 7
 C מקום-שֵׁם
      a famous place (lit. a place ⟨with⟩ a name)
      un lieu de renom
         J   : un lieu célèbre
   [מקום] (=Brockington)
      a place / in the place of
      un lieu / au lieu de
         NEB*: instead of
    Fac.: 14
    Transl.: a famous (burial) place
    Trad.:   un célèbre lieu (de sépulture)

39.11

 C הָעֹבְרִים ... אֶת-הָעֹבְרִים
      of the travelers ... the travelers
      des passants ... les passants
         RSV*: of the Travelers ... the travelers
         J* : des Oberim ... les passants
         TOB : des Passants ... aux passants
         L   : der Wanderer... den Wanderern
    הָעֲבָרִים ... הָעֲבָרִים
      of Abarim ... the Abarim
      des Abarim ... les Abarim
         NEB : of Abarim ... all Abarim
    Fac.: 5

Transl.: of the travelers... the travelers
Trad.:   des passants... les passants

39.14

מקברים B
    burying
    enterrant
        RSV*: (men to pass)... and bury
        J   : et d'enterrer
        TOB*: pour ensevelir
        L   : zu begraben
[מבקרים] (=Brockington)
    searching out
    observant
        NEB*: and searching for
    Fac.: 14
    Rem.: See the following case also, and see the Re-
    mark there.
    Rem.: Voir aussi le cas suivant, et voir la Remarque
    en cet endroit.
    Transl.: burying / to bury
    Trad.:   ensevelissant / pour ensevelir

39.14

את-העברים B
    the travelers / invaders
    les passants / envahisseurs
        TOB*: avec l'aide des passants
[Lacking.Manque] = RSV*, NEB*, J, L (=Brockington)
    Fac.: 4
    Rem.: The whole clause may be translated in either
    of two ways : (1) "and men will be assigned to
    give their full time to going throughout the land
    and to burying those invaders (lit. travelers)
    whose bodies are left lying on the ground";
    (2) "the travelers in the land will destine men
    with full time, who, while they accompany the
    travelers, will bury those who are left on the
    surface of the land...". The second possibility
    seems to be more probable.
    Rem.: Toute cette phrase peut être traduite de deux
    façons : "et on députera des hommes à plein temps
    pour qu'ils parcourent le pays <et> ensevelissent
    ceux des envahisseurs (lit. des passants) qui sont
    restés sur la surface de la terre...";
    (2) "ceux qui voyagent par le pays députeront des

hommes à plein temps pour ensevelir, en accompag-
nant les voyageurs, ceux qui sont restés sur la
surface du pays...". La deuxième possibilité semble
plus probable.
Transl.: See Remark
Trad.:   Voir Remarque

39.16

B וְגַם שֶׁם-עִיר הֲמוֹנָה
    and the name of the city ⟨will be⟩ "Multitude"/
    "Hamonah"
    et le nom de la ville ⟨sera⟩ "Multitude" / "Hamôna"
    J* : - et Hamona est aussi le nom d'une ville -
    TOB : il y aura même une ville dont le nom sera
          Hamona - Multitude -
    L   : auch soll eine Stadt "Stadt der Heerhaufen"
          heissen
וְגַם שֵׁם עִיר הֲמוֹנָה
    and there ⟨will be⟩ a city ⟨called⟩ "Multitude"/
    "Hamonah"
    et là ⟨il y aura⟩ une ville ⟨appelée⟩ "Multitude"/
    "Hamôna"
    RSV*: - city Hamonah is there also -
Fac.: 1
[וְגַמר שְׁמַע הֲמוֹנָה] (=Brockington)
    and the noise of its multitude will cease
    et le bruit de sa multitude cessera
    NEB*: so no more shall be heard of that great
          horde
Fac.: 14
Rem.: This seems to be a gloss, which may be trans-
    lated as "- and Hamonah is also the name of a
    city -".
Rem.: Il s'agit probablement d'une glose qui peut
    être traduite ainsi : "- et Hamona est aussi le
    nom d'une ville -".
Transl.: See Remark
Trad.:   Voir Remarque

40.2

C במראות
    in visions of/from
    en des visions de
        RSV : in the visions of (God)
        J   : par des visions (divines)
        TOB : dans des visions (divines)
        L   : in (göttlichen) Gesichten
  [במראת] (=Brockington)
    in a vision of/from
    dans une vision de
        NEB : in a vision (God brought me)
    Fac.: 4
    Rem.: See similar cases above in 1.1 and 8.3 and
      below in 43.3.
    Rem.: Voir des cas semblables en 1.1 et 8.3 ci-
      dessus, et en 43.3 ci-dessous.
    Transl.: in visions of/from (God)
    Trad.:   en des visions de (Dieu)

40.2

B מנגב
    on the south
    au sud/midi
        J* : au midi
        TOB : au sud
        L   : gegen Süden
  [מנגד]
    in front of
    en face de
        RSV*: opposite me
        NEB*: facing me
    Fac.: 12
    Transl.: on the south
    Trad.:   au sud/midi

40.6

B ואת סף אחד קנה אחד רחב
        and the first threshold one reed ⟨in⟩ width/bradth
        et le premier seuil une canne en largeur
        TOB : pour chaque seuil une canne en profondeur
  [Lacking.Manque] = RSV*, NEB*, J*, L (=Brockington)
    Fac.: 4

Transl.: ⟨namely⟩ the first threshold ⟨was⟩ one
         reed ⟨in⟩ width/breadth
Trad.:   ⟨à savoir⟩ le premier seuil ⟨était d'⟩ une
         canne ⟨en⟩ largeur

40.7

B וּבֵין
     and between / and ⟨the space⟩ between
     et entre / et ⟨l'espace⟩ entre
       RSV : and the space between
       NEB : the space between
       TOB : entre
       L   : und der Raum zwischen
[וְהָאַיִל בֵּין]
     and the pillar between
     et le pilastre entre
       J*   : le pilastre entre
     Fac.: 4
     Transl.: and in between / and ⟨in the space⟩ between
     Trad.:   et entre / et ⟨dans l'espace⟩ entre

40.7-9

הַשַּׁעַר מֵהַבַּיִת קָנֶה אֶחָד :(8)וַיָּמָד אֶת-אֻלָם הַשַּׁעַר מֵהַבַּיִת
        קָנֶה אֶחָד :(9)וַיָּמָד אֶת-אֻלָם הַשַּׁעַר שְׁמֹנֶה אַמּוֹת
     of the gateway from the interior : ⟨the distance
     of⟩ one reed. (8) And he measured the vestibule
     of the gateway from the interior : ⟨the distance
     of⟩ one reed. (9) And he measured the vestibule
     of the gateway : ⟨the distance of⟩ eight cubits
     du porche depuis l'intérieur : ⟨la distance d'⟩
     une canne. (8) Et il mesura le vestibule du porche
     depuis l'intérieur : ⟨la distance d'⟩ une canne.
     (9) Et il mesura le vestibule du porche : ⟨la
     distance de⟩ huit coudées
     Fac.: 11
B[הַשַּׁעַר מֵהַבַּיִת קָנֶה אֶחָד :(8)וַיָּמָד אֶת אֻלָם הַשַּׁעַר (9) שְׁמֹנֶה אַמּוֹת]
                                        (=Brockington)
     of the gateway from the interior : ⟨the distance
     of⟩ one reed. (8) And he measured the vestibule of
     the gate : (9) ⟨the distance of⟩ eight cubits
     du porche depuis l'intérieur : ⟨la distance d'⟩
     une canne. (8) Et il mesura le vestibule du porche :
     (9) ⟨la distance de⟩ huit coudées

        RSV : of the gate at the inner end, one reed.
              Then he measured the vestibule of the ga-
              teway, eight cubits
        NEB*: (of the vestibule) on the side facing the
              temple one rod. He measured the vestibule
              of the gate and found it eight cubits
        TOB*: de la porte, depuis l'intérieur, une canne.
              Il mesura le vestibule de la porte : huit
              coudées
        L   : des Tores gegen den Tempel hin (mass) eine
              Rute. Und er mass die Vorhalle des Tores :
              acht Ellen.

השער מהבית קנה אחד (9): וימד את-אלם השער שמנה אתות
    of the gateway from the interior : ⟨the distance
    of⟩ one reed. (9) And he measured the vestibule
    of the gate : ⟨the distance of⟩ eight cubits
    du porche depuis l'intérieur : ⟨la distance d'⟩
    une canne. (9) Et il mesura le vestibule du porche :
    ⟨la distance de⟩ huit coudées
        J*   : du porche, vers l'intérieur : une canne.
               (9) Il mesura le vestibule du porche :
               huit coudées
Fac.: 10
Rem.: J describes its textual basis as a text which
    omits V. 8. This is not the text adopted by the
    Committee which considered that the MT has a doub-
    let (a dittography) which includes the words
    between the second part of V. 8 and the first
    part of V. 9.
Rem.: J décrit sa base textuelle comme un texte qui
    omet le V. 8. Ce n'est pas le texte que le Comité
    adopte, car celui-ci considère que le TM a un
    doublet (une dittographie) qui comprend les mots
    entre la deuxième moitié du V. 8 et le début du
    V. 9.
Transl.: of the gateway from the interior : ⟨the
         distance of⟩ one reed. (8) And he measured
         the vestibule of the gate : (9) ⟨the distan-
         ce of⟩ eight cubits
Trad.:   du porche depuis l'intérieur : ⟨la distance
         d'⟩ une canne. (8) Et il mesura le vesti-
         bule du porche : (9) ⟨la distance de⟩ huit
         coudées

40.11

A ארך השער
    the length of the gate
    la longueur du porche
        NEB : and the gateway itself throughout its length
        J   : et la longueur du porche
        TOB : la profondeur de la porte
        L   : und die Länge des Torweges
[רחב השער]
    the breadth of the gate
    la largeur du porche
        RSV : and the breadth of the gateway
    Fac.: 14
    Rem.: The Hebrew noun ארך refers to the longest side
    of a measured object, without reference to the
    standpoint of the viewer. Therefore, in English
    this word may be translated in this instance
    as the "depth" or "breadth of the gateway".

    Rem.: Le terme hébraïque ארך désigne le côté le plus
    long d'un objet mesuré, indépendamment du point de
    vue de celui qui regarde. Ici on peut traduire par :
    "la profondeur" ou par "la largeur du porche".
    Transl.: See Remark
    Trad.:   Voir Remarque

40.13

B מגג התא לגגו
    from ⟨one⟩ roof of a side room to its ⟨other⟩ roof
    depuis ⟨un⟩ toit de la loge jusqu'à son ⟨autre⟩ toit
[מגו התא לגגו]
    from the back of one side room to the back ⟨of
    another⟩
    depuis le fond d'une loge jusqu'au fond ⟨d'une
    autre⟩
        RSV*: from the back of the one side room to the
              back of the other
        J* : depuis le fond d'une loge jusqu'au fond
              de l'autre
        TOB : d'un fond à l'autre des loges
    Fac.: 4,9
[מגו התא לגו הבא לנגדו] (=Brockington)
    from the back of the side room to the back of the
    side room in front of it
    depuis le fond de la loge jusqu'au fond de la loge
    en face d'elle

NEB*: from the back of one cell to the back of
      the opposite cell
L   : von der Rückwand der Nischen auf der einen
      Seite bis zur Rückwand der Nischen auf der
      andern Seite
Fac.: 14
Transl.: from ⟨one⟩ roof of the side room to its
         ⟨other⟩ roof
Trad.:   d'⟨un⟩ toit de la loge jusqu'à son ⟨autre⟩
         toit

40.14

B ויעש
   and he calculated (lit. made)
   et il calcula (litt. fit)
     NEB : he made
[וימד]
   and he measured
   et il mesura
     RSV*: he measured also
     J* : il mesura
     TOB : il mesura
     L   : dazu mass er
Fac.: 14
Rem.: See the two following cases also, and see the
   translation of V. 14 in Rem. 2 of the 3d case of
   V. 14.
Rem.: Voir aussi les deux cas suivants, et voir la
   traduction de l'ensemble du V. 14 dans la 2e Remarque du cas 3 du V. 14.
Transl.: and he calculated (lit. made) ⟨for⟩ (the
         pillars a height of...)
Trad.:   et il fixa (lit. fit) (pour les piliers...
         de haut)

40.14

B את-אילים ששים אמה
   the pillars : ⟨a height of⟩ sixty cubits
   les piliers / pilastres : soixante coudées ⟨de haut⟩
[את-אולם עשרים אמה]
   the vestibule : twenty cubits
   le vestibule : vingt coudées
     RSV*: the vestibule, twenty cubits
     NEB*: and the vestibule twenty cubits (?)
     J* : le vestibule : vingt coudées

    TOB*: le vestibule : vingt coudées
     L   : die Oeffnung der Vorhalle : zwanzig Ellen
 Fac.: 14
 Rem.: See also the preceding and the following case,
   and see there Rem. 2.
 Rem.: Voir aussi le cas précédent et le cas suivant,
   et voir là Rem. 2.
 Transl.: ⟨for⟩ the pillars : ⟨a height of⟩ sixty
            cubits
 Trad.:   ⟨pour⟩ les piliers / pilastres:soixante
            coudées ⟨de haut⟩

40.14

B ואל-איל החצר השער סביב סביב
    and the court ⟨which was⟩ all around the gateway
    ⟨came as far as⟩ the pillar
    et au pilier ⟨aboutissait⟩ le parvis ⟨qui était⟩
    tout autour du porche
 [ואל אולם השער החצר סביב סביב]
    and the court ⟨was⟩ all around the vestibule of
    the gateway
    et le parvis ⟨était⟩ tout autour du vestibule du
    porche
      RSV*: and round about the vestibule of the
            gateway was the court
      TOB*: quant au vestibule de la porte, le parvis
            l'entourait
  Fac.: 14
 [ואל החצר השער סביב סביב] (=Brockington)
    and the gateway on all sides ⟨extended⟩ into the
    court
    et le porche ⟨était⟩ en saillie, entouré du parvis
      NEB*: the gateway on every side projected into
            the court
      J* : le parvis entourait le porche de tous les
            côtés
  Fac.: 14
 [ואל-איל השער החצר סביב סביב]
    and the court ⟨was⟩ all around the pillar of the
    gateway
    et le parvis ⟨s'étendait⟩ tout autour du pilastre
    du porche
       L : und bis zum Pfeiler des Tores reichte der
            Vorhof ringsherum
  Fac.: 14
  Rem.: 1. See the two preceding cases too.
    2. The whole V. can be translated as follows :

"and he calculated (lit. made) ⟨for⟩ the pillars
a height of sixty cubits; and the court ⟨which
was⟩ all around the gateway ⟨extended as far as⟩
the pillar" (i.e. the term "pillar" is a reference
to the gateway, a building with pillars in its
front façade, projected into the court so that
it was surrounded by the court on three sides).
Rem.: 1. Voir aussi les deux cas précédents.
2. Tout le V. peut être traduit ainsi : "et il
fixa pour les piliers 60 coudées ⟨de haut⟩; et
⟨aboutissait⟩ au pylône le parvis, tout autour
du porche" (c.-à-d. le pylône, le bâtiment du
porche, sortait en saillie dans le parvis, si
bien que le porche était entouré du parvis sur
trois côtés).
Transl.: See Remark
Trad.:   Voir Remarque

40.19

A רחב
    the breadth / the distance
    la largeur / la distance
       RSV : the distance
       TOB : la distance
 [רחב החצר] (=Brockington)
    the breadth of the court
    la largeur du parvis
       NEB*: the width of the court
       J* : la largeur du parvis
       L   : die Breite des Vorhofs
  Fac.: 4,6
  Rem.: See the Remark in V. 11 above. This Remark
    applies to this case also.
  Rem.: Voir la Remarque à propos du V. 11. Elle vaut
    également pour ce cas.
  Transl.: the distance
  Trad.:   la distance

40.19

B החצר
    of the court
    du parvis
       RSV : of the (inner) court
       J   : du parvis
       TOB : du parvis
       L   : den (inneren) Vorhof

[השער] (=Brockington)
   of the gateway
   du porche
      NEB*: of the (inner) gateway
   Fac.: 4,6
   Transl.: of the court
   Trad.:   du parvis

40.19,20

A הקדים והצפון והשער
   ⟨at⟩ the east and ⟨at⟩ the north - and the gateway
   ⟨à⟩ l'est et ⟨au⟩ nord - et le porche
      J   : - à l'orient et au nord -. Quant au porche
      TOB : voilà pour l'est. Quant au nord... la porte
      L   : das war der Osten. Und nun der Norden !
            ... das Tor
   [ויקדם צפונה והנה שער] (=Brockington)
   and he preceded me to the north, and behold a
   gateway
   et il me précéda vers le nord et voici un porche
      RSV*: then he went before me to the north, and
            behold, there was a gate
      NEB*: he led me round to the north and I saw a
            gateway
   Fac.: 14
   Transl.: ⟨this⟩ on the east side, and ⟨the same was⟩
            on the north side. And the gateway
   Trad.:   ⟨cela⟩ du côté est, et ⟨il en fut de même⟩
            du côté nord. Et le porche

40.22

   ואלמיו QERE
      and its vestibules
      et ses vestibules
   Fac.: 5
C ואלמו KETIV
      and its vestibule
      et son vestibule
         RSV : its vestibule
         J   : son vestibule
         TOB : son vestibule
         L   : seine Vorhalle
   [והלוני אלמו]
      and the windows of its vestibule
      et les fenêtres de son vestibule

NEB*: (its windows,) and those of its vestibule
Fac.: 14
Rem.: See a Remark on the interpretation of this
  vote and this C rating in V. 36 below.
Rem.: Voir une observation sur la nature de ce vote
  et de la qualification C au V. 36 ci-dessous.
Transl.: and its vestibule
Trad.:   et son vestibule

40.22

C לפניהם
    in front of them
    devant eux
      NEB : facing them
      TOB : (sept marches; le vestibule) était en face
[לפנימה]
    on the inside
    vers l'intérieur
      RSV : on the inside
      J* : vers l'intérieur
      L   : auf der Innenseite
Fac.: 4,9
Rem.: See the same textual difficulty in V. 26 be-
  low.
Rem.: Voir la même difficulté textuelle au V. 26
  ci-dessous.
Transl.: in front of them
Trad.:   devant eux

40.23

A ולקדים
    and to the east ⟨side⟩
    et vers l'est
      RSV : as on the east
      TOB : (face à la porte nord,) comme à celle
            de l'est
[כשער לקדים] (=Brockington)
    like the gateway towards the east side
    comme le porche ⟨donnant⟩ sur l'est
      NEB*: (a gate) like that on the east side
      J* : comme pour le porche oriental
      L   : wie bei dem Tor an der Ostseite
Fac.: 6
Transl.: as on the east ⟨side⟩
Trad.:   comme à l'est / comme du côté est

40.24

C אֵילָיו   QERE
    its pillars
    ses piliers
       RSV : its jambs
       TOB : ses piliers
       L   : seine Pfeiler
    אֵילוֹ KETIV
    its pillar
    son pilier
  Fac.: 5
  [הַתָּאִיר וְאֵילָיו]   (=Brockington)
    its cells (i.e. small rooms) and its pillars
    ses loges et ses piliers
       NEB*: its cells, its pilasters
       J* : (il en mesura) les loges, les pilastres
  Fac.: 14
  Transl.: its pillars
  Trad.:   ses piliers

40.26

C לִפְנֵיהֶם
    in front of them
    devant eux
       NEB : facing them
       TOB : (sept marches...) face à (son vestibule)
  [לִפְנִימָה]
    on the inside
    vers l'intérieur
       RSV : on the inside
       J* : vers l'intérieur (la note au V.22)
       L   : auf der Innenseite
  Fac.: 4,9
  Rem.: See the same textual difficulty in V. 22 above.
  Rem.: Voir la même difficulté textuelle au V. 22 ci-
    dessus.
  Transl.: in front of them
  Trad.:   devant eux

40.27

B דרך הדרום (2°)
   the way toward the south / southwards
   le chemin du sud / vers le sud
     RSV : toward the south
     J   : vers le midi
     TOB : en direction du sud
     L   : (von dem einen) Süd(tor zum andern)
 [Lacking.Manque] = NEB* (=Brockington)
 Fac.: 1,4
 Transl.: towards the south
 Trad.:   vers le midi

40.30

B V. 30 is translated by / est traduit par RSV, TOB*, L
  V. 30 is omitted / est omis par NEB*, J* (=Brocking-
                                  ton)
 Fac.: 4,10
 Translate V. 30 / Traduire le V. 30

40.36

ואלמיו QERE
  and its vestibules
  et ses vestibules
 Fac.: 5
C ואלמו   KETIV
  and its vestibule
  et son vestibule
    TOB : son vestibule
    L   : und seiner Vorhalle
 ואלמ(י)ו כמדות האלה (Brockington)
  and its vestibule(s) ⟨were⟩ according to these
  measurements
  et son/ses vestibule(s) ⟨étaient⟩ selon ces dimen-
  sions
    RSV*: and its vestibule were of the same size as
          the others
    NEB*: so were (its cells,...) and vestibule
    J   : ... son vestibule avait les mêmes dimen-
          sions
 Fac.: 1
 Rem.: The C rating was given to the KETIV reading in
  contrast with the QERE reading. This rating has
  nothing to do with the additional variant, which
  has no value as a probable text. The same is true

in the case of the vote in V. 22 above.
Rem.: La qualification C concerne la leçon du KETIV par
comparaison à celle du QERE et non par comparaison à l'autre variante qui n'a aucune chance de re-
présenter le texte probable.
Transl.: and its vestibule
Trad.:   et son vestibule

40.37

C ואיליו   QERE
    and its pillars / pilasters
    et ses piliers / pilastres
  ואילו   KETIV
    and its pillar/pilasters
    et son pilier / pilastre
  Fac.: 5
  [ואילמו] (=Brockington)
    and its vestibule
    et son vestibule
      RSV*: its vestibule
      NEB*: its vestibule
      J* : son vestibule
      TOB : son vestibule
      L   : und seine Vorhalle
  Fac.: 4,9
  Rem.: This technical term איל, recurring in V. 31,
    34 and 37, should be translated in all these pla-
    ces as "pillar" or, even more precisely, as "pi-
    laster", that is, partial pillars joined to a
    wall or forming part of a wall.
  Rem.: Ce terme technique איל, employé aux V. 31, 34
    et 37, devrait être traduit dans tous ces passages
    par "pilier", ou plus précisément encore par "pi-
    lastre", c.-à-d. des piliers encastrés dans le mur.
  Transl.: and its pilasters ⟨were orientated⟩ (towards
           the outward court)
  Trad.:   et ses pilastres ⟨étaient⟩ (vers la cour
           extérieure)

40.38

D באילים השערים
    the gateways ⟨were⟩ beside the pillars
    les porches ⟨étaient⟩ à côté des piliers
  [באלם השער] (=Brockington)
    in the vestibule of the gateway
    dans le vestibule du porche

RSV*: in the vestibule of the gate
NEB*: from the vestibule of the gateway
J   : dans le vestibule du porche
TOB : (s'ouvrait) sur le vestibule du porche
L   : bei der Vorhalle des Tores
Fac.: 1,4
Rem.: The clause at the beginning of V. 38 can be
   translated as "⟨there was⟩ a room the
   opening ⟨of which was⟩ beside the pillars, that is,
   the pillars of the gates;...".
Rem.: Le début du V. 38 peut être traduit ainsi :
   "⟨il y avait⟩ une chambre ⟨dont⟩ l'ouverture ⟨était⟩
   à côté des piliers, les piliers des portes;...".
Transl.: See Remark
Trad.:   Voir Remarque

40.40

B לְעוֹלֶה
   for him who goes up
   pour celui qui monte
      NEB : as one goes up
      J   : pour qui montait
      TOB : pour qui montait
      L   : für den, der ... hinaufgeht
  [לְאֵלֶה]
   for the vestibule
   pour le vestibule
      RSV*: (on the outside) of the vestibule
Fac.: 14
Transl.: for him who goes / went up
Trad.:   pour celui qui monte / montait

40.43

B וְהַשְׁפַתַּיִם
   and the pairs of hooks
   et les paires de crocs
      RSV : and hooks
      J   : des rigoles
      TOB : des rebords
      L   : und Gabelhaken
  והשפתים =[וְהַשְׂפָתָיִם] (=Brockington)
   and the rims (lit. lips)
   et les rebords (litt. lèvres)
      NEB : and ledges
Fac.: 12,8

Rem.: The clause at the beginning of the V. can be
   translated as : "and the pairs of span-long hooks
   <were> fixed in the building all around...".
Rem.: La phrase du début du V. peut être traduite
   ainsi : "et les paires de crocs d'un empan étaient
   fixées dans l'édifice tout autour...".
Transl.: See Remark
Trad.:   Voir Remarque

40.43

B ואל-השלחנות בשר הקרבן
   and the flesh of the offering <was brought> to the
   tables
   et vers les tables <on apportait> la viande de
   l'offrande
      RSV : and on the tables the flesh of the offering
            was to be laid
      J   : c'est sur ces tables qu'on mettait la
            viande des offrandes
      TOB : sur les tables se trouvaient les viandes
            offertes
[ועל-השלחנות בשר הקרבן]
   and the flesh of the offering <was> on the tables
   et sur les tables <était> la viande de l'offrande
      NEB*: the flesh of the offerings was on the
            tables
   Fac.: 6,4
[ועל-השלחנות מלמעלה גגות לכסות בשר הקרבן ממטר ומחרב]
   and above the tables <there were> roofs protecting
   the flesh of the offering from rain and from heat
   (i.e. of the sun)
   et au-dessus des tables <il y avait> des toits pour
   protéger la viande de l'offrande contre la pluie
   et la chaleur (c.-à-d. du soleil)
      L   : und über den Tischen waren Dächer, um das
            Opferfleisch gegen Regen und Hitze zu
            schützen
   Fac.: 14
   Transl.: and the flesh of the offering <was brought>
            to the tables
   Trad.:   et c'est aux tables <qu'arrivait> la viande
            des offrandes

40.44

D ומחוצה לשער הפנימי לשכות שרים
> and outside of the inner gateway ⟨there were⟩ the
> rooms for the singers
> et du côté extérieur du porche intérieur ⟨il y
> avait⟩ les salles des chanteurs
>> TOB : hors de la porte intérieure, il y avait
>>   les salles des chanteurs

[ומחוצה לשער הפנימי לשכות שתים]
> and outside of the inner gateway ⟨there were⟩
> two rooms
> et du côté extérieur du porche intérieur ⟨il y
> avait⟩ deux salles
>> L : und aussen vor dem inneren Tor waren zwei
>>   Kammern

 Fac.: 14

[ויביאני מחוצה אל החצר הפנימי(ת) והנה לשכות שתים]
> and he led me from outside into the inner court,
> and behold ⟨there were⟩ two rooms
> et il m'emmena de l'extérieur vers le parvis in-
> térieur et voici deux salles
>> RSV*: then he brought me from without into the
>>   inner court, and behold, there were two
>>   chambers

 Fac.: 14

[ויביאני אל החצר הפנימי(ת) והנה לשכות שתים] (=Brockington)
> and he led me into the inner court, and behold
> ⟨there were⟩ two rooms
> et il m'emmena vers le parvis intérieur et voici
> deux salles
>> NEB*: then he brought me right into the inner
>>   court, and I saw two rooms
>> J* : puis il m'emmena au parvis intérieur; il
>>   y avait deux chambres

 Fac.: 14

 Rem.: See the two following cases too, and see the
   translation of the whole passage below in Rem. 2
   of the third case of V. 44. The MT of V. 44 seems
   to be an altered text, but the LXX is no more
   original than the MT. Therefore the Committee decided for the MT, although the LXX is more simple,
   and although the MT is a text reflecting some very
   early alterations.
 Rem.: Voir aussi les deux cas suivants, et voir la
   traduction de l'ensemble dans la Rem. 2 du
   troisième cas du V. 44. Le TM du V. 44 semble
   être un texte altéré, mais LXX n'est pas plus originale que le TM. C'est pourquoi le Comité con-

serve le TM, bien que LXX présente un texte plus
simple, et que le TM ait certainement subi de très
anciennes altérations.
Transl.: and outside of the inner gate ⟨there were⟩
       rooms for the singers
Trad.:   et du côté extérieur du porche intérieur
       ⟨il y avait⟩ les salles des chanteurs

40.44

B אשר
   which
   qui
[אחד] / [אחת] (=Brockington)
   one
     l'un / l'une
      RSV*: one
      NEB : one
      J*   : l'une
      TOB*: l'une
      L   : die eine
Fac.: 4
Rem.: See also the preceding and the following case
   (with Rem.2).
Rem.: Voir aussi le cas qui précède et celui qui suit
   (avec la Rem. 2).
Transl.: which
Trad.:   qui

40.44

B הקדים
   of the east
   de l'est
[הדרום]
   of the south
   du sud
     RSV*: of the south
     NEB*: (of the) southern (gateway)
     J   : (du porche) méridional
     TOB : (de la porte) sud
     L   : (neben dem) Süd(tor)
 Fac.: 4,9
Rem.: 1. See also the two preceding cases.
  2. The translation of the whole passage is the
following : "outside of the inner gateway ⟨there
were⟩ rooms for the singers; ⟨these rooms⟩ were
on the side of the north gateway, their facades

⟨were on the side⟩ going towards south (i.e. on
the east side). Another ⟨room was⟩ on the side
of the east gateway; its facade ⟨was on the side⟩
going towards the north".
Rem.: 1. Voir aussi les deux cas précédents.
2. La traduction de l'ensemble de ce passage est
la suivante : "hors du porche intérieur, ⟨il y
avait⟩ les salles pour les chanteurs; ⟨ces salles⟩
étaient sur le côté du porche nord, leurs façades
⟨s'enfilant sur le côté⟩ allant vers le sud (c.-
à-d. sur le côté est). Une autre ⟨salle était⟩
sur le côté de la porte est dont la façade ⟨don-
nait sur le côté⟩ allant vers le nord".

Transl.: eastern
Trad.:   est

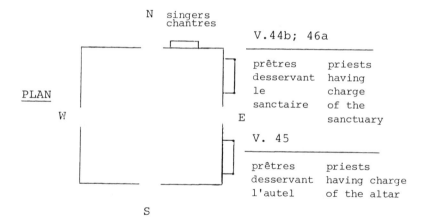

40.49

עשתי עשרה C
    eleven (cubits)
    onze (coudées)
[שתי עשרה] (=Brockington)
    twelve (cubits)
    douze (coudées)
      RSV*: twelve
      NEB*: twelve
      J   : douze
      TOB : douze
      L   : zwölf
  Fac.: 4,9
  Transl.: eleven (cubits)
  Trad.: onze (coudées)

40.49

ובמעלות אשר
    and on the steps which
    et par les marches qui
      TOB*: des degrés (y faisaient accéder)
  Fac.: 12
C[ובמעלות עשר] (=Brockington)
    and on ten steps
    et par dix marches
      RSV*: and ten steps
      NEB*: ten steps
      J* : dix marches
      L   : zehn Stufen
  Transl.: and on ten steps (one could go up)
  Trad.: et par dix marches (on pouvait monter)

41.1

רחב האהל C
    the breadth of the tent
    la largeur de la tente
      TOB*: - largeur de la tente -
      L   : so weit das Heiligtum war
  Lacking.Manque = NEB*, J* (=Brockington)
  Fac.: 4
[רחב האיל(ים)(ם)]
    the breadth of the pillar(s)
    la largeur du/des pilier(s)
      RSV*: the breadth of the jambs
  Fac.: 14

Transl.: ⟨this is⟩ the breadth of the tent (i.e.
         the sanctuary of the temple)
Trad.:   ⟨c'est⟩ la largeur de la tente (c.-à-d.
         du sanctuaire du temple)

41.3

B ורחב
    and the breadth of
    et la largeur de
[וכתפות] (=Brockington)
    and the sides of
    et les côtés de
      RSV*: and the sidewalls of
      NEB*: and the corners of
      J   : et les épaulements de
      TOB : les parois latérales de
  Fac.: 4
[ורהב כתפות]
    and the breadth of the sides of
    et la largeur des côtés de
      L   : und die Breite zu beiden Seiten an...
  Fac.: 14
Transl.: and the breadth of
Trad.:   et la largeur de

41.3

B שבע אמות
    seven cubits
    sept coudées
      RSV : seven cubits
      J   : sept coudées
      TOB : sept coudées
[שבע אמות מפה / [שבע אמות מפו ושבע אמות מפו
              (Brockington=) [ושבע אמות מפה
    seven cubits on one side and seven cubits on the
    other side
    sept coudées de ce côté et sept coudées de ce
    côté
      NEB*: seven cubits in each direction
      L   : zu beiden Seiten ... je sieben Ellen
  Fac.: 4
Transl.: seven cubits
Trad.:   sept coudées

41.7

ונסבה C
    and ⟨the structure⟩ (grew broader) all around
    et ⟨la construction⟩ (s'élargissait) tout autour
        NEB : (the broader they were) all round
        TOB : (ces chambres) allaient (en s'élargissant)
        L   : und der Umgang (wurde breiter) (?)
[ונספה]
    and it was added
    et était ajouté
        RSV : as they rose
        J   : (la largeur des cellules) augmentait
  Fac.: 14
  Rem.: See the two following cases also, and see Rem.
    2 at the third case of V. 7, where a translation
    of the entire passage is given.
  Rem.: Voir les deux cas suivants aussi, et voir la
    Rem. 2 au troisième cas du V. 7 où l'on trouvera
    une traduction de tout ce passage.
  Transl.: and ⟨the structure⟩ (grew broader) all
         around
  Trad.:   et ⟨la construction⟩ (s'élargissait) tout
         autour

41.7

כי מוסב -הבית B
    because the ⟨structure⟩ surrounding the building
    (or : sanctuary)
    car le pourtour de la maison (ou : du sanctuaire)
        L   : denn der Umgang des Hauses
[כמוסף מקיר]
    according to the added ⟨structure protruding⟩ from
    the wall
    selon l'augmentation ⟨provenant⟩ du mur
        J* : selon l'augmentation prise sur le mur
        TOB : augmentation faite au détriment du mur
  Fac.: 4
[כמוסף מבית] (=Brockington)
    according to the added ⟨structure protruding⟩ from
    the building (or : sanctuary)
    selon l'augmentation provenant de la maison (ou :
    du sanctuaire)
        RSV*: corresponding to the enlargement of the
            offset
        NEB*: by the addition of the intakes
  Fac.: 1

Rem.: See the preceding and the following case (with
    Rem.2).
Rem.: Voir le cas qui précède et celui qui suit
    (avec sa Rem.2).
Transl.: because the ⟨structure⟩ surrounding the
         building (or : sanctuary)
Trad.:   car le pourtour de la maison (ou : du
         sanctuaire)

41.7

B עַל־כֵּן רֹחַב־לַבַּיִת לְמָעְלָה
    therefore the breadth of the upper part of the
    sanctuary
    pour cette raison, la largeur de la maison (ou :
    du sanctuaire) en haut
      NEB*: the temple itself had a ramp (note :
            Lit. a broadening running upwards on a
            base (?)
      L   : deshalb nahm die Breite am Haus nach oben
            hin zu
    עַל־כֵּן רֹחַב הַבַּיִת לְמָעְלָה
    therefore the breadth of the upper part of the
    sanctuary
    pour cette raison la largeur de la maison (ou :
    du sanctuaire) en haut
      TOB : c'est pourquoi la Maison s'élargissait
            vers le haut
  Fac.: 4,6
[עַל כָּתֵף הַבַּיִת לוּלִים יַעֲלוּ]
    on the side of the sanctuary a stairway led upward
    sur le côté du sanctuaire des escaliers (?) montent
      RSV : on the side of the temple a stairway led
            upward
  Fac.: 14
[Lacking.Manque] = J*
  Fac.: 14
  Rem.: 1. See the two preceding cases also.
    2. The whole passage can be translated as follows:
    "⟨the structure⟩ of side rooms grew broader on
    all sides as the building increased in height
    (lit. higher and higher, i.e. as it increased in
    height). For this structure, which surrounded
    ⟨the sanctuary and consisted of side rooms⟩ in-
    creased in height all around the house. Therefore
    the sanctuary increased in breadth as it increased
    in height".

Rem.: 1. Voir aussi les deux cas qui précèdent.
2. Tout ce passage peut être traduit ainsi :
"⟨cette construction⟩ des chambres attenantes
s'élargissait tout autour au fur et à mesure
qu'elle montait, car ce pourtour de la maison
⟨formé des chambres attenantes⟩ montait tout
autour de la maison. C'est pourquoi la maison
gagnait en largeur vers le haut".
Transl.: See Remark 2
Trad.:   Voir Remarque 2

41.9

B ואשר מנח
    and that which ⟨was⟩ unoccupied
    et ce qui ⟨était⟩ resté vide
      NEB : there was an unoccupied area
      J   : il y avait un passage
      TOB : quant à l'espace laissé
      L   : und der Raum, der frei blieb
[ואשר מנח חמש אמות]
    and that which ⟨was⟩ unoccupied : ⟨a distance of⟩
    five cubits
    et ce qui ⟨était⟩ resté vide : ⟨une distance de⟩
    cinq coudées
      RSV*: and the part of the platform which was
           left free was five cubits
  Fac.: 14
  Transl.: and ⟨there was a space⟩ which was unoccupied
  Trad.:   et ⟨il y avait un espace⟩ qui était laissé
         vide

41.9

A בית צלעות
    the structure of the side rooms
    le bâtiment des annexes
[בין הצלעות]
    between the side rooms
    entre les annexes
      J   : entre les cellules
      TOB : entre les annexes
      L   : zwischen den Seitenräumen
  Fac.: 6,9
[בין הגנה]
    between the terrace
    entre la terrasse

```
    RSV*: between the platform
 Fac.: 14
[ביד היצוע] (=Brockington)
    beside the terrace
    à côté de la terrasse
      NEB*: beside the terrace
 Fac.: 14
 Transl.: <on the side> of the structure of the side
          rooms, (which belonged to the sanctuary
          [lit. house])
 Trad.:   <le long> du bâtiment des annexes, (appar-
          tenant au sanctuaire [litt. à la maison])
```

41.15

```
A ואתיקיהא   QERE
    and its galleries
    et ses galeries
      NEB : and its corridors
      J   : et sa galerie
      TOB : ainsi que ses galeries
A ואתוקיהא   KETIV
    and its galleries
    et ses galeries
[וקירותיה]
    and its walls
    et ses murs
      RSV*: and its walls
      L   : und seine Mauern
 Fac.: 14
 Rem.: The QERE and the KETIV readings have the same
   meaning. They only differ in spelling.
 Rem.: Les leçons du QERE et du KETIV ont la même
   signification. Elles ne se distinguent que par
   l'orthographe.
 Transl.: and its galleries
 Trad.:   et ses galeries
```

41.15

```
B ואלמי החצר
    and the vestibules of the court
    et les vestibules du parvis
      J   : et les vestibules du parvis
      TOB : les vestibules donnant sur le parvis
```

[ואלמו החיצון] (=Brockington)
   and its outer vestibule
   et son vestibule extérieur
      RSV*: and the outer vestibule
      NEB*: and the outer vestibule
      L   : und die Vorhalle draussen
   Fac.: 14
   Transl.: and the vestibules of the court
   Trad.:   et les vestibules du parvis

41.16

C הספים
   the thresholds
   les seuils
      J   : les seuils
      TOB : les seuils
[ספונים] (=Brockington)
   panelled ⟨with wood⟩
   recouverts de boiseries
      RSV*: were panelled
      NEB*: were panelled
      L   : waren getäfelt
   Fac.: 12,9
   Rem.: See the four following cases. In the fifth
   case, Rem. 2, will be found the translation of
   the whole V.
   Rem.: Voir les quatre cas suivants. Au cinquième
   cas, Rem. 2, on trouvera la traduction de tout
   le V.
   Transl.: as for the thresholds
   Trad.:   quant aux seuils

41.16

B והאתיקים
   and the galleries
   et les galeries
      J   : les galeries
      TOB : les galeries
[והשקופים] (=Brockington)
   and the frames
   et les cadres
      RSV : with (recessed) frames
      NEB*: the embrasures (?)
      L   : (und alle drei hatten Fenster...) und
             einen Absatz am Dach

Fac.: 8
Rem.: See the preceding and the three following
  cases.
Rem.: Voir le cas précédent et les trois cas sui-
  vants.
Transl.: and as for the galleries
Trad.:   et quant aux galeries

41.16

B נגד הסף שחיף
  in front of the threshold ⟨were⟩
  face au seuil ⟨étaient⟩
    RSV : against the threshold the temple was
          paneled
    J   : face au seuil étaient revêtus
    TOB : face au seuil étaient (de bois) de sehif
[נגד השקף שחיף/חפוי]
  in front of the panelled frame
  en face du cadre revêtu de boiseries
    L   : und es war Tafelwerk an allen Seiten
          (ringsherum)
  Fac.: 14
[שחיפי] (=Brockington)
  well framed (?)
  bien encadré (?)
    NEB*: were framed (with wood)
  Fac.: 14
Rem.: See also the two preceding and the two following cases.
Rem.: Voir aussi les deux cas précédents et les deux
  qui suivent.
Transl.: in front of ⟨each⟩ threshold ⟨there was⟩
          a panelling (of wood)
Trad.:   en face ⟨de chaque⟩ seuil ⟨il y avait⟩ un
          placage (de bois)

41.16

C והארץ עד
  and the floor up to
  et la terre jusqu'à
[מהארץ עד]
  from the floor up to
  depuis la terre jusqu'à
    RSV : from the floor up to
    NEB*: from the ground up to

J* : du sol jusqu'(aux fenêtres)
TOB : du sol jusqu'(aux fenêtres)
  Fac.: 14
[והאר בעד]
  and the light through
  et la lumière à travers
    L   : und das Licht kam durch (die Fenster)
  Fac.: 14
  Rem.: See the three preceding cases and the follo-
  wing one.
  Rem.: Voir les trois cas qui précèdent et celui qui
  suit.
  Transl.: and as for the floor up to (the windows)
  Trad.:   et quant au sol jusqu'(aux fenêtres)

41.16

B והחלנות מכסות
  and the windows ⟨were⟩ covered
  et les fenêtres ⟨étaient⟩ couvertes
    RSV : - now the windows were covered -
    J   : et les fenêtres étaient garnies d'un
       treillis
    TOB : les fenêtres aussi étaient couvertes
    L   : aber die Fenster waren verhängt
  [Lacking.Manque] = NEB* (=Brockington)
  Fac.: 14
  Rem.: 1. See the four preceding cases also.
  2. The translation of the whole of V. 16 is the
  following : "(V.15) And he measured the length of
  the building which was opposite the court...
  (V.16) As for the thresholds and for the windows
  with their lettice work and for the galleries which
  enclosed these three ⟨structures⟩ (i.e. the
  structures enumerated in V.15) - in front of ⟨each⟩
  threshold ⟨there was⟩ a panelled wooden ⟨door frame⟩-,
  and as for the floor up to the windows - windows
  ⟨which were⟩ closed - (V.17), but also as for ⟨the
  structures⟩ above the entrance including the interior of the sanctuary as well as its exterior, and
  as for the wall all around, on both its inner and
  outer ⟨side⟩ : ⟨all these were⟩ measured (lit. there
  were measures)".
  Rem.: 1. Voir les quatre cas précédents aussi.
  2. La traduction du V. 16 est la suivante :
  "(15) et il mesura la longueur de l'édifice...
  (16) Quant aux seuils et aux fenêtres grillagées
  et aux galeries qui entouraient ces trois (c.-à-d.

les architectures énumérées au V.15) - face à
⟨chaque⟩ seuil, ⟨il y avait⟩ un placage de bois
tout autour (c.-à-d. autour du chambranle) -, et
quant au sol jusqu'aux fenêtres - fenêtres ⟨qui
étaient⟩ couvertes - (V.17) mais aussi quant à ce
qui était au-dessus de l'ouverture jusqu'à l'intérieur du sanctuaire comme vers l'extérieur, et
quant à toute l'étendue du mur, à l'intérieur
comme à l'extérieur : ⟨il y eut⟩ des mesures".
Transl.: See Remark
Trad.:   Voir Remarque

41.17,18

B מדות:ועשוי
    ⟨there were⟩ measures. And ⟨was⟩ made
    ⟨il y avait⟩ des mesures. Et ⟨était⟩ fait
        TOB : on avait ménagé un espace pour y faire
[דמות עשוים]
    likenesses ⟨were⟩ made
    des représentations étaient faites
        RSV*: were carved likenesses
        L   : waren Schnitzereien; da waren
    Fac.: 14
[עשוי דמות] (=Brockington)
    a likeness ⟨was⟩ carved
    une représentation ⟨était⟩ faite
        NEB*: were carved figures
    Fac.: 14
    Rem.: See the preceding case with its Remark.
    Rem.: Voir le cas précédent avec sa Remarque.
    Transl.: ⟨these were⟩ measured. And (cherubims and
             palms) ⟨were⟩ carved
    Trad.:   ⟨il y avait⟩ des mesures. Et (des chéru-
             bins et des palmes) ⟨étaient⟩ faits

41.20-21

C מזוזת ההיכל (21): וקיר ההיכל
    and ⟨on⟩ the wall of the Hekal. (21) The Hekal
    ⟨had⟩ doorposts
    et ⟨à⟩ la paroi du Hékal. (21) Le Hékal ⟨avait⟩
    des montants
        TOB : sur le mur de la grande salle... la grande
              salle avait des montants

[לקיר] (21): ההיכל מזוזת]
    to the wall. (21) The doorposts of the nave (21)
    (lit. Hekal) ⟨were⟩
    sur la paroi. (21) Le Hékal, des montants ⟨étaient⟩
        RSV*: on the wall. The doorposts of the nave
              were
        J* : sur le mur... Les montants de porte du
              Hékal étaient
        L   : an der Wand. Und die Türpfosten im Tempel
              waren
    Fac.: 14
[וקיר ההיכל](21): מזוזות ההיכל]
    and the wall of the nave. (21) The doorposts of
    the nave
    et le mur du Hékal. (21) Les montants du Hékal
        NEB*: on the wall of the sanctuary. The door-
              posts of the sanctuary were
    Fac.: 14
    Transl.: namely ⟨on⟩ the wall of the nave (lit.
             Hekal). (21) The nave (lit. Hekal) ⟨had⟩
             doorposts
    Trad.:   à savoir ⟨au⟩ mur du Hékal. (21) Le Hékal
             ⟨avait⟩ des montants

41.22

וארכו שתים אמות C
    and its length ⟨was⟩ two cubits
    et sa longueur : deux coudées
        NEB : and two cubits long
        TOB*: sa longueur : deux coudées
C[אמות] = וארכו שתים אמות ורחבו שתים אמות] = LXX
    and its length ⟨was⟩ two cubits, and its breadth
    ⟨was⟩ two cubits
    et sa longueur : deux coudées, et sa largeur : deux
    coudées
        RSV*: two cubits long, ant two cubits broad
        J* : dont la longueur était de deux coudées
              et la largeur de deux coudées
        L   : und zwei Ellen lang und breit
    Rem.: The Committee was equally divided in this and
    in the following case. One half preferred the MT,
    the other half the LXX reading. Those who chose the
    MT considered the LXX as an interpretation of the
    text (Fac. 4 or 13), while those who were inclined
    towards the LXX considered the MT as the result of
    a homeoteleuton (Fac. 10). Translators may choose
    either MT : "and its length ⟨was⟩ two cubits", or

LXX : "and its length ⟨was⟩ two cubits, and its
breadth ⟨was⟩ two cubits".
Rem.: Le Comité étant divisé en ce cas et au cas
suivant entre le TM et la LXX, une moitié considéra la LXX comme une réinterprétation du texte
(Fac. 4 et 13) et préféra le TM, alors que l'autre
moitié opta pour la LXX en considérant le TM comme
le résultat d'un homéotéleuton (Fac.10). Les traducteurs peuvent donc choisir ou bien le TM : "et
sa longueur deux coudées", ou bien la LXX : "et
sa longueur : deux coudées, et sa largeur : deux
coudées".
Transl.: See Remark
Trad.:   Voir Remarque

41.22

C ואדכו 2°
    and its length
    et sa longueur
C[ואדנו] = LXX (=Brockington)
    and its base
    et sa base
      RSV*: its base
      NEB*: and its base
      J   : (il avait...) une base
      TOB*: son socle
      L   : und sein Fuss
  Rem.: One half of the Committee chose the MT, be-
    cause it considered LXX as an attempt to interpret
    a difficult text (Fac.4). The MT should be trans-
    lated as : "and its length". The other half of
    the Committee considered the MT to be the result
    of a confusion of letters and chose therefore the
    LXX, which should be rendered as : "and its base".
    Translators may choose either one of the two
    readings.
  Rem.: Une moitié du Comité jugea la LXX comme étant
    le résultat d'une interprétation d'un texte diffi-
    cile (Fac.4) et préféra par conséquent le TM que
    l'on doit traduire : "et sa longueur". L'autre
    moitié considéra le TM comme le résultat d'une con-
    fusion de lettres (Fac.12) et opta par conséquent
    pour la LXX que l'on traduira : "et sa base".
    Les traducteurs pourront choisir l'une ou l'autre
    des deux leçons.
Transl.: See Remark
Trad.:   Voir Remarque

41.26

A וצלעות הבית והעבים
  and the siderooms of the sanctuary and the pro-
  tective structures ⟨in front of the entrance⟩
  et les annexes de la maison et les auvents/tam-
  bours
       J* : les cellules annexes du Temple et les
             auvents
       TOB : sur l'annexe de la Maison et sur les
             auvents
 [Lacking.Manque] = RSV*, NEB*, L (=Brockington)
 Fac.: 14
 Rem.: The meaning of the word עבים is no longer known.
   It seems to refer to a protection against the
   wind at an entrance.
 Rem.: La signification de l'expression עבים n'est
   plus connue. Il semble s'agir d'un paravent, d'un
   tambour protégeant contre le vent.
 Transl.: and the siderooms of the house and the pro-
           tective structures ⟨in front of the entrance⟩
 Trad.:   et les annexes de la maison et les tambours

42.1

A החיצונה
   outer (court)
   (parvis) extérieur
     NEB : (to the) outer (court)
     J   : (vers le parvis) extérieur
     TOB : (vers le parvis) extérieur
     L   : zum (äusseren) Vorhof
 [הפנימית]
    inner (court)
    (parvis) intérieur
      RSV*: (into the) inner (court)
 Fac.: 12
 Transl.: (to the) outer (court)
 Trad.:   (vers le) parvis (extérieur)

42.2

B אל-פני ארך אמות המאה פתח הצפון
   on the front side the length ⟨was⟩ a hundred cubits, ⟨at⟩ the north entrance
   vers la façade la longueur ⟨était⟩ de cent coudées,
   ⟨à⟩ l'ouverture du nord

        TOB*: sur la façade, longueur: cent coudées,
              vers l'entrée nord
[מאה אמה הצפון פאת אל-פני הארך] (=Brockington)
    the length on the north side : ⟨a distnce of⟩ a
    hundred cubits
    la longueur vers le côté du nord : cent coudées
        RSV*: the length of the building which was on
              the north side was a hundred cubits
        NEB*: the length along the northern side was
              a hundred cubits
        L   : die Länge hundert Ellen, an der Nordseite
    Fac.: 14
[הצפון פאת המאה אמות ארך פני אל]
    towards the front on the long side : ⟨a distance
    of⟩ a hundred cubits on the north side
    vers la façade, la longueur ⟨était⟩ de cent cou-
    dées du côté nord
        J   : sur la façade, elle avait une longueur de
              cent coudées vers le nord
    Fac.: 14
    Transl.: on the front side the length ⟨was⟩ a hund-
             red cubits, the entrance ⟨being⟩ to the
             north
    Trad.:   sur la façade la longueur : cent coudées,
             ⟨avec⟩ l'entrée au nord

42.3
C נגד העשרים
    in front of the twenty (cubits)
    en face des vingt (coudées)
        RSV : adjoining the twenty cubits
        NEB : facing the free space measuring twenty
              cubits
        TOB : devant les vingt coudées
        L   : zwischen den zwanzig Ellen
[נגד השערים]
    in front of the gateways
    en face des porches
        J* : en face des porches
    Fac.: 12
    Transl.: in front of the twenty (cubits)
    Trad.:   en face des vingt (coudées)

42.4

B אל-הפנימית דרך אמה אחת
    towards the inner ⟨court⟩ ⟨there was⟩ a corridor
    one cubit ⟨wide⟩
    vers ⟨le parvis⟩ intérieur ⟨il y avait⟩ un passage
    d'une coudée
[אל הפנימית וארך מאה אמה] (=Brockington)
    towards the inner ⟨court⟩, and its length ⟨was⟩ a
    hundred cubits
    vers ⟨le parvis⟩ intérieur, et sa longueur était
    cent coudées
        RSV*: inward... and a hundred cubits long
        NEB*: and a hundred cubits long, ran toward the
            inner court
        J* : vers l'intérieur et longue de cent coudées
        TOB*: vers le parvis intérieur; longueur : cent
            coudées
        L   : ins Innere... und hundert Ellen lang
    Fac.: 14
    Transl.: and towards the inner ⟨court there was⟩ a
          passage one cubit ⟨wide⟩
    Trad.:   et vers ⟨le parvis⟩ intérieur⟨il y avait⟩
          un passage ⟨large⟩ d'une coudée

42.8

B וְהִנֵּה
    and behold / but
    et voici / cependant
      TOB : par contre
      L   : aber
[וְהֵנָּה]= והנה
    and these
    et celles-ci
      RSV : while those
      NEB : and those
      J   : et celles (qui)
    Fac.: 4
    Transl.: and behold / but
    Trad.:   et voici / cependant

42.10

B ברחב
    in the bradth
    en largeur
       J   : sur la largeur
       TOB : sur la largeur
 [בראש] (=Brockington)
    at the head
    en tête
       RSV*: where ... begins
       NEB*: where ... began
       L   : am Anfang
  Fac.: 4,9
  Transl.: in breadth
  Trad.:   en largeur

42.10

B גדר החצר
    of the wall of the court
    du mur du parvis
       NEB : the wall of the court
       J   : de l'enceinte du parvis
       TOB : du mur du parvis
 [הגדר החיצון]
    of the outside wall
    du mur extérieur
       RSV*: the outside wall
       L   : der äusseren Mauer
  Fac.: 14
  Transl.: of the wall of the court
  Trad.:   du mur du parvis

42.10

B דרך הקדים
    the way towards the east / towards the east
    le chemin de l'est / en direction de l'est
       TOB*: en direction de l'est
 [דרך הדרום] (=Brockington)
    the way towards the south / towards the south
    le chemin du sud / en direction du sud
       RSV*: on the south
       NEB*: on the south
       J   : vers le midi
       L   : in der Richtung nach Süden
  Fac.: 4,9

Transl.: to the east / in the direction toward the
         east
Trad.:   à l'est / en direction de l'est

42.12

A וכפתחי
    and like the entrances of
    et comme les ouvertures de
        NEB : (whose exits) and entrances (were the same
              as...)
        TOB : c'était comme les portes des (salles)
        L   : und wie die Türen der (Kammern)
  [ומתחת]
    and below
    et en-dessous
      RSV*: and below
      J   : et en dessous
  Fac.: 14
  Transl.: and ⟨it was⟩ like the entrances of
  Trad.:   et ⟨c'était⟩ comme les portes de

42.12

C הגדרת הגינה
    the wall well built
    l'enceinte bien alignée
      RSV*: a dividing wall
      J   : du mur correspondant... à
      TOB*: du mur de protection
  [הבניה]
    the building
    le bâtiment
      L   : am Bau (siehe Rem.1)
   Fac.: 14
  [הגדרת הגונה] (=Brockington)
    the inner wall (?)
    le mur intérieur (?)
      NEB*: the inner wall
  Fac.: 14
  Rem.: 1. It is not clear on which Hebrew base L rests.
     2. The Hebrew expression is no longer clear. Its
     meaning seems to be : "a well built ⟨dividing⟩ wall".
  Rem.: 1. La base textuelle sur laquelle L repose n'ap-
     paraît pas clairement.
     2. L'expression hébraïque, dont la signification
     n'est plus claire, semble signifier : "une enceinte
     bien alignée".

Transl.: a well built ⟨dividing⟩ wall
Trad.:   une enceinte bien alignée

42.16

C חמש-מאות קנים QERE
    five hundred reeds
    cinq cents cannes
       TOB : cinq cents cannes
       L   : fünfhundert Ruten
    חמש-אמות קנים KETIV
    five cubits, reeds
    cinq coudées, cannes
  Fac.: 12,13
  [חמש מאות אמות] (=Brockington)
    five hundred cubits
    cinq cents coudées
       RSV : five hundred cubits
       NEB*: five hundred cubits
       J* : cinq cents coudées
  Fac.: 14
  Rem.: These reeds are not the reeds of six cubits
    mentioned in 40.5. They are reeds of one cubit
    here. See the same textual problem in V. 17, 18
    and 19.
  Rem.: Ces cannes ne sont pas les cannes de 40.5 qui
    ont six coudées de long. Les cannes en notre V.
    ont une coudée de long. Voir le même problème
    textuel aux V. 17, 18 and 19.
  Transl.: five hundred reeds
  Trad.:   cinq cents cannes

42.16-17

B סביב (17): מדד רוח הצפון
    all around. (17) He measured on the north side
    tout autour. (17) Il mesura du côté nord
       TOB : sur le pourtour. Il mesura du côté du nord
    [סביב (17): ומדד רוח הצפון]
    all around. (17) And he measured on the north side
    tout autour. (17) Et il mesura du côté nord
       J   : tout autour. Puis il mesura du côté septen-
             trional
       L   : und die Nordseite mass er auch (?)
  Fac.: 1,5

[רסבב ומדד רוח הצפון] (17)] (=Brockington)
   and he turned and measured on the north side
   et il se tourna et il mesura du côté du nord
      RSV*: then he turned and measured the north side
      NEB*: he turned and measured the north side
Fac.: 14
Rem.: See the similar textual problems in 42.17-18
   and 19.
Rem.: Voir les problèmes textuels analogues en 42.
   17-18 et 19.
Transl.: all around. (17) He measured on the north
            side
Trad.:   tout autour. (1) Il mesura du côté nord

42.17

חמש-מאות קנים C
   five hundred reeds
   cinq cents cannes
      TOB : cinq cents cannes
      L   : fünfhundert Ruten
[חמש מאות אמות] (=Brockington)
   five hundred cubits
   cinq cents coudées
      RSV : five hundred cubits
      NEB*: five hundred cubits
      J   : cinq cents coudées
Fac.: 4,9
Rem.: See the same textual problem in V. 16, 18 and
   19, and see the Remark at V. 16.
Rem.: Voir le même problème textuel au V. 16, 18 et
   19, et voir la Remarque à propos du V. 16.
Transl.: five hundred reeds
Trad.:   cinq cents cannes

42.17-18

סביב (18): את רוח הדרום מדד B
   all around. (18) He measured the south side
   tout autour. (18) Il mesura le côté du sud
      TOB : sur le pourtour. Il mesura aussi le côté
            du midi
[סביב (18): ומדד את רוח הדרום]
   all around. (18) And he measured the south side
   tout autour. (18) Et il mesura le côté du sud
      J   : tout autour. Ensuite il mesura le côté
            méridional

L   : desgleichen die Südseite auch (?)
Fac.: 4,5
[הדרום רוח את ומדד וסבב (18)]
  and he turned and he measured the south side
  et il se tourna et il mesura le côté du sud
    RSV*: then he turned and measured the south
          side
Fac.: 14
[ומדד הדרום אל-רוח וסבב (18)] (=Brockington)
  and he turned to the south side and he measured
  et il se tourna vers le côté du sud et il mesura
    NEB*: he turned to the south side and measured
Fac.: 14
Rem.: See the similar textual problems in 42.16-17
  and 19.
Rem.: Voir les problèmes textuels analogues en 42.
  16-17 et 19.
Transl.: all around. (18) He measured the south side
Trad.:   tout autour. (18) Il mesura le côté sud

42.18

חמש-מאות קנים C
  five hundred reeds
  cinq cents cannes
    TOB : cinq cents cannes
    L   : fünfhundert Ruten
[אמות מאות חמש] (=Brockington)
  five hundred cubits
  cinq cents coudées
    RSV : five hundred cubits
    NEB*: five hundred cubits
    J   : cinq cents coudées
Fac.: 1
Rem.: See the same textual problem in V. 16,17 and
  19, and see the Remark at V. 16.
Rem.: Voir le même problème textuel aux V. 16, 17
  et 19, et voir la Remarque au V. 16.
Transl.: five hundred reeds
Trad.:   cinq cents cannes

42.19

סבב אל־רוח הים מדד B
    and he turned to the west side, he measured
    il se tourna du côté de l'ouest, il mesura
        TOB : il finit par le côté de la mer; il mesura
[סביב ואל־רוח הים מדד]
    all around, and on the west side he measured
    tout autour et du côté de l'ouest, il mesura
        J   : tout autour. Et du côté occidental, il
              mesura
 Fac.: 1,5
[וסבב אל־רוח הים ומדד]
    and he turned to the west side and he measured
    et il se tourna du côté de l'ouest et il mesura
        RSV : then he turned to the west side and mea-
              sured
        L   : und er wandte sich zur Westseite und mass
 Fac.: 14
[סבב אל־רוח הים ומדד]
    he turned to the west side and he measured
    il se tourna du côté de l'ouest et il mesura
        NEB : he turned to the west and measured
 Fac.: 14
 Rem.: See the similar textual problems in 42.16-17
    and 18-19.
 Rem.: Voir des problèmes textuels analogues en 42.
    16-17 et 18-19.
 Transl.: and he turned to the west side; he measured
 Trad.:   et il tourna du côté ouest, il mesura

42.19

חמש־מאות קנים C
    five hundred reeds
    cinq cents cannes
        TOB : cinq cents cannes
        L   : auch fünfhundert Ruten
[חמש מאות אמות] (=Brockington)
    five hundred cubits
    cinq cents coudées
        RSV : five hundred cubits
        NEB : five hundred cubits
        J   : cinq cents coudées
 Fac.: 14
 Rem.: See the same textual problem in V. 16, 17 and
    18, and see the Remark at V. 16.
 Rem.: Voir le même problème textuel au V. 16, 17 et
    voir la Remarque au V. 16.

Transl.: five hundred reeds
Trad.:   cinq cents cannes

43.3

C בבאי
   when I came
   lors de ma venue
      J   : lorsque j'étais venu
בבאו (=Brockington)
   when he came
   lors de sa venue
      RSV : when he came
      NEB*: when he came
      TOB : lorsqu'il vint
   Fac.: 4
[בבא יהוה]
   when the LORD came
   lors de la venue du SEIGNEUR
      L   : als der Herr kam
   Fac.: 14
   Transl.: when I came
   Trad.:   lors de ma venue

43.3

C ומראות כמראה
   and visions like the vision (which...)
   et des visions comme la vision (que...)
      TOB : c'était des visions semblables à la vision
            (que...)
[ומראת כמראה] (=Brockington)
   and a vision like the vision (which...)
   et une vision comme la vision (que...)
      NEB : (the form... was the same as that...) and
            as that (which...)
   Fac.: 14
[כמראה]
   like the vision (which...)
   comme la vision (que)
      RSV*: and like the vision (which...)
      J   : (était semblable à la vision...) et aussi
            à la vision (que...)
      L   : und wie das Gesicht, (das...)
   Fac.: 4,6
   Rem.: See similar textual difficulties above in 1.1;
   8.3, 40.2.

Rem.: Voir des difficultés textuelles semblables
   ci-dessus en 1.1; 8.3; 40.2.
Transl.: and visions like the vision (which...)
Trad.: et des visions comme la vision (que...)

43.7

C ‏ראת-מקום... בן-אדם את-מקום‏
   son of man, the place of... and the place of
   fils d'homme, le lieu de... et le lieu de
‏[בן-אדם זה מקום...וזה מקום]‏
   son of man, this ⟨is⟩ the place of... and this ⟨is⟩
   the place of
   fils d'homme, cela est le lieu de... et cela est
   le lieu de
      RSV : son of man, this is the place... and the
            place
      J   : fils d'homme, c'est ici le lieu..., le lieu
      TOB : fils d'homme, c'est l'emplacement ... et
            la place
      L   : du Menschenkind, das ist der Ort... und die
            Stätte
   Fac.: 1,6
‏[בן-אדם הראית את-מקום ...ואת-מקום]‏ (=Brockington)
   son of man, did you see the place of... and the
   place of
   fils d'homme, as-tu vu le lieu... et le lieu
      NEB*: man, do you see the place..., the place
   Fac.: 6
   Transl.: son of man, as for the place of... and as
            for the place of
   Trad.:   fils d'homme, quant au lieu de... et quant
            au lieu de

43.7

C ‏בָּמוֹתָם‏
   their high places / their monuments ⟨to mark
   their burial place⟩
   leurs hauts lieux / leurs monuments funéraires
      TOB : avec leurs tombes (?)
   ‏במותם‏ = ‏בְּמוֹתָם‏ (=Brockington)
   in their death / when they die
   dans leur mort / quand ils meurent
      RSV*: (by the) dead (bodes)
      NEB : when they die
      L   : wenn sie sterben

Fac.: 4
[Lacking.Manque]   = J*
Fac.: 14
Transl.: their monuments <to mark   their burial
          place >
Trad.:   leurs monuments funéraires

43.10

C ומדדו את-תכנית
    and they will measure the plan
    et ils mesureront le plan
      J   : (Qu'ils en mesurent le plan.)
      TOB : qu'ils mesurent le plan
[ומראהו ותכניתו]   (=Brockington)
    and its appearance and plan
    et son aspect et son plan
      RSV*: and its appearance and plan
      NEB*: its appearance and proportions
      L   : sein Aussehen und seinen Plan
Fac.: 4
Transl.: and so that they will measure the plan
Trad.:   et qu'ils mesurent le plan

43.11

C צוּרַת
    the form of
    la forme de
      J   : la forme du (Temple)
      TOB : l'organisation de
      L   : (Plan und) Gestalt des (Tempels)
וצרת   =[וְצַרְתָּ]   (=Brockington)
    and you will form
    et tu formeras
      RSV*: portray (=imperative singular)
      NEB*: you shall describe
Fac.: 4
Transl.: the form of
Trad.:   la forme de

43.11

C את-כל-צורתו ואת-כל-הקתיו
    its whole form and all its ordinances
    toute sa forme et toutes ses dispositions
      NEB : them (?)

          J   : sa forme et toutes ses dispositions
          TOB : toute son organisation et toutes ses
                 prescriptions
          L   : seinen ganzen Plan und alle sein Ordnungen
[אֶת־כָּל־תּוֹרֹתָיו וְאֶת־כָּל־חֻקֹּתָיו]
      all its laws and all its ordinances
      toutes ses lois et tous ses commandements
          RSV* : all its laws and all its ordinances
      Fac.: 14
      Transl.: its whole form and all its ordinances
      Trad.:   toute sa forme et toutes ses dispositions

43.12

C הִנֵּה־זֹאת תּוֹרַת הַבָּיִת
      behold this ⟨is⟩ the law of the sanctuary / temple
      voici telle ⟨est⟩ la loi du sanctuaire / du temple
          RSV : behold, this is the law of the temple
          J   : (Telle est la charte du Temple.)
          TOB : voilà ! Telle est la loi de la Maison
          L   : siehe, das ist das Gesetz des Tempels
[Lacking.Manque] = NEB* (=Brockington)
      Fac.: 1,4
      Transl.: behold this ⟨is⟩ the law of the sanctuary /
               temple
      Trad.:   voici telle ⟨est⟩ la loi du sanctuaire /
               temple

43.13

B וְחֵיק הָאַמָּה
      and a hole of one cubit (lit. and a bosom of one
      cubit)
      et un creux d'une coudée (litt. et un giron d'une
      coudée)
          J   : la base, une coudée
          TOB* : le fossé, mesuré avec cette coudée
[וְחֵיקָהּ אַמָּה גֹּבַהּ]
      and its base one cubit high (lit. and its bosom one
      cubit high)
      et sa base haute d'une coudée (litt. son giron haut
      d'une coudée)
          RSV* : its base shall be one cubit high
          NEB* : the base was a cubit high
          L   : sein Sockel ist eine Elle hoch
      Fac.: 14

Transl.: and a hole of one cubit (on a cubit in
         width)
Trad.:   un creux d'une coudée (sur une coudée de
         large)

43.13

גב C
    the back / rim
    le dos / bord
      J   : le bord
 [גבה] (=Brockington)
    the height
    la hauteur
      RSV*: the height
      NEB*: the height
      TOB : la hauteur
   Fac.: 4
   Transl.: (this is) the rim (of the altar)
   Trad.:   (c'est) le bord / rebord (de l'autel)

43.15

הקרנות ארבע B
    the four horns
    les quatre cornes
      J   : il y avait quatre cornes
      TOB : quatre cornes
      L   : stehen ... vier Hörner
 [הקרנות ארבע אמה אחת] (=Brockington)
    the four horns of one cubit
    les quatre cornes, une coudée
      RSV*: four horns, one cubit high
      NEB*: four horns a cubit high
   Fac.: 14
   Transl.: ⟨there were⟩ four horns
   Trad.:   ⟨il y avait⟩ quatre cornes

44.2

A יהוה
    the LORD
    le SEIGNEUR
      NEB : the LORD
      J   : Yahvé
      TOB : le SEIGNEUR
      L   : der HERR
 [Lacking.Manque] = RSV*
 Fac.: 1
 Transl.: the LORD
 Trad.:   le SEIGNEUR

44.5

A למבוא הבית בכל מוצאי
    to the entrance / admittance to the temple with
    all those who are to be excluded from (the sanctu-
    ary) (lit. with all the exits/exclusions from the
    sanctuary)
    à l'entrée / admission dans le temple avec tous
    ceux qui sont exclus (du sanctuaire) (litt. avec
    toutes les sorties / exclusions du sanctuaire)
      NEB : the entrance to the house of the LORD and
          all the exits from (?)
      J* : à l'admission dans le Temple et à ceux qui
          sont exclus du (sanctuaire) (note : "...
          litt. : 'à l'entrée du Temple et à toutes
          les sorties du sanctuaire'.")
      TOB : à la signification des entrées de la Mai-
          son et de toutes les sorties du (sanctuaire)
      L   : wie man es halten soll mit dem Zutritt zum
          Heiligtum an allen Eingängen
 [למבואי הבית ולכל מוצאי]
    to those who may be admitted to the temple and to
    all those who are to be excluded (from the sanctu-
    ary)
    à ceux qui seront admis au temple et à tous ceux
    qui seront exclus (du sanctuaire)
      RSV*: those who may be admitted to the temple
          and all those who are to be excluded from
 Fac.: 14
 Transl.: to the admittance to the temple with all
        those who are to be excluded (from the
        sanctuary) (lit. to the entrance / admit-
        tance with all the exits of the sanctuary)

Trad.: à l'admission dans le temple avec tous ceux
       qui sont exclus (du sanctuaire) (litt. à
       l'entrée / admission dans le temple avec
       toutes les sorties du sanctuaire)

44.6

B אל-מרי
   to "Rebellion"
   à "Rébellion"
     NEB : say to that rebel (people)
     J   : aux rebelles
     TOB : à ces rebelles
 [אל בית מרי]
   to the house of rebellion
   à la maison de rébellion
     RSV*: to the rebellious house
     L   : dem Haus des Widerspruchs
 Fac.: 5
 Rem.: See a similar case of textual difficulty in
   2.7 above.
 Rem.: Voir un cas semblable de difficulté textuelle
   en 2.7 ci-dessus.
 Transl.: to "Rebellion", (to the house of Israel)
 Trad.:   à "Rébellion", (à la maison d'Israël)

44.7

B לחללו את-ביתי
   in order to profane my house / in order that he
   may profane my house
   pour qu'il profane ma maison
 לחלל את-ביתי
   in order to profane my house
   pour profaner ma maison
     NEB : (to stand...) and defile my house
     J   : et pour profaner mon Temple
     TOB : (pour qu'ils soient...) et profanent ma
           Maison
     L   : und so mein Haus entheiligt.
   Fac.: 1
 [לחללו]
   in order that he may profane
   pour le profaner
     RSV : profaning it
   Fac.: 4

Transl.: in order that he may profane my house
Trad.:   pour qu'il profane ma maison

44.8

C לכם
    for you
    pour vous
      NEB : you have chosen (to put) (?)
      J   : à votre place
      TOB : pour vous
 [לכם לכן]
    for you. Therefore
    pour vous. C'est pourquoi
      L   : für euch... Darum
  Fac.: 1
 [לכן]
    therefore
    c'est pourquoi
      RSV*: therefore
  Fac.: 4
  Transl.: for you / in your place
  Trad.:   pour vous / à votre place

44.19

    אל-החצר החיצונה (2°)
      towards the outer court
      vers le parvis extérieur
    Fac.: 11
  C Lacking.Manque = RSV, NEB*, J*, TOB, L (=Brockington)
    Transl.: The expression is to be omitted
    Trad.:   On omettra cette expression

44.26

B טהרתו
    his being cleansed
    sa purification
      J   : (après que l'un d'eux) se sera purifié
      TOB : (quand) il se sera purifié
      L   : (nach) seiner Reinigung
 [טמאתו... ואז יטהר]
    his uncleanness... and then he will be clean
    sa souillure... et alors il sera pur
      RSV*: (after) he is defiled.... and then he shall
            be clean

Fac.: 1
[טהרתו ...ואז יטהר] (=Brockington)
   his cleansing... and then he will be clean
   sa purification... et alors il sera pur
      NEB*: (after) purification, (they shall...) and
            then be clean (?)
Fac.: 14
Transl.: his being cleansed
Trad.:   sa purification

44.27

B אל-הקדש
   to the sanctuary
   vers le sanctuaire
      RSV : into the holy place
      J   : dans le Saint
      TOB : dans le sanctuaire
      L   : hinein zum Heiligtum
 [Lacking.Manque] = NEB* (=Brockington)
 Fac.: 10,4
 Transl.: to the sanctuary
 Trad.:   au sanctuaire

44.28

A והיתה להם לנחלה
   and this will be for them an inheritance
   et ce sera pour eux un héritage
      TOB*: ils auront un héritage
 [ולא תהיה להם נחלה] (=Brockington)
   and there shall be no inheritance for them
   et il n'y aura pas pour eux d'héritage
      RSV*: they shall have no inheritance
      NEB*: they shall own no patrimony
      J* : ils n'auront pas d'héritage
      L   : und Erbbesitz sollen sie nicht haben
 Fac.: 1,4
 Transl.: <this> will serve them as an inheritance /
          they will have an inheritance
 Trad.:   <cela> leur servira d'héritage / ils auront
          un héritage

45.1

עשרה אלף
  ten thousand
  dix mille
    TOB : dix mille
  Fac.: 12
C[אלף עשרים] =LXX (=Brockington)
  twenty thousands
  vingt mille
    RSV*: twenty thousand
    NEB*: twenty thousand
    J : vingt mille
    L : zwanzigtausend
  Transl.: twenty thousand
  Trad.:   vingt mille

45.4

B קדש
    the holy / consecrated portion
    la portion sacrée / consacrée
      RSV : the holy portion
      J : la portion sacrée
      TOB : sacré
      L : ein heiliges Gebiet
  [Lacking.Manque] = NEB* (=Brockington)
  Fac.: 6,4
  Transl.: the holy/consecrated portion
  Trad.:   la portion sacrée / consacrée

45.5

  עשרים לשכת
    twenty chambers
    vingt chambres
  Fac.: 12
C[לשבת שערים] / [לשבת ערים] (=Brockington)
  cities / fortified places (lit. gates) as dwellings
  des villes / des villes fortifiées (litt. portes)
  pour habiter
    RSV*: (possession) for cities to live in
    NEB*: on this shall stand the towns in which
          they live
    J* : avec des villes pour y habiter
    L   : damit sie da wohnen (?)

[עשרים שערים לשבת]
   twenty cities (lit. gates) as dwellings
   vingt villes (litt. portes) pour habiter
      TOB*: vingt villes
   Fac.: 14
   Rem.: The Committee voted for the reading of the
     LXX which it reconstructs as עָרִים לָשֶׁבֶת, "cities
     to live in".
   Rem.: Le Comité a voté pour la leçon de la LXX qu'il
     reconstitue ainsi עָרִים לָשֶׁבֶת, "des villes pour y
     habiter".
   Transl.: See Remark
   Trad.:   Voir Remarque

45.8

B נְשִׂיאַי
   my princes
   mes princes
      RSV : my princes
      J   : mes princes
      TOB : mes princes
      L   : meine Fürsten
   נְשִׂיאֵי יִשְׂרָאֵל (=Brockington)
   the princes of Israel
   les princes d'Israel
      NEB*: the princes of Israel
   Fac.: 5
   Transl.: my princes
   Trad.:   mes princes

45.12

B עשרים שקלים חמשה ועשרים שקלים עשרה וחמשה שקל
   twenty shekels, twenty five shekels, fifteen shekels
   vingt sicles, vingt-cinq sicles, quinze sicles
      J   : vingt sicles, vingt-cinq sicles et quinze
            sicles
      TOB : vingt sicles, plus vingt-cinq sicles, plus
            quinze sicles
   [והמשים שקל]
   and fifty shekels
   et cinquante sicles
      L   : und ... fünfzig Lot
   Fac.: 1

[חמשה שקלים המשה ועשרה שקלים עשרה וחמשים שקל]
    five shekels ⟨are⟩ five ⟨shekels⟩, and ten shekels
    ⟨are⟩ ten ⟨shekels⟩, and fifty shekels
    cinq sicles ⟨sont⟩ cinq ⟨sicles⟩, et dix sicles
    ⟨sont⟩ dix ⟨sicles⟩, et cinquante sicles
      RSV*: five shekels shall be five shekels, and
          ten shekels shall be ten shekels, and ...
          fifty shekels
 Fac.: 4,9
[עשרה שקלים ועשרים חמשה שקלים עשרה וחמשה שקל] (=Brockington)
    ten shekels, twenty-five shekels, fifteen shekels
    dix sicles, vingt-cinq sicles, quinze sicles
      NEB*: weights of ten and twenty-five and fifteen
          shakels
    Fac.: 14
    Transl.: twenty shekels, twenty five shekels, fifteen
          shekels ⟨summed up⟩ (will constitute for you
          the mina)
    Trad.:   vingt sicles, vingtcinq sicles, quinze sicles
          ⟨additionnés⟩ (vaudront pour vous une mine)

45.14

A הבת השמן
    the bath / the measure of oil
    le bath / la mesure d'huile
      J   : une mesure d'huile
      TOB : - le bath d'huile -
 [Lacking.Manque] = RSV*, NEB*, L (=Brockington)
    Fac.: 1,9
    Rem.: These two words are an explanatory phrase which
      should be translated as " - the measure of oil - "
      or " - the bath of oil -", or " - oil ⟨is measured⟩
      by the bath -".
    Rem.: Ces deux mots sont une glose que l'on peut tra-
      duire ainsi : " - la mesure d'huile -", ou " - le
      bath d'huile -", ou encore " - l'huile ⟨est mesurée⟩
      par le bath -".
    Transl.: See Remark
    Trad.:   Voir Remarque

45.14

C חמר (1°)
    a homer
    un homer
        J   : un muid
        TOB : un homer
        L   : oder zehn Scheffel (?)
  [הכר] (=Brockington)
    a cor
    un kor
        RSV*: the cor
        NEB : the cor
    Fac.: 4,9
    Transl.: one homer
    Trad.:   un homer

45.14

B כי עשרת הבתים חמר
    for ten bath ⟨are⟩ one homer
    car dix bath ⟨sont⟩ un homer
        RSV : (the cor,) like the homer, contains ten
              baths (?)
        J   : car dix mesures font un muid
        L   : denn zehn Eimer sind zehn Scheffel (?)
  [כי עשרת הבתים כר]
    for ten bath ⟨are⟩ one cor
    car dix bath ⟨sont⟩ un cor
        TOB : puisque dix baths font un cor
    Fac.: 4,9
    [Lacking.Manque] = NEB* (=Brockington)
    Fac.: 14
    Transl.: for ten bath ⟨are⟩ one homer
    Trad.:   car dix bath ⟨sont⟩ un homer

45.15

B ממשקה
    from the pasture grounds / watering places of(Israel)
    des pâturages / abreuvoirs d'(Israël
        J   : des prairies d'(Israël)
        TOB : des pâturages d'(Israël)
  [מכל-ממשפחת] (=Brockington)
    from all the families
    de toutes les familles
        RSV*: from the families of (Israel)
        NEB*: by every (Israelite) clan

Fac.: 8,12
[ממקנה]
   from the cattle
   du bétail
     L   : von den Herden (Israels)
Fac.: 14
Rem.: Brockington does not correctly state the
    Hebrew base of NEB.
Rem.: Brockington ne cite pas correctement la base
    hébraïque de NEB.
Transl.: from the pasture grounds / watering places
         of (Israel)
Trad.:   des pâturages / abreuvoirs d'(Israël)

45.20

B בעבעה בחדש
   on the seventh ⟨day⟩ of ⟨this same⟩ month
   au septième ⟨jour⟩ de ⟨ce même⟩ mois
בשבעה לחדש
   on the seventh ⟨day⟩ of the month
   au septième ⟨jour⟩ du mois
    RSV : on the seventh day of the month
    NEB : on the seventh day of the month
    J   : le sept du mois
    TOB : le sept du mois
Fac.: 5
[בשביעי באחד לחדש]
   on the seventh ⟨month⟩, the first ⟨day⟩ of the
   month
   au septième ⟨mois⟩, au premier ⟨jour⟩ du mois
     L   : am ersten Tag des siebenten Monats
Fac.: 9,13
Rem.: The number of the month has been mentioned
    in V. 18. It is the first month.
Rem.: Le nombre du mois a été mentionné au V. 18. Il
    s'agit du premier mois.
Transl.: on the seventh day of ⟨this same⟩ month
Trad.:   au septième jour de ⟨ce même⟩ mois

45.20

B מאיש שגה ומפתי
   on the part of a man who has sinned inadvertently
   and of a ⟨man⟩ who does not know better
   de la part d'un homme qui a péché sans intention
   et de la part d'un ignorant
       RSV : for any one who has sinned through error
             or ignorance
       J   : en faveur de quiconque a péché par inad-
             vertance on irréflexion
       TOB : pour qui a péché par mégarde ou par
             distraction
       L   : wegen derer, die sich verfehlt haben aus
             Versehen oder Unwissenheit
   [Lacking.Manque] = NEB* (=Brockington)
   Fac.: 14
   Transl.: on behalf of a man who has sinned inadver-
            tently, and on behalf of a ⟨man⟩ who does
            not know better
   Trad.:   de la part d'un homme qui a péché sans in-
            tention, et de la part d'un étourdi

46.14

C חקות עולם תמיד
   everlasting ordinances ⟨given⟩ for all times
   commandements éternels, ⟨fixés⟩ à jamais
   חקת עולם תמיד (=Brockington)
   everlasting ordinance, ⟨given⟩ for all times
   commandement éternel, ⟨fixé⟩ à jamais
       NEB*: an observance prescribed for all time
       J   : décret perpétuel, fixé pour toujours
       TOB : loi perpétuelle, à jamais
       L   : das soll eine ewige Ordnung sein über das
             Speiseopfer
   Fac.: 5
   [חקת עולת תמיד]
   law for the continual burnt offering
   loi pour l'holocauste perpétuel
       RSV : this is the ordinance for the continual
             burnt offering
   Fac.: 14
   Transl.: everlasting ordinances ⟨given⟩ for all
            times
   Trad.:   des commandements éternels ⟨fixés⟩ à jamais

46.16

B נחלתו
   his inheritance
   son héritage
     TOB : (ce don deviendra) la part (de ce fils)
[מנחלתו] (=Brockington)
   out of his inheritance
   ⟨pris⟩ sur son héritage
     RSV*: out of his inheritance
     NEB*: out of his property
     J   : sur son héritage
     L   : von seinem Erbe
  Fac.: 4,6
  Rem.: This passage (different from V. 17, see there)
  is to be translated as "⟨it is⟩ his inheritance,
  ⟨therefore⟩ it will become ⟨the property⟩ of his
  sons".
  Rem.: Il faut comprendre ce passage (différent de
  celui du V.17) ainsi : "⟨c'est⟩ son patrimoine
  ⟨c'est pourquoi⟩ il deviendra ⟨le bien⟩ de ses
  fils".
  Transl.: See Remark
  Trad.: Voir Remarque

46.17

B נחלתו
   his inheritance
   son héritage
     RSV : (from) his inheritance
     J   : son héritage
     TOB : la part donnée (aux fils) (?)
[נחלת] (=Brockington)
   the inheritance of
   l'héritage de
     NEB*: the property of (his sons)
     L   : der Anteil (seiner Söhne)
  Fac.: 4
  Rem.: The expression can be translated as follows :
  "only his inheritance ⟨will be the property⟩ of
  his sons : it will belong to them".
  Rem.: L'expression peut être traduite ainsi : "seulement son patrimoine ⟨sera celui⟩ de ses fils : il
  sera à eux" (i.e. il leur appartiendra).
  Transl.: See Remark
  Trad.: Voir Remarque

46.22

B קטרות
    bound / enclosed ones
    nouées / enserrées
      NEB : (these four courts) were vaulted
      TOB*: enserrées
 [קטנות]
    small ones
    petites
      RSV*: small (courts)
      J   : (quatre) petites (cours)
      L   : kleine (Vorhöfe)
  Fac.: 6,12
  Rem.: Two interpretations can be given to the Hebrew
    expression : (1) "enclosed", (2) "smoky". The
    first one is more probable.
  Rem.: On peut donner deux traductions de ce terme
    hébraïque : (1) "enserrées", (2) "enfumées". La
    première est plus vraisemblable.
  Transl.: See Remark
  Trad.:   Voir Remarque

46.22

B מְהֻקְצָעוֹת
    set into the corners
    placées aux angles
 [Lacking.Manque] = RSV, NEB, J*, TOB, L
  Fac.: 4,8
  Rem.: This word is probably an explanation added to
    the text. Its meaning is "made as corners" or "set
    into the corners".
  Rem.: Il s'agit selon toute vraisemblance d'une
    explication ajoutée après coup, dont le sens est :
    "faites en angles", "placées en angle", donc
    "ménagées dans les angles".
  Transl.: set into the corners
  Trad.:   ménagées dans les angles

47.1

מכתף הבית B
   from the side of the sanctuary (lit. house)
   du côté du sanctuaire (litt. maison)
      J   : (de dessous) le côté (droit) du Temple
      TOB : du côté (droit) de la Maison
      L   : an der (südlichen) Seitenwand
מפתח הבית
   from the threshold of the sanctuary (lit. house)
   du seuil du sanctuaire (litt. maison)
      RSV : of the threshold of the temple
   Fac.: 5
[מן הכתף] (=Brockington)
   from the side
   du côté
      NEB*: along the (right) side
   Fac.: 4
   Transl.: from the side of the sanctuary (lit. the
            house)
   Trad.:   du côté du sanctuaire (litt. de la maison)

47.2

החוץ דרך B
   (to the) outer (gate), going (towards the east)
   (à la porte) extérieure, allant (vers l'est)
      RSV*: (to the) outer (gate, that faces toward
            the east)
      J   : (jusqu'au porche) extérieur (qui regarde
            vers l'orient)
      TOB : (jusqu'à la porte) extérieure (qui est
            tournée à l'orient)
      L   : (zum) äusseren (Tor im Osten)
[החצר] (=Brockington)
   of the court
   du parvis
      NEB*: (to the eastern gate) of the court
   Fac.: 9
   Transl.: (to the) outer (gate), going (towards the
            east)
   Trad.:   (vers la porte) extérieure, allant (vers
            l'est)

47.8

C הימה אל-הימה המוצאים
 to the sea, towards the sea of the evacuated
 ⟨people⟩ / of the polluted ⟨waters⟩
 à la mer, vers la mer des évacués / des ⟨eaux⟩
 polluées
  J : vers la mer, elle se déverse dans la mer
  TOB*: dans la mer; quand elle s'est jetée dans
     la mer
  L : ins Tote Meer. Und wenn es ins Meer fliesst
[הימה אל-המים המוצאים] (=Brockington)
 to the sea, to the foul waters
 à la mer, vers les eaux croupissantes
  NEB*: (it will reach) that sea whose waters are
    foul
 Fac.: 6
[אל מי הים המבאשים]
 to the stinking waters of the sea
 vers les eaux puantes de la mer
  RSV*: (when it enters) the stagnant waters of
    the sea
 Fac.: 14
 Rem.: This text can be translated in any one of
 three ways : (1) "to the sea; once they (i.e. the
 waters) have been brought to the sea, (the waters
 ⟨of the sea⟩ will become healthy")"; (2) "to the
 sea, ⟨namely⟩ to the sea of those who have been
 evacuated" (an allusion to Lot); (3) "to the
 sea, ⟨namely⟩ to the sea of the polluted ⟨waters⟩".
 Rem.: Ce texte peut être traduit selon une des trois
 manières suivantes : (1) "à la mer; une fois
 qu'elles ont été amenées à la mer, (les eaux ⟨de
 celle-ci⟩ ont été guéries)"; (2) "à la mer, ⟨à
 savoir⟩ à la mer des évacués" (allusion à Lot);
 (3) "à la mer, ⟨à savoir⟩ à la mer ⟨des eaux⟩
 polluées".
 Transl.: See Remark
 Trad.: Voir Remarque

47.9

D נחלים
 the two torrents
 les deux torrents
[נחל] (=Brockington)
 the torrent
 le torrent

```
              RSV*: the river
              NEB*: the torrent
              J*  : le torrent
              TOB : le torrent
              L   : der Strom
        Fac.: 4
        Transl.: the two currents <of river>
        Trad.:   les deux courants <du torrent>
```

47.9

A וירפאו
    they will become sweet/fresh
    et elles seront guéries/assainies
        NEB : (these waters... the others) may be
              sweetened
        J   : (cette eau...) elle assainit
        L   : (und alles) soll gesund werden
[וירפאו מי הים]
    and the waters of the sea will become sweet/fresh
    et les eaux de la mer seront guéries/assainies
        RSV*: that the waters of the sea may become fresh
        TOB : et les eaux de la mer seront assainies
    Fac.: 14
    Transl.: and <these, i.e. the waters> will become
             sweet/fresh
    Trad.:   et <celles-ci, c.-à-d. les eaux> seront
             guéries/assainies

47.13

    גה
    the valley of (the territory/boundary)
    la vallée du (territoire/des frontières)
    Fac.: 12
C זה (=Brockington)
    this <is> (the territory) / these <are> (the
    boundaries)
    ceci <est> (le territoire) / celles-ci <sont>
    (les frontières)
        RSV : these are (the boundaries)
        NEB*: these are (the boundary lines)
        J* : voici (le territoire)
        TOB : voici (les limites)
        L   : dies sind (die Grenzen)
    Transl.: this <is> (the territory/boundary)
    Trad.:   voici (le territoire/les frontières)

47.13

C יוֹסֵף חֲבָלִים
   portions ⟨for⟩ Joseph / two portions ⟨for⟩ Joseph
   des portions ⟨pour⟩ Joseph / deux portions ⟨pour⟩
   Joseph
      RSV : Joseph shall have two portions
      NEB : Joseph receiving two portions
      TOB : Joseph ayant deux parts
      L   : zwei Teile gehören dem Stamm Joseph
   יוֹסֵף חבלים =[יוֹסֵף חֲבָלִים]
   two portions ⟨for⟩ Joseph
   deux portions ⟨pour⟩ Joseph
      J* : en donnant deux parts à Joseph
   Fac.: 8
   Transl.: two portions ⟨for⟩ Joseph
   Trad.:   ⟨pour⟩ Joseph deux portions

47.15-16

C חמת : לבוא צדדה
   going to Zedad, Hamath
   allant à Cedad, Hamath
      TOB : - qui va à Cedad -, Hamath
      L   : nach Zedad, Hamath
C[לבוא חמת צדדה] = LXX (=Brockington)
   at the entrance of Hamath, Zedad / at Lebo-Hamath,
   Zedad
   à l'entrée de Hamat, Cedad / à Lebo-Hamat, Cedad
      RSV*: to the entrance of Hamath, and on to Zedad
      NEB*: Lebo-hamat, Zedad
      J* : jusqu'à l'entrée de Hamat, Çedad

   Rem.: The Committee was divided in this case. One
      half preferred the MT, since it considered the
      LXX reading as an assimilation (Fac.5). But the
      other half of the Committee chose the LXX reading
      and considered the MT as a scribal corruption
      (Fac. 12). Therefore translators may choose either
      one of the two readings. The MT should be transla-
      ted as : "going to Zedad, Hamath", and the LXX as :
      "to the entrance of Hamath, Zedad" / "to Lebo-
      Hamath, Zedad".
   Rem.: Le Comité, divisé dans ce cas, laisse aux
      traducteurs le choix entre les deux leçons. La
      moitié du Comité qui opta pour le TM, considéra
      la LXX comme une assimilation à un passage paral-
      lèle (Fac.5), alors que l'autre moitié, en choisis-

sant la LXX, expliqua le TM comme erreur de
scribe (Fac.12). La traduction du TM est la
suivante : "allant à Cedad, Hamat.", celle de la
LXX "à l'entrée de Hamat, Cedad / à Lebo-Hamat,
Cedad".
Transl.: See Remark
Trad.:   Voir Remarque

47.16

C חָצֵר הַתִּיכוֹן
    Hazer-ha-Tikon
    Hacer-ha-Tikôn
      RSV : as far as Hazer-hatticon
      J   : Haçer-ha-Tikôn
      TOB : Hacér, Tikôn
[חֲצַר עֵינָן] (=Brockington)
    Hazar-Enan
    Haçar-Enân
      NEB*: to Hazar-enan
  Fac.: 5
[חֲצַר עֵינוֹן]
    Hazar-Enon
    Haçar-Enôn
      L   : und Hazar-Enon
  Fac.: 14
  Transl.: Hazer-ha-Tikon
  Trad.:   Hacer-ha-Tikôn

47.17

A צְפוֹנָה וּגְבוּל חֲמָת
    toward the north and the boundary / territory of
    Hamath
    vers le nord et la frontière / le territoire de
    Hamat
      RSV*: with the border of Hamath to the North
      J   : ayant au nord... et le territoire de Hamat
      TOB : (le territoire de Damas) étant au nord
          ainsi que le territoire de Hamath
      L   : (und Damaskus) und Hamath sollen nördlich
          liegen bleiben
  [Lacking.Manque] = NEB* (=Brockington)
  Fac.: 14
  Transl.: toward the north, and the territory /
        boundary of Hamath
  Trad.:   vers le nord, et le territoire / la fron-
        tière de Hamat

47.17

C ‏ואת פאת צפון‏
    and the north side
    et le côté nord
C ‏זאת פ את פאת צפון‏   =LXX (=Brockington)
    this ⟨is⟩ the north side
    ceci ⟨est⟩ le côté nord
      RSV : this shall be the north side
      NEB*: this is its northern side
      J* : c'est la limite septentrionale
      TOB : c'est le côté du nord
      L   : das sei die Grenze gegen Norden
  Rem.: 1. See the same textual difficulty in V. 18
  and 19 below.
  2. In this case the Committee was equally divided.
  One half preferred the MT, since it considered the
  LXX reading as an assimilation (Fac. 5). But the
  other half of the Committee preferred the LXX reading, because they considered the MT as the result of a scribal error (Fac. 12). The MT should be
  be translated as "⟨you will measure⟩ the north
  side ⟨like this⟩", while the LXX is to be translated as "this ⟨is⟩ the north side".
  Rem.: 1. Voir la même difficulté textuelle au V. 18
  et 19.
  2. Dans ce cas le Comité était divisé en deux
  moitiés. Tandis que l'une choisit le TM, en considérant la leçon de LXX comme une assimilation
  (Fac.5), l'autre moitié préféra la LXX, parce que
  le TM lui apparut comme une erreur scribale (Fac.
  12). Le TM peut être traduit : "⟨vous mesurerez
  ainsi⟩ le côté nord", alors que la leçon de la
  LXX sera en traduction "voilà le côté nord / c'est
  le côté nord".
  Transl.: See Remark 2
  Trad.:   Voir Remarque 2

47.18

A ‏קדים‏
    (and the) eastern (side)
    (et le côté) est
      NEB : (the) eastern (side)
      J   : (du côté de) l'est
      TOB : (du côté de) l'orient

[קדים חצר עינון]
   (and the) eastern (side) : Hazar-enon
   (et le côté) est : Hacar-Enôn
     RSV*: (on the) east (side the boundary shall
          run) from Hazar-enon
     L   : (aber die Grenze) gegen Osten : von Hazar-
          Enon
   Fac.: 14
   Transl.: (and the) eastern (side)
   Trad.:   (et le côté) est

47.18

C מגבול
   from the territory / boundary
   partant du territoire / de la frontière
[מגביל] (=Brockington)
   the boundary line running
   constituant le frontière
     RSV*: the boundary shall run (?)
     NEB : (Jordan) sets the boundary
     J   : (le Jourdain) servira de frontière
     TOB : (le Jourdain) servira de frontière
     L   : aber die Grenze (?)
   Fac.: 8
   Rem.: See the same textual difficulty in V. 20 below.
    See a similar expression in Num 34.6 and the Remark
    there.
   Rem.: Voir la même difficulté textuelle au V. 20 ci-
    dessous. Voir une expression semblable en Nb 34.6
    et la Remarque qui s'y trouve.
   Transl.: and from the territory <bordering>(the
          eastern sea)
   Trad.:   et du territoire⟨adjacent⟩(à la mer orien-
          tale)

47.18

תמדו
   you will measure (plural)
   vous mesurerez
     TOB : vous mesurerez
   Fac.: 12
C[תמרה] (=Brockington)
   to Tamar
   vers Tamar

```
  RSV*: and as far as Tamar
  NEB*: to Tamar
  J*  : vers Tamar
  L   : nach Thamar
Transl.: to Tamar / as far as Tamar
Trad.:   vers Tamar / jusqu'à Tamar
```

47.18

C ואת פאת קדימה
   and the east side
   et le côté oriental
C[זאת פאת קדימה] (=Brockington)
   this ⟨is⟩ the east side
   ceci ⟨est⟩ le côté oriental
     RSV : this shall be the east side
     NEB*: this is the eastern side
     J   : c'est la limite orientale
     TOB : c'est le côté de l'orient
     L   : das soll die Grenze gegen Osten sein
   Rem.: See the same textual difficulty in V. 17 and
   19, and see especially Remark 2 in V. 17. If the
   translators choose the TM, they should translate :
   "⟨like this you will measure⟩ the east side", if
   they prefer, however, the LXX, then they should
   translate : "this ⟨is⟩ the east side".
   Rem.: Voir la même difficulté textuelle au V. 17 et
   19, et voir spécialement la Remarque 2 à propos du
   V. 17. Si les traducteurs choisissent le TM, ils
   traduiront : "⟨vous mesurerez ainsi⟩ le côté oriental", si c'est la LXX qu'ils préfèrent, la traduction sera : "voilà le côté oriental / ceci ⟨est⟩
   le côté oriental".
   Transl.: See Remark
   Trad.:   Voir Remarque

47.19

C ואת פאת-תימנה
   and the south side
   et le côté méridional
C[זאת פאת-תימנה] (=Brockington)
   this ⟨is⟩ the south side
   ceci ⟨est⟩ le côté méridional
     RSV : this shall be the south side
     NEB*: this is the southern side

       J   : c'est la limite méridionale
       TOB : c'est le côté du midi
       L   : das soll die Grenze gegen Süden sein
  Rem.: See the same textual difficulty at V. 17 and
    18 above, and see especially Remark 2 at V. 17. The
    translators who prefer the MT, should translate
    again as : "⟨like this you will measure⟩ the south
    side", those who prefer the LXX, should translate
    as : "this ⟨is⟩ the south side".
  Rem.: Voir la même difficulté textuelle au V. 17 et
    18 ci-dessus, et spécialement la Remarque 2 sur
    le V. 17. Les traducteurs qui optent pour le TM
    traduiront : "⟨vous mesurerez ainsi⟩ le côté méri-
    dional", alors que les partisans de la LXX tra-
    duiront : "voilà le côté méridional / ceci ⟨est⟩
    le côté méridional".
  Transl.: See Remark
  Trad.:   Voir Remarque

47.20

B מגבול
    from the territory : boundary
    partant du territoire / de la frontière
       TOB : depuis la frontière
  [מגביל] (=Brockington)
    the boundary line running
    constituant la frontière
      RSV : shall be the boundary
      NEB : which forms a boundary
      J   : servira de frontière
      L   : ist (das grosse Meer) die Grenze
  Fac.: 8
  Rem.: See the same textual difficulty in V. 18 above.
  Rem.: Voir la même difficulté textuelle au V. 18 ci-
    dessus.
  Transl.: from the ⟨adjacent⟩ territory (as far as...)
  Trad.:   depuis le territoire ⟨adjacent⟩ (jusqu'à...)

48.1

A אֶל־יַד דֶּרֶךְ
   along the road of
   le long de la route de
      NEB : in the direction of
      J   : dans la direction de
      TOB : le long de la route de
[מִן הַיָּם דֶּרֶךְ]
   from the sea in the direction of
   depuis la mer en direction de
      RSV*: from the sea by way of
      L   : vom Meer an auf dem Wege nach
  Fac.: 14
  Transl.: along the road of
  Trad.:   le long de la route de

48.1

B וְהָיוּ־לוֹ פְאַת־קָדִים הַיָּם
   and these will be his / belong to him : the
   east side, the sea side / west ⟨side⟩
   et ils lui appartiendront : le côté est, ⟨le côté⟩
   de la mer / de l'ouest
      TOB : avec un bord à l'orient, et la mer
[וְהָיָה־לוֹ מִפְּאַת־קָדִימָה וְעַד־פְּאַת יָמָּה] (=Brockington)
   and this will be his / belong to him on the east
   side and on the sea side / west side
   et cela lui appartiendra depuis le côté oriental
   et jusqu'au côté vers la mer
      NEB*: and so from the eastern side to the
            western, shall be (Dan)
      L   : das soll (Dan als seinen Anteil) haben
            von Osten bis nach Westen
  Fac.: 14
[מִפְּאַת־קָדִימָה וְעַד־פְּאַת יָמָּה]
   from the east side unto the sea side / west side
   depuis le côté oriental et jusqu'au côté vers la
   mer
      RSV*: and extending from the east side to the
            west
      J* : depuis la limite orientale jusqu'à la
            limite occidentale
  Fac.: 14
  Transl.: and these will belong to him ⟨namely to
         Dan⟩ : the east side ⟨and⟩ the sea/west
         ⟨side⟩
  Trad.:   et ceux-ci lui appartiendront ⟨à Dân⟩ : le
         côté est ⟨et le côté⟩ de la mer/de l'ouest

48.9

B עשרת אלפים
   ten thousand
   dix mille
      J : dix mille
      TOB : dix mille
      L   : zehntausend
[עשרים אלף] (=Brockington)
   twenty thousand
   vingt mille
     RSV*: twenty thousand
     NEB*: twenty thousand
  Fac.: 5
  Transl.: ten thousand
  Trad.: dix mille

48.10

B רחב...רחת...ארך
   ⟨in⟩ breadth... ⟨in⟩ breadth ... ⟨in length⟩
   ⟨en⟩ largeur... ⟨en⟩ largeur... ⟨en⟩ longueur
     RSV : in breadth... in breadth... in length
     J   : une largeur... une largeur... une
           longueur
     TOB : en largeur... en largeur... en longueur
     L   : lang... breit (?)
 [Lacking.Manque] = NEB* (=Brockington)
  Fac.: 1,6
  Transl.: ⟨in⟩ breadth... ⟨in⟩ breadth... ⟨in⟩ length
  Trad.:   ⟨en⟩ largeur... ⟨en⟩ largeur... ⟨en⟩ longueur

48.11

C המקדש מבני
   (to the priests), ⟨namely⟩ to the consecrated
   portion from among the sons of.../ the consecrated
   portion ⟨belongs⟩ (to the priests), ⟨namely, to
   those priests⟩ from among the sons of...
   (aux prêtres) ⟨à savoir⟩ à la part consacrée d'entre
   les fils de... / (aux prêtres) ⟨appartient⟩ la part
   consacrée, ⟨à savoir aux prêtres⟩ d'entre les fils
   de...
C[המקדשים בני] = LXX (=Brockington)
   (to the priests ⟨who are⟩) consecrated, the sons
   of
   (aux prêtres) consacrés, aux fils de

RSV*: (for the) consecrated (priests,) the sons
      of
NEB : (for the) consecrated (priests,) the sons
      of
L   : es soll den geweihten (Priestern) gehören,
      den Söhnen

[המקדשים מבני]
(to the priests ⟨who are⟩) consecrated, among the
sons of
(aux prêtres) consacrés, des fils de
J   : (pour les prêtres) consacrés, (à ceux) des
      fils de
TOB : aux consacrés, des fils de
Fac.: 1
Rem.: In this case again, the Committee was equally
  divided. The half of the Committee which chose the
  MT considered the LXX as the result of a wrong
  division of words and of a facilitating reading
  (Fac. 12 and 4). The TM should be translated
  either as : (1) "to the priests, ⟨namely⟩ to the
  consecrated ⟨portion⟩ from among the sons of...",
  or (2) "the consecrated portion ⟨belongs⟩ to the
  priests, ⟨namely, to those priests⟩ from among the
  sons of...". The other half of the Committee preferred the LXX, since it explained the MT as the
  result of a wrong division of words (Fac.12). The
  LXX should be translated as : "to the consecrated
  priests, sons of...".
Rem.: Le Comité était divisé en ce cas encore. Une
  moitié préféra le TM, parce qu'il considéra la
  LXX comme le résultat d'une fausse division des
  mots et d'une facilitation (Fac. 12 et 4). On peut
  traduire le TM de deux façons : (1) "aux prêtres,
  ⟨c.-à-d.⟩ à la portion consacrée d'entre les fils
  de...", (2) "aux prêtres ⟨appartient⟩ la portion
  consacrée, ⟨c.-à-d. aux prêtres⟩ d'entre les fils
  de...". L'autre moitié préféra la LXX, car elle
  considéra le TM comme le résultat d'une fausse
  division des mots (Fac.12). La leçon de la LXX
  peut être traduite ainsi : "aux prêtres consacrés
  d'entre les fils de...".
Transl.: See Remark
Trad.:   Voir Remarque

48.13

B עשרת אלפים
    ten thousand
    dix mille
      NEB : ten thousand
      J   : dix mille
      TOB : dix mille
 [עשרים אלף]
    twenty thousand
    vingt mille
      RSV*: twenty thousand
      L   : zwanzigtausend
  Transl.: ten thousand
  Trad.:   dix mille

48.18

B והיה לעמת תרומת הקדש
    and it will be alongside the holy portion
    et cela sera le long de la part consacrée
      RSV : and it shall be alongside the holy portion
      J   : le long de la part consacrée : (cela
            formera)
 [Lacking.Manque] = NEB*, TOB, L (=Brockington)
  Fac.: 14
  Transl.: and alongside the holy portion
  Trad.:   et le long de la part consacrée

48.21

B תרומה
    of the ⟨holy⟩ portion
    de la part ⟨consacrée⟩
      RSV : of the holy portion
      NEB : (against) the reserved (... cubits)
      TOB : du prélèvement
 [Lacking.Manque] = L
  Fac.: 1, 4
 [קדימה]
    toward the east
    vers l'est
      J* : à l'est
  Fac.: 14
  Transl.: of the ⟨holy⟩ portion
  Trad.:   de la part ⟨consacrée⟩

48.22

A ‏ומאחזת... ומאחזת‏
    and from the property of... and from the property
    of
    et depuis la propriété de ... et depuis la propri-
    été de
      J   : Ainsi, depuis la propriété des (lévites)
              et la propriété de (la ville)
      L   : abgesehen von dem Eigentum der (Leviten)
              und dem Eigentum der (Stadt)
[‏ואחזת... ואחזת‏]
    and the property of... and the property of
    et la propriété de ... et la propriété de
      RSV*: and the property of... and the property of
      NEB*: the holding of... and the holding of
      TOB : le domaine des (lévites) et le domaine de
           (la ville)
  Fac.: 14
  Transl.: except the property of... and except the
         property of...
  Trad.:   à l'exception de la propriété des... et à
         l'exception de la propriété de...

48.22

B ‏לנשיא יהיה‏ (2°)
    will belong to the prince
    appartiendra au prince
      RSV : (the portion) of the prince shall lie
      J   : ce sera au prince
      L   : soll ... dem Fürsten gehören
 [Lacking.Manque] = NEB*, TOB (=Brockington)
 Fac.: 1,4
 Transl.: will belong to the prince
 Trad.:   appartiendra au prince

48.28

B מי
   the waters of
   les eaux de
     TOB : les eaux de
עד-מי
   as far as the waters of
   jusqu'aux eaux de
     RSV : to the waters of
     NEB*: to the waters of
     J   : aux eaux de
     L   : bis an das (Hader)wasser
 Fac.: 5
 Transl.: the waters of
 Trad.:   les eaux de

48.34

B שעריהם שלשה
   their gates ⟨are⟩ three
   leurs portes ⟨seront au nombre⟩ de trois
שערים שלשה
   three gates
   trois portes
     RSV*: three gates
     NEB : three gates
     J   : et trois portes
     TOB : trois portes
 Fac.: 5
 Transl.: of which the three gates ⟨are⟩
 Trad.:   dont les trois portes ⟨sont⟩

DANIEL

======

J   = La Sainte Bible, traduite en français
              sous la direction de l'Ecole Biblique
              de Jérusalem, nouvelle édition, Paris
              1973.

L   = Die Bibel oder die ganze Heilige Schrift
              des Alten und Neuen Testaments nach der
              Uebersetzung Martin Luthers, 3. Aufl.,
              Stuttgart 1971.

NEB   = The New English Bible, The Old Testament,
              Oxford 1970.

RSV   = The Holy Bible, Revised Standard Version,
              New York 1952.

TOB   = Traduction Oecuménique de la Bible,
              Edition intégrale, Ancien Testament,
              Paris 1975.

Brockington
L.H.Brockington, The Hebrew Text of the
Old Testament. The Readings Adopted by
the Translators of the New English Bible,
Oxford - Cambridge 1973

1.2

בית אלהיו B
    to the house of his god/gods
    à la maison de son dieu/ses dieux
      RSV : to the house of his god
      NEB : to the temple of his god
      TOB : dans la maison de ses dieux
      L   : in den Tempel seines Gottes
 [Lacking.Manque] = J*
 Fac.: 5
 Transl.: to the house of his god/gods
 Trad.:   à la maison de son dieu/ses dieux

1.21

ויהי דניאל A
    and Daniel was / continued
    et Daniel était / continua
      RSV : and Daniel continued
      J   : Daniel demeura là
      TOB : et Daniel vécut
      L   : und Daniel blieb im Dienst
 [ויהי דניאל שם] (=Brockington)
    and Daniel was there
    et Daniel était là
      NEB : now Daniel was there
 Fac.: 14
 Transl.: and Daniel lived/continued
 Trad.:   et Daniel vécut/fut

2.34

אבן B
    a stone
    une pierre
      RSV : a stone
      J   : une pierre
      TOB*: une pierre
      L   : ein Stein
 [אבן מטור] (=Brockington)
    a stone from a mountain
    une pierre d'une montagne
      NEB*: a stone... from a mountain
 Fac.: 5
 Transl.: a stone
 Trad.:   une pierre

2.40

B וכפרזלא די מרעע
   and like iron which shatters ⟨everything⟩
   et comme le fer qui broie ⟨toute chose⟩
     RSV : and like iron which crushes
     J   : comme le fer qui brise
     TOB*: comme le fer qui broie
     L   : ja, wie Eisen... zermalmt
 [Lacking.Manque] NEB* (=Brockington)
 Fac.: 6,4
 Transl.: and like iron which shatters ⟨everything⟩
 Trad.:   et comme le fer qui broie ⟨toute chose⟩

2.40

B כל-אלין
   all these
   tous ceux-là
     RSV : all these
     J   : tous ceux-là
     TOB : tous ceux-ci
     L   : alles
 [כל ארעא] (=Brockington)
   the whole earth
   toute la terre
     NEB*: the whole earth
 Fac.: 12
 Transl.: all these
 Trad.:   tous ceux-là

2.41

B ואצבעתא
   and the toes
   et les orteils
     RSV : and toes
     NEB : and toes
     TOB : et les doigts
     L   : und Zehen
 [Lacking.Manque] = J*
 Fac.: 4,6
 Transl.: and the toes
 Trad.:   et les orteils

3.7

C פסנטרין
   harp
   harpe
     TOB*: du luth
     L   : Flöten
  פסנטרין וסומפניא (=Brockington)
   harp and bagpipe
   harpe et cornemuse
     RSV : harp, bagpipe
     NEB : dulcimer, music
     J   : psaltérion, cornemuse
  Fac.: 5
  Transl.: harp
  Trad.:   harpe

3.28(95)

B גשמהון
   their body / their bodies / themselves
   leur corps / eux-mêmes
     RSV : their bodies
     J* : leur corps
     TOB : leur corps
     L   : ihren Leib
  [גשמהון לנורא] (=Brockington)
   their bodies to the fire / themselves to the fire
   leur corps au feu / eux-mêmes au feu
     NEB*: themselves to the fire
  Fac.: 4
  Transl.: their bodies / themselves
  Trad.:   leur corps / eux-mêmes

4.6(9)

C לך חזוי
   for you, the visions of
   pour toi, les visions de
     TOB : (toi...et) qu'(aucun mystère ne dépasse...
         les visions du (songe)
     L   : dir... die Gesichte (meines Traumes)
  [לך שמע חזוי] (=Brockington)
   for you, listen to the visions of
   pour toi, écoute les visions de
     NEB*: whom (no secret baffles), listen to the vi-
         sion (I saw in a dream)
   Fac.: 4

[לך חזי]
  for you, here is
  pour toi, voici
    RSV*: for you, here is (the dream)
    J* : (ne) t'embarrasse: voici (le songe)
Fac.: 14
Rem.: There are two possible translations of this
    clause : (1) "explain to me the visions which I
    saw in my dream, namely its interpretation", the
    Waw before פשרה introducing an explanation; (2)
    "explain to me the visions which I saw in my dream
    and its interpretation", the Waw before פשרה ad-
    ding a second element in an enumeration.
Rem.: On peut traduire ce passage de deux façons :
    (1) "dis-moi les visions de mon songe que j'ai
    vu, à savoir son explication", le waw devant פשרה
    introduisant une explication; (2) "dis-moi les
    visions de mon songe que j'ai vu, et son explica-
    tion", le waw devant פשרה ajoutant un deuxième
    élément dans une énumération.
Transl.: for you, the visions (of my dream) (see
        Remark)
Trad.:   pour toi, les visions (de mon songe) (voir
        Remarque)

4.30(33)

B כנשרין...כצפרין
  like ⟨those⟩ of eagles... like ⟨those⟩ of birds
  comme ⟨celles⟩ d'aigles... comme ⟨celles⟩ d'oiseaux
    RSV : as eagles' feathers... like birds' claws
    J   : comme des plumes d'aigle... comme des
        griffes d'oiseau
    TOB*: comme les plumes des aigles ... comme
        ceux des oiseaux
    L   : wie Adlerfedern... wie Vogelklauen
[כנשרין...כצפרין] (=Brockington)
  like ⟨those⟩ of birds... like ⟨those⟩ of eagles
  comme ⟨ceux⟩ d'oiseaux... comme ⟨ceux⟩ d'aigles
    NEB*: like goats' hair... like eagles' talons
Fac.: 14
Transl.: like ⟨feathers⟩ of eagles...like ⟨those⟩ of birds
Trad.:   comme ⟨le plumage⟩ d'aigles... comme
        ⟨celles⟩ d'oiseaux

5.3

B דהבא
   of gold
   d'or
     TOB*: d'or
[דהבא וכספא] (=Brockington)
   of gold and silver
   d'or et d'argent
     RSV*: (the) golden and silver (vessels)
     NEB*: of gold and silver
     J : d'or et d'argent
     L : (die) goldenen und silbernen (Gefässe)
  Fac.: 4,5
  Transl.: of gold
  Trad.:   d'or

5.11

B אבוך מלכא
   your father, the king
   ton père, le roi
     TOB*: ainsi fit ton père le roi
 [Lacking.Manque] = RSV*, NEB*, J*, L (=Brockington)
  Fac.: 4
  Rem.: There are two possible translations : (1) "you
    father, O king"; (2) "your father, the king".
  Rem.: Deux traductions sont possibles : (1) "ton
    père, ô roi"; (2) "ton père le roi".
  Transl.: See Remark
  Trad.:   Voir Remarque

5.14

B אלהין
   of God / of the gods
   de Dieu / des dieux
     J : des dieux
     TOB : des dieux
אלהין קדישין (=Brockington)
   of the holy gods
   des saints dieux
     RSV*: of the holy gods
     NEB*: of the holy gods
     L : der heiligen Götter
  Fac.: 5
  Transl.: of the gods
  Trad.:   des dieux

5.28

A פרס
   peres
   pérès
     RSV : PERES
     TOB : PERES
     L   : <u>Peres</u>
[ופרסין)ו) (=Brockington)
   (and) parsin / upharsin
   (et) parsîn / upharsîn
     NEB*: <u>upharsin</u>
     J* : <u>parsîn</u>
 Fac.: 14
 Transl.: peres
 Trad.:   pérès

7.7

B רברבן
   huge (teeth)
   énormes
     RSV : great (iron teeth)
     J   : énormes
     TOB : (de) monstrueuses (dents)
     L   : grosse (... Zähne)
[רברבן וטפרין די-נהש] (=Brockington)
   huge (teeth) and claws of bronze
   énormes et des griffes de bronze
     NEB*: great (... teeth) and bronze claws
 Fac.: 5
 Transl.: huge (teeth)
 Trad.:   énormes

7.17

C מלכין
   kings
   rois
     RSV : kings
     J   : rois
     TOB : rois
מלכון (=Brockington)
  kingdoms
  royaumes
     NEB*: kingdoms
     L   : Königreiche
 Fac.: 4,5

```
Transl.: kings
Trad.:   rois
```

8.2

B ואראה בהזון (2°)
   and I saw in a vision
   et je vis en vision
      RSV : and I saw in the vision
      NEB : in this vision I was watching
      J   : et, contemplant la vision
      TOB : je regardai dans la vision
 [Lacking.Manque] = L
 Fac.: 4,6
 Transl.: and I saw in a vision
 Trad.:   et je vis en vision

8.3

B והקרנים
   and both horns
   et les deux cornes
      RSV : and both horns
      NEB : the two horns
      J   : les deux cornes
      TOB : les deux cornes
 [Lacking.Manque] = L
 Fac.: 4,6
 Transl.: and both horns
 Trad.:   et les deux cornes

8.8

B חזות
   prominent ones / conspicuous ones
   éminents / remarquables
      RSV : conspicuous horns
      NEB : prominent horns
      J   : "magnifiques"
      TOB : cornes remarquables
 [אחרות]
   other ones
   autres
      L   : andere Hörner
 Fac.: 4,6
 Transl.: conspicuous ones
 Trad.:   remarquables
```
```

8.11

C הורם QERE
   was lifted / suppressed
   fut élevé / supprimé
      RSV : was taken away
C הרים KETIV (=Brockington)
   he lifted / suppressed
   il éleva / supprima
      NEB : suppressed
      J   : abolit
      TOB : lui enleva
      L   : und nahm ihm ... weg
   Rem.: The Committee was equally divided in this
      case. One half of the Committee voted for the
      QERE reading with a C rating. In their view, the
      KETIV reading would be an error through assimila-
      tion and facilitation. The other half voted for
      the KETIV reading, also with a C ratin. In this
      case, the QERE reading would have likewise come
      about through assimilation and facilitation.
   Rem.: Le Comité était divisé en deux moitiés dans
      ce cas. L'une donna sa préférence à la leçon
      du QERE, avec la note C. La leçon du KETIV
      serait le résultat, dans cette perspective, d'une
      assimilation facilitante. L'autre moitié préféra
      la leçon du KETIV, également avec la note C. Dans
      ce cas, la leçon du QERE résulterait d'une assi-
      milation facilitante.
   Transl.: See Remark : either "was lifted/suppressed"
            or "he lifted/suppressed"
   Trad.:   Voir Remarque :ou bien "fut élevé/supprimé"
            ou bien "il éleva/supprima"

8.11

C וְהֻשְׁלַךְ
   and was thrown down
   et fut jeté
      RSV : and... was overthrown
[וְהִשְׁלִיךְ] / [וְהִשְׁלַךְ] (=Brockington)
   and he threw away
   et il jeta
      NEB : and even threw down
      J   : et renversa
      TOB : et bouleversa
      L   : und verwüstete
   Fac.: 5,4

Transl.: and was thrown down
Trad.:   et fut jeté

8.12

B וצבא
    and the army / force
    et l'armée / la force
      RSV : and the host
      NEB : the heavenly hosts
      J   : et l'armée
      TOB : l'Armée
  [Lacking.Manque] = L
  Fac.: 14
  Transl.: and the army
  Trad.:   et l'armée

8.12

B תנתן
    she is given / delivered up
    elle est donnée / livrée
      RSV : was given
      TOB*: fut livrée
  [ויינתן]
    and he is given
    et il est donné
      L   : und es wurde... verübt (?)
  Fac.: 4
  [ותתן]
    and she gave
    et elle donna
      J*   : elle posa
  Fac.: 14
  [תנתן ועלתה] (=Brockington)
    she is given and she raised up
    elle est donnée et elle s'élève
      NEB*: were delivered up, and it raised itself
  Fac.: 14
  Transl.: is delivered up
  Trad.:   est livrée

8.12

C וַתַּשְׁלֵךְ
    and it (i.e. the horn) throws / threw
    et elle (c.-à-d. la corne) jette / jeta
      NEB : and threw
      J   : et renversa
      TOB : jeta... par terre
      L   : warf... zu Boden
    וְתֻשְׁלַךְ
    and is thrown
    et est jetée
      RSV : was cast down
    Fac.: 5,4
    Transl.: and it throws / threw (the truth to the
             ground)
    Trad.:   et elle jette / jeta (la vérité par terre)

8.12

B בפשע
    with guilt
    avec une faute
      RSV*: through transgression
      NEB : impiously
      TOB*: avec perversité
   [הפשע]
    the guilt
    la faute
      J* : l'iniquité
      L   : (es wurde) Frevel (...verübt)
    Fac.: 4
    Transl.: with guilt
    Trad.:   avec une faute

8.13

B התמיד
    of the continual burnt offering
    du sacrifice perpétuel
      RSV : concerning the continual burnt offering
      J* : le sacrifice perpétuel
      TOB : du sacrifice perpétuel
      L   : vom täglichen Opfer
   [התמיד מורם] (=Brockington)
    of the continual burnt offering ⟨which is⟩ suppres-
    sed
    du sacrifice perpétuel supprimé

    NEB*: how long will the regular offering be
          suppressed ?
Fac.: 4,6
Transl.: of the continual burnt offering
Trad.:   du sacrifice perpétuel

8.13

B וצבא
    and of the army
    et de l'armée
        RSV*: and host
        J   : et légion
        TOB : et de l'Armée
 [וצבי] (=Brockington)
    and of the beauty
    et de la beauté
        NEB*: and the fairest of all lands
 Fac.: 14
 [Lacking.Manque] = L
 Fac.: 14
 Rem.: The expression means : "(make of the sanctuary)
       and of the army (a thing trodden down)".
 Rem.: L'expression signifie : "(faire du sanctuaire)
       et de l'armée (une chose foulée aux pieds)".
 Transl.: and of the army
 Trad.:   et de l'armée

8.14

C אלי
    to me
    à moi
        NEB : (the answer came)
        TOB : (il) me (dit)
        L   : (er antwortete) mir
 [אליו]
    to him
    à lui
        RSV*: to him
        J* : (il) lui (dit)
 Fac.: 5,4
 Transl.: to me
 Trad.:   à moi

8.21

והצפיר השעיר B
    the he-goat
    le bouc
        J   : le bouc velu
        TOB : le Bouc velu
[וצפיר העזים] (=Brockington)
    the he-goat of the goats
    le bouc des chèvres
        RSV*: and the he-goat
        NEB : the he-goat
        L   : der Ziegenbock aber
  Fac.: 4,6
  Rem.: Here, the Aramean expression for "he-goat"
  is followed by the Hebrew word for "he-goat".
  Translators should translate the two words with
  one word : "he-goat".
  Rem.: Ici, l'expression araméenne de "bouc" se trouve
  suivie du mot hébraïque pour "bouc". Les traducteurs peuvent traduire cette paire le mieux par
  un seul mot : "le bouc".
  Transl.: the he-goat
  Trad.:   le bouc

8.24

ולא בכחו B
    and not with his power
    et non par sa force
        J* : - mais non par sa propre puissance -
        TOB : mais non par sa propre force
        L   : doch nicht so mächtig wie sie
  [Lacking.Manque] = RSV*, NEB*
  Fac.: 10, 4
  Transl.: but not with his ⟨own⟩ power
  Trad.:   mais non par sa ⟨propre⟩ force

9.17

למען אדני B
    because of the Lord
    à cause du Seigneur
        TOB*: à cause du Seigneur
[למענך אדני] (=Brockington)
    because of you, O Lord
    à cause de toi, Seigneur
        RSV*: and for thy own sake, O Lord

      NEB*: for thy own sake, O Lord
      J* : par toi-même, Seigneur
      L   : um deinetwillen, Herr
   Fac.: 4,6
   Transl.: because of the Lord / because of ⟨you, O⟩
            Lord
   Trad.:   à cause du Seigneur / à cause de ⟨toi⟩,
            Seigneur

9.22

C ויבן
   he made understand
   il fit comprendre
[ויביננ‍י]
   he made me understand
   il me fit comprendre
      NEB : he spoke clearly to me
      TOB*: il m'instruisit
      L   : und er unterwies mich
   Fac.: 4,6
[ויבא]
   and he came
   et il vint
      RSV*: he came
      J* : il vint
   Fac.: 4
   Transl.: and he caused (me) to understand
   Trad.:   et il (me) fit comprendre

9.23

B להגיד
   to announce
   pour annoncer
להגיד לך (=Brockington)
   to announce to you
   pour t'annoncer
      RSV : to tell it to you
      NEB : to pass on to you
      J   : (je suis venu) te l'annoncer
      TOB : (je suis venu) te l'annoncer
      L   : um dir's kundzutun
   Fac.: 4
   Rem.: Two translations are possible : (1) "(and I
   came) to announce (that you are greatly beloved)";
   (2) "(and I came to you) to announce (i.e. to
   bring a message), (for you are greatly beloved)".

Rem.: On peut traduire de deux façons : (1) "(et je
  suis venu) pour annoncer (que tu es un homme de
  prédilections)"; (2) "(et je suis venu pour annoncer (c.-à-d. apporter un message), (car tu es un
  homme de prédilections)".
Transl.: See Remark
Trad.:   Voir Remarque

10.1

B וּבִין אֶת-הַדָּבָר
    and he understood the word / and understand the
    word
    et il comprit la parole / et comprends la parole
      RSV : and he understood the word
      J   : il pénétra la parole
      TOB : il comprit la parole
      L   : und er achtete darauf
[לוֹ בִין אֶת-הַדָּבָר] (=Brockington)
    to him to understand the word
    à lui, de comprendre la parole
      NEB*: (word... it cost) him (much toil) to
            understand it
    Fac.: 14
    Rem.: Two translations are possible : (1) "and he
      understood the word"; (2) "and understand the
      word !".
    Rem.: Deux traductions sont possibles : (1) "et il
      comprit la parole"; (2) "et comprends la parole !".
    Transl.: See Remark
    Trad.:   Voir Remarque

10.5

B אוּפָז
    of Uphaz
    d'Ouphaz
      RSV : of Uphaz
      J   : (d'or) pur (?)
      TOB*: d'Ouphaz
   [Lacking.Manque] = L
    Fac.: 14
    אוֹפִיר (=Brockington)
    of Ophir
    d'Ophir
      NEB*: from Ophir
    Fac.: 5

Transl.: of Uphaz
Trad.:   d'Ouphaz

10.13

B ואני נותרתי
  and I remained
  et je suis resté
    NEB : that I had held out
    TOB*: et je suis resté
[ואתו הותרתי]
  and I left him
  et je l'ai laissé
    RSV*: so I left him
    J*　: je l'ai laissé
    L　 : und ihm überliess ich (den Kampf)
 Fac.: 4
 Transl.: and I was superfluous
 Trad.:   et je suis resté superflu

10.13

B אצל
  beside
  à côté de
    J　: affrontant
    TOB*: auprès (des rois)
[אצל שר] (=Brockington)
  beside the prince of
  à côté du prince de
    RSV*: with the prince of
    NEB*: against the prince of
    L　: mit dem Engelfürsten (des Königreichs)
 Fac.: 5
 Transl.: beside
 Trad.:   à côté de

10.13

B מלכי
  of the kings of
  des rois de
    J　: (affrontant) les rois de (Perse)
    TOB : des rois de (Perse)
[מלכות] (=Brockington)
  of the kingdom of
  du royaume de

RSV*: of the kingdom of
NEB : of the kingdom of
L   : des Königreichs (Persien)
Fac.: 5
Transl.: of the kings of
Trad.:   des rois de

10.19

C חזק וחזק
be strong and be strong
sois fort et sois fort
    NEB : be strong, be strong
    TOB : sois fort ! Sois fort
    L   : sei getrost, sei getrost
חזק ואפץ
be strong and powerful
sois fort et puissant
    RSV : be strong and of good courage
    J   : prends force et courage
Fac.: 5
Transl.: be strong ! be strong !
Trad.:   sois fort ! sois fort !

11.1

B ואני בשנת אהת לדריוש המדי
and I, in the first year of Darius the Mede
et moi, dans la première année de Darius le Mède
    RSV : and as for me, in the first year of
          Darius the Mede
    TOB*: quant à moi, en l'an un de Darius le Mède
    L   : und ich... im ersten Jahr des Darius, des
          Meders
[Lacking.Manque] = NEB*, J* (=Brockington)
Fac.: 14
Rem.: See also the next two cases.
Rem.: Voir les deux cas suivants aussi.
Transl.: and as for me, in the first year of Darius
         the Mede
Trad.:   quant à moi, en la première année de Da-
         rius le Mède

11.1

B עָמְדִי
    my standing up ⟨was⟩
    ⟨le fait que⟩ je me tenais debout, ⟨était⟩
        RSV : I stood up
        TOB : j'avais été en poste
        L   : (und) ich stand auch bei ihm
  עמדי =[עָמְדִי] (=Brockington)
    with me
    avec moi
        NEB : on my side
        J   : mon appui
    Fac.: 14
    Rem.: See also the preceding and the following case.
    Rem.: Voir aussi le cas précédent et le cas suivant.
    Transl.: my intervention (lit. my standing up) ⟨took
             place⟩
    Trad.:   mon intervention (litt. ma station debout)
             ⟨eut lieu⟩

11.1

B לו
    for him
    pour lui
        RSV : (strengthen) him
        TOB : (pour) lui (donner force)
        L   : (um) ihm (zu helfen)
  לי (=Brockington)
    for me
    pour moi
        NEB*: (support) me
        J   : (et) me (soutenir)
    Fac.: 1,4
    Transl.: (to strengthen) him
    Trad.:   (pour) le (conforter)

11.5

B רב ממשלתו
    his dominion ⟨is⟩ (a) great (dominion)
    sa domination ⟨est⟩ (une) grande (domination)
        RSV : and his dominion shall be a great (dominion)
        L   : dessen Herrschaft wird gross sein
  [רב ממשלתו]
    greater than his dominion
    plus grande que sa domination

NEB : a greater kingdom
J* : plus grand que le sien (en note : "'que
      le sien', litt. 'que son empire'...")
TOB : (une domination) plus grande que la
      sienne
  Fac.: 4
  Transl.: his dominion ⟨is⟩ (a) great (dominion)
  Trad.: sa domination ⟨est⟩ (une) grande (domina-
          tion)

11.6

C וּזְרֹעוֹ
    and his arm / power
    et son bras / pouvoir
  וזרעו =[וְזַרְעוֹ] (=Brockington)
    and his seed / offspring
    et sa semence / descendance
    RSV : and his offspring
    NEB : and their line
    J* : ni sa descendance
    TOB : et sa descendance
    L   : und auch ihr Nachkomme
  Fac.: 4
  Transl.: and his power
  Trad.: et sa puissance

11.6

C וְהַיֹּלְדָהּ
    and he who has begotten her
    et celui qui l'a engendrée
    L   : und mit dem, der sie erzeugt hat
  וְהַיַּלְדָּה (=Brockington)
    and the maiden
    et la jeune fille
    RSV : and her child
    NEB : her child
    J* : son enfant
    TOB : son enfant
  Fac.: 4
  Transl.: and he who has begotten her
  Trad.: et celui qui l'a engendrée

11.7

B אֶל-הַחַיִל
  towards the army
  vers l'armée
    RSV : against the army
    TOB : vers l'armée
    L   : gegen die Heeresmacht
  אל-החיל =[אֶל-הֶחֵיל] (=Brockington)
  towards the fortifications
  vers les remparts
    NEB : (will penetrate) the defences
    J   : (vers les remparts
  Fac.: 14
  Transl.: to the army
  Trad.:   à l'armée

11.16

B וְכָלָה
  and destruction
  et anéantissement
    J   : la destruction
    TOB : la destruction
    L   : und Verderben
  וכלה =[וְכֻלָּהּ] (=Brockington)
  and everything
  et tout
    RSV : and all of it shall be
    NEB : (in the fairest of all lands) and it will
        come wholly
  Fac.: 14
  Transl.: and destruction
  Trad.:   et anéantissement

11.17

C וישרים עמו ועשה
  and right ⟨intentions⟩ with him, and he makes
  et des ⟨intentions⟩ droites avec lui, et il fait
  וישרים עמו יעשה   (=Brockington)
  and right ⟨intentions⟩ with him, he will make
  et des ⟨intentions⟩ droites avec lui, il fera
    NEB*: and he will come to fair terms with him
  Fac.: 6,8
[ומישרים עמו יעשה]
  and a right ⟨attitude⟩ with him, he will make
  et droiture avec lui, il fera

```
    J*  : puis il fera un pacte avec lui
    TOB*: il conclura un accord avec lui
    L   : (und er wird...) und sich mit ihm vertra-
          gen
  Fac.: 6,8
[ומישרים עמו ועשה]
    and a right <attitude> with him, and he will make
    et droiture avec lui, et il fera
    RSV*: and he shall bring terms of peace and
          perform them
  Fac.: 6,8
  Transl.: he had right <intentions>, and realised
           <them>
  Trad.:   il avait des <intentions> droites, et <les>
           réalisa
```

11.18

```
B לו בלתי
    to him, without
    à lui, sans
      RSV*: to (his insolence), indeed (?)
      L   : ihn (zwingen)..., und (?)
[לְבַלֹּתוֹ] (=Brockington)
    to wear him out
    pour l'user
    NEB*: by wearing him down
  Fac.: 14
[לבלתי]
    without
    sans
      J   : sans qu'il puisse (lui revaloir)
      TOB : sans qu'il (lui retourne)
  Fac.: 14
  Rem.: This expression may be best translated as
   follows : "a ruler will make him stop being in-
   solent, by making his insolence turn back against
   him".
  Rem.: L'expression peut être traduite le mieux comme
   suit : "un magistrat fait cesser son insolence,
   en faisant retomber son insolence sur lui".
  Transl.: See Remark
  Trad.:   Voir Remarque
```

11.22

B וזרעות הַשֶּׁטֶף ישטפו

   and the powers (lit. the arms) of the flood will
   be swept away
   et les puissances (litt. les bras) de l'inondation seront submergées

      TOB : les forces d'invasion seront submergées
      L   : und heranflutende Heere werden von ihm
            hinweggeschwemmt

[וזרעות הַשֶּׁטֹף ישטפו]

   and the powers (lit. arms) will be utterly swept
   away
   et les pouvoirs (litt. bras) seront complètement
   submergés

      RSV : armies shall be utterly swept away
      J   : les forces seront en débâcle

  Fac.: 14

[וזרעות הַשֶּׁטֹף ישטפו] (=Brockington)

   and the powers (lit. arms) will be utterly swept
   away
   et les pouvoirs (litt. bras) seront complètement
   submergés

      NEB : he will sweep away all forces of opposi-
            tion

  Fac.: 14

  Rem.: The Hebrew has a play on words : "the forces
  of the flood (i.e. of the invasion) will be
  ⟨themselves⟩ swept away".

  Rem.: L'hébreu a un jeu de mots : "les forces de
  l'inondation (c.-à-d. de l'invasion) seront
  ⟨elles-mêmes⟩ submergées".

  Transl.: the invading forces will be swept away
  Trad.: les forces d'invasion seront submergées

11.22

B וישברו וגם נגיד ברית

   and they will be broken, and also the prince of
   a covenant
   et ils seront brisés, et aussi le prince d'une
   alliance

      RSV : (shall be...) and broken, and the prince
            of the covenant also
      J   : et seront brisés - même le Prince d'une
            Alliance
      TOB : (seront...) et brisées, ainsi que le chef
            d'une alliance
      L   : (werden...) und vernichtet werden, dazu
            auch der Fürst des Bundes

[וישבר גם נגיד ברית] (=Brockington)
and even the prince of a covenant will be broken
et même le prince d'une alliance sera brisé
    NEB : and even the Prince of the Covenant will
          be broken
Fac.: 14
Transl.: and they will be broken, and also the
         prince of a covenant
Trad.:   et ils seront brisés, et aussi le prince
         d'une alliance

11.26

ישטף B
    (and) he will sweep away
    (et) il submergera
    L : (die werden... helfen,...) und ... zu ver-
[יִשָּׁטֵף] (=Brockington)   jagen
    (and) will be swept away
    (et) sera submergé
    RSV : shall be swept away
    NEB : will be swept away
    J : sera débordée
    TOB*: sera submergée
Fac.: 5,4
Transl.: (and his army) will sweep away ⟨everything⟩
Trad.:   (et son armée) submergera ⟨toute chose⟩

11.35

בהם B
    in them / among them
    en eux / parmi eux
    J : dans le nombre
[אותם]
    them
    eux
    RSV*: them (1°)
    NEB : (so that) they (may be tested)
    TOB : (qui tomberont afin d'être blanchis)
    L : (damit viele bewährt ... werden)
Fac.: 6,4
Rem.: It is possible that TOB translates the MT
      freely.
Rem.: Il se peut que TOB entende traduire de manière
      libre le TM.
Transl.: among them
Trad.:   parmi eux

11.35

B עד-עת קץ כי עוד
    until the time of the end, for yet
    jusqu'au temps de la fin, car encore
      RSV : until the time of the end, for it is yet
      J   : - jusqu'au temps de la Fin, car ... est
          encore
      TOB : jusqu'au temps de la fin, car (il doit
          venir...)
      L   : für die Zeit des Endes; denn es geht ja
[עד-עת כי עוד קץ] (=Brockington)
    until the time, for ⟨there is⟩ yet an end
    jusqu'au temps, car ⟨il y a⟩ encore une fin
      NEB*: yet there will still be an end
  Fac.: 14
  Transl.: until the time of the end, for yet
  Trad.:   jusqu'au temps de la fin, car encore

11.39

A עִם
    with (a foreign god)
    avec (un dieu étranger)
      RSV : by the help (of a foreign god)
      TOB : avec (une divinité étrangère)
      L   : dem (fremden Gott unterstellen)
עם =[עַם]
    the people (of a foreign god)
    le peuple (d'un dieu étranger)
      NEB : the people (of foreign god)
      J   : le peuple (d'un dieu étranger)
  Fac.: 14
  Transl.: with (a foreign god)
  Trad.:   avec (un dieu étranger)

11.41

וְרַבּוֹת
  and many
  et beaucoup
    J   : un grand nombre
    TOB : et beaucoup
    L   : und viele
  Fac.: 5

C ‏ורבות‎ =[‏וְרִבּוֹת‎] (=Brockington)
    and ten thousands
    et des dizaines de mille / et des myriades
      RSV : and tens of thousands
      NEB : and tens of thousands
   Transl.: and ten thousands
   Trad.:   et des myriades

11.41

C ‏וראשית‎
    and the firstlings / best part of
    et les prémices / l'élite de
      RSV : and the main part of
      TOB : et les prémices (des fils de)
      L   : und der Hauptteil (der Ammoniter)
  [‏ושארית‎] (=Brockington)
    and the remnant of
    et le reste de
      NEB*: and the remnant of
      J* : et les restes (des fils d'Ammon)
   Fac.: 5
   Transl.: and the best part of
   Trad.:   et l'élite de

12.4

B ‏הדעת‎
    the knowledge
    la connaissance
      RSV : (and) knowledge
      NEB : (and) punishment
      TOB*: (mais) la connaissance
      L   : (und grosse) Erkenntnis
  [‏הרעה‎]
    the evil
    l'iniquité
      J* : (et) l'iniquité
   Fac.: 12/14
   Transl.: the knowledge
   Trad.:   la connaissance

12.6

B ויאמר
    and he said / and one said
    et il dit / et on dit
       J   : l'un dit
       TOB : on dit
       L   : und er sprach
 [ואמר] (=Brockington)
    and I said
    et je dis
      RSV*: and I said
      NEB*: and I said
  Fac.: 3,4
  Transl.: and he said / and one said
  Trad.:   et il dit / et l'on dit

12.13

B לקץ
    to the end
    à la fin
      RSV : till the end
      NEB : to the end
      TOB : jusqu'à la fin
      L   : bis das Ende kommt
 [Lacking. Manque] = J*
  Fac.: 14/4
  Transl.: till the end
  Trad.:   jusqu'à la fin

THE MINOR PROPHETS

LES DOUZE PETITS PROPHETES

=============================

J = La Sainte Bible, traduite en français sous la direction de l'Ecole Biblique de Jérusalem, nouvelle édition, Paris 1973.

L = Die Bibel oder die ganze Heilige Schrift des Alten und Neuen Testaments nach der Uebersetzung Martin Luthers, 3. Aufl., Stuttgart 1971.

NEB = The New English Bible, The Old Testament, Oxford 1970.

RSV = The Holy Bible, Revised Standard Version, New York 1952.

TOB = Traduction Oecuménique de la Bible, Edition intégrale, Ancien Testament, Paris 1975.

Brockington
L.H.Brockington, The Hebrew Text of the Old Testament. The Readings Adopted by the Translators of the New English Bible, Oxford - Cambridge 1973

HOSEA / OSEE
=============

1.7

A V. translated / V. traduit = RSV, J, TOB, L
 [Lacking.Manque] = NEB* (=Brockington)
  Transl.: The V. is to be translated
  Trad.:   Le V. doit être traduit.

2.3(1)

C וְלַאֲחוֹתֵיכֶם ...לַאֲחֵיכֶם
   to your brothers... and to your sisters
    à vos frères... et à vos soeurs
      NEB : to your brothers... and to your sisters
      J   : à vos frères... et à vos soeurs
      TOB : à vos frères... et à vos soeurs
      L   : (sagt) euren Brüdern... und zu euren
            Schwestern
  [וְלַאֲחוֹתְכֶם ...לַאֲחֵיכֶם]
   to your brother... and to your sister
    à votre frère... et à votre soeur
      RSV*: to your brother... and to your sister
  Fac.: 4,12
  Transl.: to your brothers... and to your sisters
  Trad.:   à vos frères... et à vos soeurs

2.8(6)

B אֶת-דַּרְכֵּךְ
   your way
    ton chemin
      TOB*: ton chemin
  [אֶת-דַּרְכָּהּ] (=Brockington)
   her way
    son chemin
      RSV*: her way
      NEB*: her road
      J* : son chemin
      L   : ihr den Weg (... versperren)
  Fac.: 5,4

Rem.: In Hosea a second person form frequently
replaces a third person form without any real
change in the person or persons being referred
to. This stylistic device gives the text a more
lively and personal character.
Rem.: Souvent en Osée une deuxième personne est intro-
duite à la place de la troisième. Ce moyen stylis-
tique donne au texte un caractère plus vivant et
plus passionné.
Transl.: your way
Trad.:   ton chemin

2.8(6)

B וגדרתי את-גדרה
   and I will build her wall
   et je vais bâtir son mur
      RSV : and I will build a wall against her
      J   : je l'entourerai d'une barrière
      TOB : je vais (fermer ton chemin...,) le barrer
            d'une barrière
      L   : ich will... und eine Mauer ziehen
[וגדרתי את-דרגה] (=Brockington)
   and I will obstruct her path
   et je vais murer son chemin
      NEB*: therefore I will... and obstruct her path
   Fac.: 4
   Rem.: The expression "her wall" means "a wall ⟨to
   bar⟩ her ⟨way⟩.
   Rem.: L'expression "son mur" signifie "un mur (ou :
   une barricade) ⟨pour⟩ l'⟨arrêter⟩".
   Transl.: and I will build a wall ⟨to bar⟩ her ⟨way⟩
   Trad.:   et je construirai un mur ⟨pour⟩ l'⟨arrêter⟩

2.18(16)

B תקראי...ולא-תקראי-לי
   you will call... and no longer will you call me
   tu appelleras... et tu ne m'appelleras plus
[תקרא לי...ולא-תקרא לי] (=Brockington)
   she shall call me... and shall no more call me
   elle m'appellera... et ne m'appellera plus
      NEB*: she shall call me... and shall no more
            call me
   Fac.: 5

[תִּקְרְאִי לִי ... וְלֹא-תִקְרְאִי לִי]
   you shall call me... and you shall no more call me
   tu m'appelleras... et tu ne m'appelleras plus
     RSV : you will call me... and no longer will you
         call me
     J   : tu m'appelleras... et tu ne m'appelleras
         plus
     TOB : tu m'appelleras... et tu ne m'appelleras
         plus
     L   : wirst du mich nennen... und nicht mehr
  Fac.: 14
  Rem.: 1. For the second person instead of the third
    see Remark at 2.8(6) above.
    2. The verb has two meanings "call ⟨for help⟩" and
    "address ⟨by name⟩".
  Rem.: 1. Pour la deuxième personne à la place de la
    troisième voir la Remarque en 2.8(6) ci-dessus.
    2. Le verbe signifie à la fois "appeler ⟨au secours⟩"
    et "appeler ⟨par le nom de⟩".
  Transl.: you will call : (my husband!), and you will
        no longer call me : (my Baal)
   Trad.:   tu appelleras : (mon mari!), et tu ne m'ap-
        pelleras plus : (mon Baal)

3.1

B אֲהֻבַת רֵעַ
   loved by another / loved by her husband
   aimée d'un autre / aimée de son mari
     RSV : beloved of a paramour
     NEB : loved by another man
     TOB*: aimée par un autre
     L   : eine buhlerische... (Frau)
[אֹהֶבֶת רֵעַ]
   loving another
   aimant un autre
     J*   : qui en aime un autre
  Fac.: 14
  Rem.: רֵעַ means here the husband of the woman, not
    another man.
  Rem.: רֵעַ signifie ici le mari de la femme, et non
    pas un autre homme.
  Transl.: loved by her husband
  Trad.: aimée de son mari

3.2

B ולתך שערים
     and a lethech of barley
     et un létèk d'orge
          RSV : and a lethech of barley
          J   : (un muid) et demi d'orge
          TOB*: (une mesure) et demie d'orge ("Litt. un
                homer et un létèk...")
          L   : und fünf(zehn) Scheffel Gerste
 [ולתך יין] (=Brockington)
     and a lethech of wine
     et un létèk de vin
          NEB*: and a measure of wine
     Fac.: 14
     Transl.: and a lethech of barley
     Trad.:   et un létèk d'orge

4.4

B וְעַמְּךָ כמריבי כהן
     and your people ⟨are⟩ like those who contend
     against the priest
     et ton peuple ⟨est⟩ comme ceux qui font le procès
     au prêtre
          TOB : que ni ton peuple ni toi, prêtre, n'ose
                plaider !
 [וְעַמְּךָ ריבי (ה)כהן]
     and with you is my contention, O priest
     et avec toi je suis en procès, ô prêtre
          RSV*: for with you is my contention, O priest
          J* : c'est avec toi, prêtre, que je suis en
                procès
          L   : sondern allein dich, Priester, habe ich zu
                schelten
     Fac.: 14
 [וְעַמְּךָ כמר ריבי:כהן] (=Brockington)
     and with you, false priest, is my contention.
     Priest
     et avec toi, faux prêtre, je suis en procès. O
     prêtre
          NEB*: the quarrel with you, false priest, is
                mine. Priest ?
     Fac.: 14
     Transl.: and your people ⟨are⟩ like ⟨people⟩ conten-
              ding against the priest
     Trad.:   et ton peuple ressemble ⟨aux gens⟩ qui font
              le procès au prêtre

4.5

B ודמיתי אמך
   and I will destroy your mother
   et je détruirai ta mère
     RSV : and I will destroy your mother
     J   : et je ferai périr ta mère
     TOB : je réduirai ta mère au silence
     L   : auch deine Mutter will ich dahingebe
[ודמית אמך] (=Brockington)
   and you will destroy your mother
   et tu détruiras ta mère
 Fac.: 14
[ודמת אמך]
   and your mother will be destroyed
   et ta mère sera détruite
     NEB*: your own countrymen are brought to ruin
          (note : "or : Your mother ⟨Israel⟩ is
          destroyed...")
 Fac.: 8,4
 Transl.: and I will destroy your mother
 Trad.:   et je détruirai ta mère

4.7

B כבודם...אמיר
   I will change their glory
   je changerai leur gloire
     RSV : I will change their glory
     NEB : their dignity I will turn
     TOB : je vais changer leur gloire
[כבודם...המירו]
   they have changed their glory
   ils ont changé leur gloire
     J* : ils ont échangé leur Gloire
 Fac.: 5
 Transl.: I will change their glory
 Trad.: je changerai leur gloire

4.15

B אִם-זֹנֶה
   if you are a harlot
   si tu te prostitues
     RSV : though you play the harlot
     J   : si toi, tu te prostitues
     TOB : si toi..., tu te prostitues
     L   : willst du... schon huren

[אֵם זֹנה] (=Brockington)
   a mother who is a harlot
   une mère qui se prostitue
     NEB*: they are a mother turned wanton
Fac.: 14
Rem.: NEB gives other vowels to זנה than the MT,
   although Brockington does not expressly state it.
Rem.: NEB vocalise זנה contre le TM, bien que
   Brockington ne le dise pas expressément.
Transl.: if you are a harlot
Trad.:   si tu te prostitues

4.15

B אל-יאשם
   may he not be guilty
   qu'il ne se rende pas coupable
     RSV : let not... become guilty
     J   : que (Juda) ne se rende pas coupable
     TOB : que (Juda) du moins ne se rende pas
         coupable
     L   : so soll (Juda) sich nicht auch verschulden
[אל-תאשׁם]
   do not be guilty
   ne te rends pas coupable
     NEB*: bring no guilt-offering
Fac.: 4,5
Transl.: may he not be guilty
Trad.:   qu'il ne se rende pas coupable

4.17/18

B הנח-לו : סר סבאם
   let him alone. Their drunken orgy has ceased
   laisse-le tranquille. Leur ivresse a passé
     J   : laisse-le ! Leur beuverie terminée
     TOB : laisse-le ! Leurs beuveries finies
     L   : so lass es hinfahren. Sie haben sich der
         Schwelgerei... ergeben (siehe Rem.1)
[הנח-לו : סד סבָאים]
   let him alone. A band of drunkards
   laisse-le tranquille. Le cercle de buveurs
     RSV*: let him alone. A band of drunkards
Fac.: 14
[הִנַּח לו סד סבָאים] (=Brockington)
   he held for him a band of drunkards
   il s'est procuré un cercle de buveurs

NEB*: has held a drunken orgy
Fac.: 14
Rem.: 1. L may presuppose another textual basis than
the MT.
2. Two translations are probable, 1° "let him alone.
Their drunken orgy has ceased, (they have indulged
enough in prostitution)", 2° "let him alone. The
drunken orgy of those who have indulged in prosti-
tudion has ceased".
Rem.: 1. L suppose peut-être une autre base textuelle
que le TM.
2. Deux traductions sont probables : 1° "Laisse-le
tranquille. Leur ivresse a passé, (ils se sont
assez prostitués)", 2° "Laisse-le tranquille.
L'ivresse a passé, (de ceux qui se sont prostitués)".
Transl.: See Remark 2
Trad.:   Voir Remarque 2

4.18

B מגניה
her shields / her princes
ses boucliers / ses princes
  TOB*: ses chefs (en note : "...litt. ses boucliers...)
  L   : ihre Schamlosen (siehe Rem.)
[מגאנם] (=Brockington)
more than their glory
plus que leur gloire
  RSV*: more than their glory
  NEB : (they have preferred dishonour) to glory
  J* : (ils préfèrent l'Ignominie) à leur Orgueil
Fac.: 1
Rem.: L is based on the MT, but gives it a conjectural
meaning, which is improbable.
Rem.: L est basé sur le TM, mais l'interprète selon un
sens conjectural et improbable.
Transl.: her shields / her princes
Trad.:   ses boucliers / ses princes

4.19

C מִזְבְּחוֹתָם
because of their sacrifices
de leurs sacrifices
  NEB : their sacrifices
  J   : de leurs sacrifices

```
        TOB : de leurs sacrifices
          L  : über ihrem Opfer
[מִזְבְּחוֹתָם]
       ˻their altars
        leurs autels
          RSV*: because of their altars
    Fac.: 8
    Transl.: because of their sacrifices
    Trad.:    de leurs sacrifices
```

5.3

עתה הזנית C
```
    now you have been a harlot
    maintenant tu t'es prostitué
        RSV : now ... you have played the harlot
        TOB : tu as poussé à la débauche
[עתה הזנה]
    now he has been a harlot
    maintenant il s'est prostitué
        NEB : now (Ephraim) has played the wanton
        L   : (Ephraim) ist nun eine Hure
 Fac.: 4
[אתה הזנית]
    you have been a harlot
    c'est toi qui t'es prostitué
        J   : tu t'es prostitué
 Fac.: 14
 Transl.: now you have been a harlot
 Trad.:    maintenant tu t'es prostitué
```

5.5

וישראל A
```
    and Israel
    et Israël
        J   : Israël
        TOB : Israël
        L   : Israel
 [Lacking.Manque] = RSV*, NEB* (=Brockington)
 Fac.: 14
 Transl.: and Israel
 Trad.:    et Israël
```

5.7

B יאכלם חדש
    the new moon will devour them
    la néoménie les dévorera
      RSV : the new moon shall devour them
      J   : la néoménie va les dévorer
      TOB*: la néoménie va les dévorer
      L   : wird sie auch der Neumond fressen
[יאכל מחדש] (=Brockington)
    an invader will devour
    un envahisseur dévorera
      NEB : an invader shall devour
  Fac.: 14
  Transl.: the new moon will devour them
  Trad.:   la nouvelle lune les dévorera

5.8

B אחריך
    after you
    derrière toi
      NEB : we are with you !
      J* : on te talonne (en note : "... lit. 'derrière
          toi'...")
      TOB : on te prend à revers
      L   : man ist hinter dir her
[החריד]
    be afraid !
    tremble !
      RSV*: tremble !
  Fac.: 14
  Transl.: after you !
  Trad.:   derrière toi !

5.11

B עָשׁוּק אפרים רְצוּץ
    Ephraim ⟨is⟩ oppressed crushed by
    Ephraïm ⟨est⟩ opprimé, brisé par
      RSV : Ephraim is oppressed, crushed in
      J   : Ephraïm est opprimé, écrasé par
      TOB : Ephraïm est opprimé, brisé dans
[עָשׁוֹק אפרים רָצוֹץ] (=Brockington)
    Ephraim ⟨is⟩ oppressing, he ⟨is⟩ crushing
    Ephraïm opprime, il brise
      NEB : Ephraim is an oppressor trampling (on justice)

Fac.: 5
[עָשׁוּק אֶפְרַיִם רְצוּץ]
  Ephraim ⟨is⟩ oppressed, crushed
  Ephraïm ⟨est⟩ opprimé, brisé
    L : Ephraim leidet Gewalt, zertreten ist
Fac.: 14
Transl.: Ephraim ⟨is⟩ oppressed, crushed by
Trad.:   Ephraïm ⟨est⟩ opprimé, brisé par

5.11

אַחֲרֵי־צָו
  after nonsense
  derrière le non-sens
    NEB : pursuing what is worthless
    TOB*: après le néant
 Fac.: 7,8
[אַחֲרֵי־שׁ(וֹ)א]
  after vanity
  derrière la vanité
    RSV*: after vanity
    L : dem Nichtigen nachzulaufen
 Fac.: 7,8
[אַחֲרֵי־שׁוה]
  after nothing
  derrière le néant
    J* : après le Mensonge
 Fac.: 14
C [אַחֲרֵי־צֹו] = אַחֲרֵי־צָו
  after dung
  derrière la crotte
Transl.: after dung
Trad.:   derrière la crotte

5.13

A אֶל־מֶלֶךְ יָרֵב
  to the great king / to the king Yareb
  au grand roi / au roi Yareb
    NEB : to the great king
    TOB*: au grand roi
    L : zum König Jareb
[אֶל־מֶלֶךְ רָב]
  to the great king
  au grand roi
    RSV*: to the great King
    J* : au grand roi

```
Fac.: 14
Transl.: to the great king
Trad.:   au grand roi
```

6.5

ומשפטיך אור יצא
   and your judgments ⟨are⟩ a light ⟨which⟩ goes forth
   et tes jugements ⟨sont⟩ une lumière ⟨qui⟩ jaillit
   Fac.: 12
C[ומשפטי כאור יצא]
   and my judgment goes forth as the light
   et mon jugement jaillit comme la lumière
     RSV*: and my judgment goes forth as the light
     J* : et mon jugement surgira comme la lumière
     TOB*: et mon jugement jaillit comme la lumière
     L   : dass mein Recht wie das Licht hervorkomme
[ומשפטו כאור יצא] (=Brockington)
   and his judgement goes forth as the light
   et son jugement jaillit comme la lumière
     NEB*: whose justice dawns like morning light (V.3)
   Fac.: 14
   Transl.: and my judgment goes forth as the light
   Trad.:   et mon jugement jaillit comme la lumière

6.7

A כאדם
   like Adam / like men / as at Adam (place name)
   comme Adam / comme des hommes / comme à Adam (nom
   de lieu)
     TOB*: comme des hommes (transgressent)
[באדם]
   at Adam (place name)
   à Adam (nom de lieu)
     RSV*: at Adam
     J* : à Adam
     L* : bei Adam
  Fac.: 14
[באדמה] (=Brockington)
   at Admah
   à Adma
     NEB*: at Admah
  Fac.: 14
  Transl.: like Adam / like men / as at Adam (place name)
  Trad.:   comme Adam / comme des hommes / comme à Adam
       (nom de lieu)
```
```

6.9

חבר כהנים B
   a band of priests
   une bande de prêtres
      J   : une bande de prêtres
      TOB : une troupe de prêtres
      L   : die Rotten der Priester
[חברו כהנים]
   the priests are banded together
   les prêtres se sont réunis
      RSV*: the priests are banded together
      NEB : priests are banded together
   Fac.: 1,4
   Transl.: a band of priests
   Trad.:   une bande de prêtres

7.1

יבוא A
   he comes in
   il entre
      RSV : (the thief) breaks in
      L   : (die Diebe) einsteigen
[יבוא הבית(ה)] (=Brockington)
   he comes into the house
   il entre dans la maison
      NEB*: they break into houses
      J* : (le voleur) entre dans la maison
      TOB : (le voleur) s'introduit dans les maisons
   Fac.: 14
   Transl.: he comes in
   Trad.:   il entre

7.5

מלכנו B
   of our king
   de notre roi
      RSV : our king
      J   : notre roi
      TOB : notre roi
      L   : unseres Königs
[מלכם] (=Brockington)
   of their king
   de leur roi
      NEB*: their king('s festal)

Fac.: 1,5
Transl.: of our king
Trad.:   de notre roi

7.5

C הֶחֱלוּ
    they became sick
    ils se sont rendus malades
      RSV : (the princes) became sick
      J   : (les chefs) se rendent malades
      TOB : (les chefs) se rendent malades
  הֵחֵלוּ (=Brockington)
    they began
    ils ont commencé
      NEB : (the officers) begin
      L   : da werden (die Oberen) toll
    Fac.: 12,8
    Transl.: they became sick
    Trad.:   ils se sont rendus malades

7.5

C חֲמַת
    in the heat of (wine)
    dans la chaleur du (vin)
      RSV : with the heat of (wine)
      J   : par la chaleur du (vin)
      TOB : par les fumées du (vin)
  [חֲמֹת] (=Brockington)
    to become heated
    devenir chaud
      NEB : (begin) to be inflamed
      L   : (werden...) toll
    Fac.: 12,8
    Transl.: in the heat of (wine)
    Trad.:   dans la chaleur du (vin)

7.6

B קרבו
    they drew near / they brought near
    ils se sont approchés / ils ont approché
      J   : ils s'approchent
      TOB : ils se sont approchés

[קדחו]
    they are inflamed
    ils se sont enflammés
        RSV*: (their hearts) burn
        L   : (ihr Herz) ist in heisser Glut
    Fac.: 4
[קד בו] (=Brockington)
    inflamed by it
    brûlant à cause de lui
        NEB*: (their hearts) are heated by it
    Fac.: 14
    Rem.: The whole expression may be translated as
      follows : "they draw near, (their heart <was>
      as if in an oven because of their plotting)".
    Rem.: L'expression peut être traduite ainsi : "ils
      s'approchèrent, (leur coeur <était> comme dans un
      four à cause de leurs complots)".
    Transl.: See Remark
    Trad.:   Voir Remarque

7.6

B אֹפֵהֶם
    their baker
    leur boulanger
[אַפֵּהֶם] (=Brockington)
    their anger
    leur colère
        RSV : their anger
        NEB : their passion
        J* : leur colère
        TOB*: leur colère
        L   : ihr Grimm
    Fac.: 1,4
    Rem.: Hosea alludes to particular historical events
      of his time which can no longer be identified. The
      "baker" must refer to the leader of the plots.
    Rem.: Osée fait allusion à des événements contemporains
      précis que nous ne pouvons plus identifier. Le
      "boulanger" doit désigner le chef dans les complots.
    Transl.: their baker
    Trad.:   leur boulanger

7.12

C כשמע לעדתם
     according to the announcement for their assembly
     selon l'annonce pour leur assemblée
        NEB : as soon as I hear them flocking
        TOB : dès que j'entends leur rassemblement
        L   : wie es ihrer Gemeinde verkündet ist
  [לרעתם]
     for their wickedness
     pour leur méchanceté
        RSV*: for their wicked deeds
        J* : à cause de leur méchanceté
     Fac.: 14
     Transl.: according to the announcement ⟨made⟩ to their
              assembly
     Trad.:   selon l'annonce ⟨faite⟩ à leur assemblée

7.14

  יתגוררו
     they settle abroad
     ils s'établissent en étrangers
     Fac.: 12
C יתגודדו (=Brockington)
     they gash themselves
     ils se font des incisions
        RSV : they gash themselves
        NEB*: (for all their howling... and) gashing of
              themselves
        J* : ils se lacèrent
        TOB : ils se font des incisions
        L   : sie ritzen sich wund
     Rem.: See a similar case in Jer 5.7.
     Rem.: Voir un cas semblable en Jér 5.7.
     Transl.: they gash themselves
     Trad.:   ils se font des incisions

7.15

B יסרתי
     I trained
     j'ai éduqué
        RSV : I trained
        NEB : I support them
        TOB : j'avais dirigé
        L   : ich lehre sie Zucht

[Lacking.Manque] = J*
  Fac.: 4
  Transl.: I trained
  Trad.:   j'ai éduqué

7.16

C לא על
     not upwards
     non pas ⟨vers⟩ le haut
       TOB : ce n'est pas vers en haut
       L   : aber nicht recht
 [על לא]
     upon nothing
     sur rien
       J* : vers ce qui n'est rien
  Fac.: 4
 [לבעל]
     to Baal
     vers Baal
       RSV*: to Baal
  Fac.: 14
 [אל על] (=Brockington)
     toward the height
     vers le haut
       NEB*: (they relapse) into the warship of their
             high god
  Fac.: 14
  Transl.: not upwards
  Trad.:   non pas ⟨vers⟩ le haut

8.1

A כנשר
     one like a vulture / eagle
     un comme un vautour / aigle
       J   : comme un aigle
       TOB : comme l'aigle
       L   : wie ein Adler
 [כי נשר]
     for a vulture / eagle
     car un vautour / aigle
       RSV*: for a vulture
  Fac.: 14
 [נשר] (=Brockington)
     a vulture / eagle
     un vautour / aigle

NEB*: a vulture
Fac.: 14
Transl.: one like a vulture / eagle
Trad.:   un comme un vautour / aigle

8.2

C אלהי ידענוך ישראל
    my God, we know your, ⟨we⟩ Israel
    mon Dieu, nous te connaissons, ⟨nous⟩ Israel
      RSV : my God, we Israel know thee
      J   : mon Dieu, nous te connaissons, nous Israël
      TOB : mon Dieu, nous te connaissons, nous, Israël
      L   : du bist mein Gott, wir, Israel, kennen dich
[ידענוך אלהי ישראל] (=Brockington)
    we know you, God of Israel
    nous te connaissons, Dieu d'Israël
      NEB*: we know thee, God of Israel
Fac.: 14
Rem.: The whole expression may be translated as follows : "they cry to me : my God !, we know you,
   ⟨because we are⟩ Israel".
Rem.: Toute l'expression peut être rendue comme suit :
   "ils crient vers moi : mon Dieu !, nous te connais-
   sons, ⟨parce que nous sommes⟩ Israël".
Transl.: See Remark
Trad.:   Voir Remarque

8.5

B זנח
    he has rejected / has been rejected
    il a rejeté / a été rejeté
      NEB*: (your calf-gods) stink
      TOB : il est repoussant
[זנחתי]
    I have rejected
    j'ai rejeté
      RSV*: I have spurned
      J* : je (le) repousse
      L   : (dein Kalb...) verwerfe ich
Fac.: 14
Transl.: has been rejected
Trad.:   a été rejeté

8.6

B כי מישראל והוא
   for from Israel he also
   car d'Israël, lui aussi
     J   : car il vient d'Israël, c'(est...)
     TOB : il vient d'Israel
[בישראל]
   in Israel
   en Israel
     RSV*: in Israel
 Fac.: 8
[בני ישראל והוא]
   the children of Israel, and he
   les enfants d'Israël, et lui
     L   : die Kinder Israel. ... das Kalb
 Fac.: 14
[כי מי שר אל] (=Brockington)
   for what god is the bull
   car quel dieu est le taureau
     NEB : for what sort of a god is this bull
 Fac.: 14
 Transl.: for from Israel he also
 Trad.:   car d'Israël lui aussi

8.10

C ויחלו
   and they will begin / suffer / be afraid
   et ils commenceront / souffriront / frissonneront
     J   : et ils souffriront
     TOB : et ... ils trembleront
[ויחדלו]
   and they cease
   et ils cesseront
     RSV*: and they shall cease
     L   : sie sollen's bald müde werden
 Fac.: 8
[וְיֶחֱלוּ] (=Brockington)
   and they are weak / sick
   et ils sont faibles / malades
     NEB : and then they will... abandon
 Fac.: 14
 Rem.: The expression may be translated as follows :
   "they will begin (to diminish)". See the next case
   also.
 Rem.: L'expression peut être traduite ainsi : "ils
   commenceront (à être peu nombreux)". Voir aussi
   le cas suivant.

Transl.: See Remark
Trad.:   Voir Remarque

8.10

B ממשא
   under the weight of
   sous le poids de
      NEB : this setting up
      J   : sous le fardeau
      TOB : sous le poids
 [ממשה]
   from anointing
   d'oindre
      RSV*: from anointing
      L   : zu salben
  Fac.: 4
  Rem.: See the preceding case.
  Rem.: Voir le cas précédent.
  Transl.: under the weight of
  Trad.:   sous le poids de

8.11

B לחטא 1°
   for sinning
   pour pécher
      RSV : for sinning
      NEB : in his sins
      TOB : pour enlever le péché
 [Lacking.Manque] = J*, L
  Fac.: 14
  Rem.: The two expressions לחטא in V. 11 have two
    slightly different meanings : the 1st לחטא "sinning"
    or "by sinning", the 2nd "in order to sin". It is
    also possible to give the same meaning to both
    expressions : "in order to sin".

  Rem.: Les deux expressions לחטא en V. 11 ont deux
    significations légèrement différentes : la 1ère :
    "en péchant", la 2ème : "pour pécher". Il est
    aussi possible de donner la même signification
    finale aux deux expressions : "pour pécher".
  Transl.: See Remark
  Trad.:   Voir Remarque

8.13

B זבחי הבהבי
   the sacrifices of my offerings / the sacrifices,
   ⟨that is⟩ my offerings
   les sacrifices de mes offrandes / les sacrifices
   ⟨c.-à-d.⟩ mes offrandes
      NEB : as offerings to me
      J* : les sacrifices qu'ils m'offrent
      TOB : en guise de sacrifice
      L   : wenn sie auch viel opfern
[זבח אהבו]
   they love sacrifice
   ils aiment le sacrifice
      RSV*: they love sacrifices
   Fac.: 14
   Transl.: the sacrifices, ⟨that is⟩ my offerings
   Trad.:   les sacrifices, ⟨c.-à-d.⟩ mes offrandes

8.13

B ישובו
   they shall return
   ils retourneront
      RSV : they shall return
      J   : ils retourneront
      TOB : ils devront retourner
      L   : sie sollen wieder zurück
[ישובו ובאשור טמא יאכלו] (=Brockington)
   they shall return, and in Assyria they shall eat
   unclean ⟨food⟩
   ils retourneront et mangeront de ⟨la nourriture⟩
   impure à Assur
      NEB*: they shall go back (to Egypt,) or in
            Assyria they shall eat unclean food
   Fac.: 13
   Transl.: they shall return
   Trad.:   ils retourneront

9.1

C אֶל-גִּיל
   towards exulting
   vers l'allégresse
      TOB : jusqu'au délire
[וְאַל-תָּגִיל]
   and do not exult
   et n'exulte pas

RSV*: exult not
NEB*: do not exult
J* : ne jubile pas
L   : (du darfst dich nicht freuen) noch rühmen
Fac.: 4,5
Transl.: unto exulting
Trad.:   jusqu'à l'allégresse

9.2

B לא ירעם
   will not shepherd them / nourish them
   ne les mènera pas paître / ne les nourrira pas
      RSV : (threshing floor and winevat) shall not
            feed them
      J   : (l'aire et la cuve) ne les nourriront pas
      TOB : (l'aire et le pressoir) ne les satiferont
            pas
      L   : darum sollen (Tenne und Kelter) sie nicht
            nähren
   [לא ידעם] (=Brockington)
   will not know them
   ne les connaîtra pas
      NEB*: (threshing-floor and winepress) shall
            know them no more
   Fac.: 12
   Transl.: will not nourish them
   Trad.:   ne les nourrira pas

9.4

B להם
   for them
   pour eux
      NEB : for them
      J   : pour eux
      TOB : pour eux
   [לחמם]
   their bread
   leur pain
      RSV*: their bread
      L   : ihr Brot
   Fac.: 14
   Transl.: for them <it is> (like with the bread of
            mourning :...)
   Trad.:   pour eux <c'est> (comme pour le pain de
            deuil :...)

9.6

A הלכו משד
   they went away from destruction
   ils sont allés loin de la destruction
      NEB : they have fled from a scene of devastation
      J   : ils sont partis devant la dévastation
      TOB : ils ont fui la destruction
      L   : sie müssen fort wegen der Verwüstung
[הלכים אשור]
   they are going to Assyria
   ils vont à Assur
      RSV*: they are going to Assyria
  Fac.: 14
  Transl.: they went away from destruction
  Trad.:   ils sont allés loin de la destruction

9.6

B מחמד לכספם
   what is valuable of their silver
   ce qui est précieux en leur argent
      RSV : their precious things of silber
      J   : leurs objets précieux
      TOB*: leurs trésors précieux (note : "Litt.
           leurs objets précieux d'argent...")
      L   : ihr kostbares Silber
[מחמד לכספם] (=Brockington)
   NEB : the sands of Syrtes shall wreck them
  Fac.: 14
  Transl.: what is valuable of their silver
  Trad.:   ce qui est précieux en leur argent

9.8

A עם-אלהי
   with my God / on my God
   avec mon Dieu / à l'égard de mon Dieu
      J   : avec mon Dieu
      TOB : avec mon Dieu
      L   : (spähte wohl aus) nach meinem Gott
[עם-אלהי] (=Brockington)
   the people of my God
   le peuple de mon Dieu
      RSV : the people of my God
      NEB : for God's people
   Fac.: 14

Rem.: The expression can be translated as follows :
"(Ephraim acts as a spy) on my God".
Rem.: L'expression peut être traduite comme suit :
"(Ephraïm se comporte en espion) à l'égard de
mon Dieu".
Transl.: See Remark
Trad.:   Voir Remarque

9.13

B כאשר-ראיתי לצור שתולה בנוה
when I saw for Tyre / a grove of palm trees,
planted in pasture lands
comme j'ai vu pour Tyr / une palmeraie, plantée
dans une prairie
J*   : (Ephraïm,) je le voyais comme Tyr, plantée
       dans une prairie (en note : "... litt.
       'Ephraïm, comme je vois pour Tyr, plantée
       dans une prairie.'...")
TOB : (Ephraïm,) je le vois comme une autre
       Tyr, plantée dans un lieu verdoyant
L   : als ich (Ephraim) sah, war es herrlich
       gepflanzt wie Tyrus
[כאשר ראיבי לציד שתו בניה]
as I have seen, her sons are destined for a prey
comme j'ai vu, ses fils sont destinés à être une
proie
RSV*: (Ephraim)'s sons, as I have seen, are
       destines for a prey
Fac.: 14
[כאשר אריות לציד שתלו בניה] (=Brockington)
as lions are destines for prey, ⟨thus⟩ her sons
comme les lions sont destinés à être une proie,
⟨ainsi⟩ ses fils
NEB*: as lion-cubs emerge only to be hunted, (so
       must Ephraim bring out) his children
Fac.: 14
Rem.: The most likely translation of this difficult
V. seems to be the following : "(Ephraim), when I
saw it (that is, the land and people of Ephraim),
⟨it seemed to be destined⟩ to ⟨be⟩ a grove of palm
trees, planted in a pasture, (but Ephraim ⟨is desti-
ned⟩...)".
Rem.: La traduction la plus vraisemblable de ce V.
difficile paraît être la suivante : "(Ephraïm,)
quand je l'ai vu, ⟨semblait être destiné⟩ à
⟨être⟩ une palmeraie plantée dans un pâturage, (a-
lors qu'Ephraïm ⟨est destiné⟩...)".

Transl.: See Remark
Trad.:   Voir Remarque

10.5

A לעגלות
    for the calves / for the herd of calves
    pour les génisses / la "vachaille"
      TOB : pour les génisses
  [לעגלה] (=Brockington)
    for the calf
    pour la génisse
      RSV*: for the calf
      NEB : for the calf-god
      J* : pour le veau
      L   : ja, das Kalb
  Fac.: 8
  Transl.: for the herd of calves
  Trad.:   pour la "vachaille"

10.6

A למלך ירב
    to the great king / to the king Yareb
    au grand roi / au roi Yareb
      L   : für den König Jareb
  [למלך רב]
    to the great king
    au grand roi
      RSV*: to the great king
      NEB : to the Great King
      J* : pour le grand roi
      TOB*: pour le grand roi
  Fac.: 14
  Transl.: to the great king
  Trad.:   au grand roi

10.6

B מעצתו
    from his advice / from his intrigues
    de son conseil / de ses intrigues
      NEB : of their disobedience
      J   : de son dessein
      TOB : de ses intrigues
      L   : trotz seiner Klugheit

[מעצבו]
   from his idol
   de son idole
     RSV*: of his idol
  Fac.: 14
  Transl.: from his intrigues
  Trad.:   de ses intrigues

10.7

שמרון מלכה A
   Samaria, her king
   Samarie, son roi
     RSV : Samaria's king
     J   : (c'en est fait de) Samarie ! son roi
     TOB : (c'en est fait de) Samarie, de son roi
     L   : der König von Samaria
[שמרון ומלכה] (=Brockington)
   Samaria and her king
   Samarie et son roi
     NEB*: Samaria and her king
  Fac.: 14
  Rem.: The translation of the clause is the follo-
    wing : "Samaria (is destroyed), ⟨that is,⟩ her
    king".
  Rem.: On peut traduire la phrase ainsi : "Samarie
    (est détruite), ⟨c.-à-d.⟩ son roi".
  Transl.: See Remark
  Trad.:   Voir Remarque

10.9

חָטָאתָ יִשְׂרָאֵל B
   you have sinned, O Israel
   tu as péché, ô Israël
     RSV : you have sinned, O Israel
     J   : tu as péché, Israël
     TOB : tu as péché, Israël
     L   : Israel, du hast... gesündigt
[חָטָאת יִשְׂרָאֵל] (=Brockington)
   Israel has sinned
   Israël a péché
     NEB : Israel has sinned
  Fac.: 4,5
  Transl.: you have sinned, O Israel
  Trad.:   tu as péché, ô Israël

10.9

A שָׁם עָמְדוּ
   there they stood
   là, ils tenaient debout
      RSV : there they have continued
      J   : ils s'en sont tenus là
      TOB : et ils n'en ont pas bougé
      L   : dort standen sie gegen mich auf
[שָׁם עָמְדוּ מֹרְדוּ] (=Brockington)
   there they stood and rebelled
   là, ils étaient debout, se sont révoltés
      NEB*: there they took their stand in rebellion
   Fac.: 14
   Transl.: there they stood
   Trad.:   là ils tenaient debout

10.10

B בְּאַוָּתִי
   in my desire / I have decided to
   dans mon désir / je tiens à
      TOB : je veux
      L   : nach meinem Willen
[בָּאתִי] (=Brockington)
   I have come
   je suis venu
      NEB*: I have come
   Fac.: 8.12
[וּבָאתִי]
   and I will come
   et je viendrai
      RSV*: I will come
      J* : je vais venir
   Fac.: 14
   Transl.: I have decided to
   Trad.:   je tiens à

10.11

A עָבַ֫רְתִּי
   I passed by
   j'ai passé
     RSV : I spared
     TOB : je vins à passer
[עָבַ֫רְתִּי על] (=Brockington)
   I have laid a yoke
   j'ai passé un joug
     NEB*: I have laid a yoke
     J   : j'ai fait passer le joug
     L   : ich habe ihm ein Joch ... gelegt
  Fac.: 14
  Rem.: The clause may be translated as follows : "I
    passed by (<her who had> a lovely neck)".
  Rem.: On peut traduire la phrase ainsi : "je vins à
    passer devant (<celle qui avait> une superbe enco-
    lure)".
  Transl.: See Remark
  Trad.:   Voir Remarque

10.12

B לפי-חסד
   according to the love
   selon l'amour
     NEB : what loyalty deserves
     J   : à proportion de l'amour
     TOB : de généreuses moissons
     L   : nach dem Masse der Liebe
[לפרי-הסד]
   for the fruit of love
   pour le fruit de l'amour
     RSV*: the fruit of steadfast love
  Fac.: 4,5
  Transl.: according to the love
  Trad.:   selon l'amour

10.13

B בדרכך
   on your way
   sur ton chemin
     TOB : dans ta puissance
     L   : auf deinem Weg

[ברכבך] (=Brockington)
   in your chariots
   sur tes chars
      RSV*: in your chariots
      NEB*: in your chariots
      J* : dans tes chars
   Fac.: 6,7
   Transl.: on your way
   Trad.:   sur ton chemin

10.15

בית-אל C
   Bethel / at Bethel / O Bethel
   Béthel / à Béthel / ô Béthel
      NEB*: (to you,) Bethel
      J   : (ce que vous a fait) Béthel
      TOB : (ce que vous aura fait) Béthel
      L   : (so soll's euch) zu Bethel (...ergehen)
   [בית ישראל] (=Brockington)
   house of Israel
   maison d'Israël
      RSV*: O house of Israel
   Fac.: 4,6
   Rem.: 1. The probable translation of this clause is
      the following : "this is the way Bethel has acted
      with regard to you", cf. J, TOB.
      2. See a similar textual difficulty in Am 5.6 be-
      low.
   Rem.: 1. La traduction probable de la phrase est la
      suivante : "ainsi a agi à votre égard Béthel",
      cf. J, TOB.
      2. Voir une difficulté textuelle semblable en
      Am 5.6 ci-dessous.
   Transl.: See Remark 1
   Trad.:   Voir Remarque 1

10.15

בשחר B
   at dawn
   à l'aurore
      NEB : as sure as day dawns
      J   : à l'aurore
      TOB : à l'aurore
      L   : schon früh am morgen

‎[בשער]
   in the storm
   dans la tempête
    RSV*: in the storm
 Fac.: 14
 Transl.: at dawn
 Trad.:   à l'aurore

11.2

B ‎קראו להם
   they called them
   ils les ont/on les a appelés
    TOB*: ceux qui les appelaient
    L : aber wenn man sie jetzt ruft
‎[קרוא להם]/[כקראי להם] (=Brockington)
   to call them / when I called them
   à les appeler / comme je les appelais
    RSV*: the more I called them
    NEB*: but the more I called
    J* : mais plus je les appelais
 Fac.: 4
 Rem.: The expression may be translated as follows :
  "(they turn away) from those who call them", or :
  "the call them, but ⟨at once those who are called⟩
  turn away from them". (There is perhaps a popular
  saying involved in this clause.)
 Rem.: L'expression peut se traduire ainsi : "de qui
  les appellent, (ils se détournent)", ou : "ils
  les appellent, (mais ⟨aussitôt⟩ ils se détournent
  de devant eux)". (Il y a peut-être un dicton à la
  base de cette phrase.)
 Transl.: See Remark
 Trad.:   Voir Remarque

11.2

C ‎מפניהם
   from them
   de devant eux
    TOB : ils s'en (sont) écartés
    L : (so wenden sie sich) davon
‎[מפני הם] (=Brockington)
   from me. They
   loin de moi. Eux
    RSV*: from me; they
    NEB*: from me; they

J*   : de moi; ...ils
Fac.: 12
Rem.: For the translation of the whole clause see
   the preceding case.
Rem.: Pour la traduction de toute l'expression voir
   le cas précédent.
Transl.: from them
Trad.:   de devant eux

11.3

C קחם על-זרועתיו
   he took them up in his arms
   il les prit dans ses bras
      TOB : les prenant par les bras
[אקחם על זרועתי]
   I will carry them in my arms
   je les prendrai sur mes bras
      RSV*: I took them up in my arms
      NEB*: I who had taken them in my arms
      J : je le prenais par les bras
      L : und nahm ihn auf meine Arme
Fac.: 4,5,8
Rem.: The clause constitutes a kind of parenthetical
   expression in the 3d person. While the text is
   rather probalbe (C rating), its interpretation is
   far from being certain.
Rem.: L'expression est une sorte de parenthèse (ou
   de phrase entre tirets) à la 3e personne. Alors
   que le texte est assez probable (note C), son
   interprétation est loin d'être sûre.
Transl.: (he took them up in his arms)
Trad.:   (il les prit dans ses bras)

11.4

B כמרימי על
   like those who lift up a yoke
   comme ceux qui lèvent un joug
[כמרים על]
   like him who lifts up a yoke
   comme celui qui lève un joug
      RSV : as one who eases the yoke
      L : (und) half (ihnen) das Joch tragen
   Fac.: 4

[כמרימי על]
  'like those who lift up a baby
   comme ceux qui soulèvent un nourrisson
      J* : comme ceux qui soulèvent un nourrisson
      TOB*: comme ceux qui soulèvent un nourrisson
  Fac.: 14
[כמרים על] (=Brockington)
  'like him who lifts up a baby
   comme celui qui soulève un nourrisson
      NEB*: (that I have) lifted (them) like a little
            child
  Fac.: 14
  Rem.: See the next case also.
  Rem.: Voir aussi le cas suivant.
  Transl.: like those who lift up the yoke
  Trad.:   comme ceux qui soulèvent le joug

11.4

על לחיהם B
    from upon their jaws
    de dessus leurs mâchoires
      RSV : ou their jaws
      J   : tout contre leur joue
      TOB : contre leur joue
      L   : auf ihrem Nacken
  [על לחיי]
    on my cheek
    sur ma joue
      NEB : to my cheek
  Fac.: 14
  Rem.: The farmers lift up the yoke in order to let
    the cattle chew easily, the jaws thus being free
    of all hindrance.
  Rem.: Les paysans soulèvent le joug afin de laisser
    le bétail librement mâcher, les mâchoires étant
    ainsi dégagées de toute entrave.
  Transl.: from upon their jaws
  Trad.:   de dessus leurs mâchoires

11.4-5

B אוכיל:לא ישוב
    I will feed ⟨him⟩. He will not go back
    je donnerai à manger. Il ne retournera pas
       TOB : (et je lui tendais) de quoi se nourrir.
          Il ne reviendra pas
[אוכיל לו:ישוב]
    I will feed him. He will go back
    je lui donnerai à manger. Il retournera
      RSV : and fed them. They shall return
      NEB : to feed them. Back they shall go
  Fac.: 14
[אוכיל לו:לא ישוב]
    I will feed him. He will not go back
    je lui donnerai à manger. Il ne retournera pas
      J   : (je m'inclinais...) et le faisais manger.
          Il ne reviendra pas
      L   : (und gab ihnen) Nahrung, dass sie nicht
          wieder ... zurückkehren sollten
  Fac.: 14
  Rem.: The expression may be translated as follows :
  "I feed ⟨him⟩; ⟨so⟩ he would not have to go back
  (to Egypt; however, ⟨now⟩ Assyria has become his
  king !)".
  Rem.: L'expression peut être traduite ainsi : "je
  ⟨le⟩ nourris; il ne retournerait plus (en Egypte;
  pourtant ⟨voici que⟩ c'est Assur qui est devenu
  son roi !)".
  Transl.: See Remark
  Trad.:   Voir Remarque

11.6

A ממעצותיהם
    because of their advice
    à cause de leurs conseils
      NEB : in return for all their schemings
      J   : à cause de leurs desseins
      TOB : à cause de leurs intrigues
      L   : um ihres Vorhabens willen
[במצודותיהם]
    in their fortresses
    dans leurs forteresses
      RSV*: in their fortresses
  Fac.: 14
  Transl.: because of their advice
  Trad.:   à cause de leurs conseils

11.10

B אחרי יהוה ילכו
    they shall follow the LORD
    ils marcheront à la suite du SEIGNEUR
      RSV : they shall go after the LORD
      J   : derrière Yahvé ils marcheront
      TOB : ils marcheront à la suite du SEIGNEUR
      L   : (alsdann) wird man dem HERRN nachfolgen
  [Lacking.Manque] = NEB* (=Brockington)
  Fac.: 14
  Transl.: they shall follow the LORD
  Trad.:   ils marcheront à la suite du SEIGNEUR

12.1 (11.12)

C עד רד עם-אל
    he is still searching beside God / he goes still
    with God
    il est encore en recherche à côté de Dieu / il
    marche encore avec Dieu
      NEB : (Judah) is still restive under God
      TOB : (Juda) marche encore avec Dieu
      L   : (Juda) hält nicht fest an Gott
  [עד ידע עם-אל]
    he is still known by God
    il est encore connu de Dieu
      RSV*: (Judah) is still known by God
  Fac.: 14
  [עד עם-אל]
    still with God
    encore avec Dieu
      J   : (Juda) est encore auprès de Dieu
  Fac.: 14
  Rem.: The interpretation of this expression is diffi-
    cult. The two most likely interpretations are the
    following : 1° "(Judah) is still searching <for
    other Gods> beside God" (i.e. although Judah has
    God), 2° "(Judah) goes still with God" (that is,
    is still loyal to God).
  Rem.: L'expression est difficile à interpréter. Voici
    les deux traductions les plus vraisemblables :
    1° "(Juda) est encore en recherche à côté de Dieu"
    (c.-à-d. bien qu'il ait Dieu); 2° "(Juda) marche
    encore avec Dieu".
  Transl.: See Remark
  Trad.:   Voir Remarque

12.2(1)

כזב ושד ירבה B
   he multiplies falsehood and violence
   il multiplie mensonge et violence
      RSV : they multiply falsehood and violence
      TOB : il multiplie mensonge et violence
      L   : und täglich mehrt es die Lüge und Gewalttat
[כזב ושו(א) ירבה]
   he multiplies falsehood and vanity
   il multiplie mensonge et vanité
      J   : il multiplie mensonge et fausseté
 Fac.: 5
 [Lacking.Manque] = NEB* (=Brockington)
 Transl.: he multiplies falsehood and violence
 Trad.:   il multiplie mensonge et violence

12.5(4)

וישר אל-מלאך B
   and he strove against an angel
   et il lutta contre un ange
      RSV : he strove with the angel
      J   : il fut fort contre l'Ange
      TOB : il lutta avec un ange
      L   : er kämpfte mit dem Engel
[וישר אל מלאך] (=Brockington)
   and God-the angel stood firm
   et Dieu-l'ange se tint droit
      NEB*: the divine angel stood firm (note : "...
          or He stood firm against an angel...")
 Fac.: 14
 Rem.: It is possible that RSV, J, TOB and L follo-
    wed another text than the MT, because of the
    prepositions "with" or "against" which they use.
    These prepositions do not correspond exactly to
    the MT. But this may be only a matter of freedom
    in the translation.
 Rem.: Il se peut que RSV, J, TOB et L aient suivi un
    autre texte que le TM, à cause de la préposition
    "avec" ou "contre" qu'ils emploient. Cette prépo-
    sition, qui ne correspond pas exactement au TM,
    peut être cependant une simple liberté de traduc-
    teur.
 Transl.: and he strove against an angel
 Trad.:   et il lutta contre un ange

12.5(4)

C עמנו
   with us
   avec nous
     J* : avec nous
     TOB*: avec nous
[עמו] (=Brockington)
   with him
   avec lui
     RSV*: with him
     NEB*: with him
     L   : mit ihm
  Fac.: 4,5
  Transl.: with us
  Trad.:   avec nous

12.9(8)

B יגיעי
   my labours / my gains
   mes peines / mes gains
     TOB : mon travail
     L   : bei... meinen Mühen
[יגיעיו] (=Brockington)
   his labours / his gains
   ses peines / ses gains
     RSV*: his riches
     NEB*: his gains
     J   : ses gains
  Fac.: 12,6
  Rem.: See the translation of the whole expression in
   the third case of V. 9(8) below.
  Rem.: Voir la traduction de toute l'expression au
   3e cas du V. 9(8) ci-dessous.
  Transl.: my labours / my gains
  Trad.:   mes peines / mes gains

12.9(8)

B לי עון
   for me guilt
   pour moi une faute
     TOB : (on ne) me (trouvera pas) un motif (de péché)
     L   : (wird man keine) Schuld an mir (finden)

[לו לעון]
    for him, for guilt
    pour lui, pour la faute
      J   : (rien ne) lui (restera,) à cause de la
           faute
Fac.: 12,6
[לעון] (=Brockington)
    for the guilt
    pour la faute
      RSV*: (off set) the guilt
      NEB*: for the guilt
Fac.: 14
Rem.: See the translation of the whole expression in
    the next case, Remark.
Rem.: Voir la traduction de toute l'expression au
    cas suivant, Remarque.
Transl.: for me guilt
Trad.:   pour moi une faute

12.9(8)

C אשר-חטא
   which ⟨is⟩ a sin
   qui ⟨soit⟩ un péché
     TOB : (un motif) de péché
     L   : die Sünde ist
[אשר חטא] (=Brockington)
   (the guilt) which he incurred
   en quoi il a péché
     RSV : (the guilt) he has incurred
     NEB : (the guilt) of his sins
     J* : dont il s'est rendu coupable
Fac.: 4
Rem.: The whole expression may be translated as
    follows : "in all that I have gained, I did not
    incur guilt, which ⟨would be⟩ sin".
Rem.: Toute l'expression peut être traduite comme
    suit : "en tout ce que j'ai gagné, je n'ai encou-
    ru aucune faute qui ⟨serait⟩ un péché".
Transl.: See Remark
Trad.:   Voir Remarque

12.10(9)

כימי-מועד B
    as in the days of the meeting
    comme aux jours de la rencontre
      RSV : as in the days of the appointed feast
      J   : comme aux jours du Rendez-vous
      TOB : comme aux jours où je vous rencontrais
[כימי-מֵעַד] (=Brockington)
    as in the days of old
    comme aux jours de jadis
      NEB : as in the old days
  Fac.: 1,6
[כימי-מדבר]
    as in the days of the desert
    comme aux jours du désert
      L   : wie in der Wüstenzeit
  Fac.: 14
  Transl.: as in the days of the Meeting
  Trad.:   comme aux jours de la Rencontre

12.12(11)

שורים B
    bulls
    des taureaux
      RSV : bulls
      TOB : des taureaux
      L   : Stiere
[לשורים]
    for the bulls
    pour les taureaux
      NEB : to bull-gods
      J* : aux taureaux
  Fac.: 1,7
  Transl.: bulls
  Trad.:   des taureaux

13.2

זבחי אדם B
    those sacrificers, <who are> men
    des sacrificateurs <qui sont> des hommes
      NEB : those... offer human sacrifice
      L   : der soll Menschen opfern

[זבחו אדם]
   sacrifice (imperative plural) ! Men
   sacrifiez ! Des hommes
     RSV*: sacrifice... Men
     J* : "Offrez-leur des sacrifices". ...des hommes
 Fac.: 12,6
[זבחים אדם]
   those sacrificers, men
   des sacrificateurs, des hommes
     TOB*: des sacrificateurs, des hommes
 Fac.: 14
 Transl.: sacrificers, ⟨who are⟩ men / men who sacri-
       fice
 Trad.: des sacrificateurs, ⟨qui sont⟩ des hommes

13.6

B כמרעיתם
   when they fed / they pastured
   à mesure qu'ils paissaient
     TOB : aussitôt arrivés au pâturage ils
[כמו רעיתם]
   as I pastured them
   comme je les ai fait paître
     J* : je les ai fait paître
 Fac.: 1
[כמו רעותם]
   as they were led to pasture
   comme ils étaient menés aux champs
     RSV*: but when they had fed to the full
     L   : aber als sie geweidet wurden
 Fac.: 14
[כמרעיתך]
   as you pastured
   à mesure que tu paissais
     NEB : as if you were in pasture
 Fac.: 14
 Rem.: It is possible to translate this expression
  in two ways : 1° "as they were pastured",
  2° "as I pastured them".
 Rem.: On peut traduire cette expression de deux
  manières : 1° "à mesure qu'ils paissaient",
  2° "à mesure que je les faisais paître".
 Transl.: See Remark
 Trad.: Voir Remarque

13.9

C שִׁחֶתְךָ
   your destruction
   ta perte
     J   : te voilà détruit
     TOB : te voilà détruit (en note : "Litt. ta
          perte...")
  שחתך =[שִׁחַתִּיךָ]
  I have destroyed you
  je t'ai détruit
   RSV : I will destroy you
   NEB : I have destroyed you
 Fac.: 1
 Rem.: 1. L may have translated the MT in a free way.
  It is not possible, however, to ascertain its
  textual base with certainty.
  2. See the next case also, and see the Remark there.
 Rem.: 1. L a peut-être traduit le TM, en le rendant
  librement. Il n'est pas possible de déterminer avec
  certitude sa base textuelle.
  2. Voir aussi le cas suivant et voir la Remarque
  en cet endroit.
 Transl.: your destruction
 Trad.: ta perte

13.9

C כי בי
  for in me
  car en moi
    J* : c'est en moi (en note : "...lit.: '... car
        (ou: mais) en moi...'."
    TOB : moi seul
    L : denn... allein bei mir
 [מי]
  who ?
  qui
   RSV*: who
 Fac.: 4
 [כי מי] (=Brockington)
  for who ?
  car qui ?
   NEB*: who is there...
 Fac.: 14
 Rem.: Three translations can be given for this difficult clause : 1° "(that which has caused your destruction, O Israel,) ⟨is⟩ that ⟨you are⟩ against me, ⟨who

am⟩ your help", 2° "(that which has caused your
destruction, O Israel,) ⟨is⟩ that in me ⟨alone⟩
is your help (while you looked for it elsewhere),
3° "(that which has caused your destruction, O
Israel,) ⟨is⟩ that in me ⟨you look for⟩ your help"
(that is, trusting blindly in my longsuffering
and patience).

Rem.: On peut proposer 3 traductions pour cette
expression difficile : 1° "(cela a causé ta perte,
ô Israël) que ⟨tu sois⟩ contre moi, contre ton
secours", 2° "(ce qui a causé ta perte, ô Israël),
c'est qu'en moi ⟨seul⟩ soit ton secours" (alors
que tu l'as cherché ailleurs), 3° "(ce qui a causé
ta perte, ô Israël,) c'est qu'en moi ⟨tu trouves⟩
ton secours" (c.-à-d. dans une confiance téméraire
en moi et en ma longanimité).

Transl.: See Remark
Trad.:   Voir Remarque

13.10

אהי
   I will be
   je serai
 Fac.: 12
B[איה]
   where ?
   où ?
     RSV*: where
     NEB : where
     J   : où donc
     TOB : où
     L   : wo
  Rem.: See below a similar case in 13.14.
  Rem.: Voir ci-dessous un cas semblable en 13.14.
  Transl.: where ?
  Trad.:   où ?

13.10

ושפטיך B
   and your judges / rulers
   et tes juges / gouvernants
     NEB : or the rulers
     J   : et ... tes juges
     TOB : et tes juges
     L   : und deine Richter

[יִשְׁפְּטוּךָ]
   they will judge you
   ils te jugeront
     RSV*: (all your princes,) to defend you
  Fac.: 14
  Transl.: and your judges / rulers
  Trad.:   et tes juges / gouvernants

13.14

B אֱהִי...אֱהִי
   I will be... I will be
   je serai ... je serai
     NEB : oh, for...! Oh, for...!
     L   : ich will...sein, ich will...sein
[אַיֵּה...אַיֵּה]
   where...where...?
   où...où...?
     RSV*: where are...? where is...?
     J   : où est...? où est...?
     TOB : où sont...? ...où est...?
  Fac.: 4
  Rem.: There are two possible translations : 1° "I
    will be (a plague) ⟨at your disposition,⟩ (O Death),
    I will be (a deadly desease) ⟨at your disposition,⟩
    (O Sheol)" (all in the sense of a threat); 2° "I
    will be (your plague, O Death), I will be (your
    deadly desease, O Sheol)" (in the sense of a pro-
    mess to destroy Death and Sheol).
  Rem.: On peut traduire l'expression de deux manières :
    1° "je vais te servir de (peste, ô Mort), je vais
    te servir de (fléau, ô Shéol)" (sens menaçant),
    2° "je serai (ta peste, ô Mort), je serai (ton fléau,
    ô Shéol)" (sens de promesse).
  Transl.: See Remark
  Trad.:   Voir Remarque

13.15

  בֶּן אַחִים
   the son of brothers / among brothers
   le fils de frères / parmi des frères
  Fac.: 12
B בֵּין אַחִים
   among brothers
   parmi des frères
     J   : parmi ses frères

```
      TOB : au milieu de ses frères
      L   : zwischen Brüdern
[כאחו]
   like a reed
   comme le roseau
      RSV*: as the reed plant
 Fac.: 14
[בין אחרים] (=Brockington)
   among the reeds
   parmi les roseaux
      NEB*: among the reeds
 Fac.: 14
 Rem.: The larger expression can be translated as
   follows : "although he bears fruit (that is, is
   fertile like a plant) among the brothers".
 Rem.: L'expression peut-être traduite ainsi : "bien
   qu'il porte des fruits (c.-à-d. soit fertile comme
   une plante) parmi ses frères".
 Transl.: See Remark
 Trad.:   Voir Remarque
```

14.3(2)

```
כל-תשא עון B
   you completely take away the iniquity
   tu enlèves entièrement la faute
      RSV : take away all iniquity
      J   : enlève toute faute
      TOB : tu enlèves toute faute
      L   : vergib uns alle Sünde
[כי לא תשא עון] (=Brockington)
   for you do not support the iniquity
   car tu ne supportes pas la faute
      NEB*: thou dost not endure iniquity
 Fac.: 14
 Transl.: you completely take away the iniquity
 Trad.:   tu enlèves entièrement la faute
```

14.3(2)

```
פרים שפתינו B
   as bulls, our lips
   en guise de taureaux, nos lèvres
      J   : au lieu de taureaux... nos lèvres
      TOB : en guise de taureaux... les paroles de nos
            lèvres
```

[פרי (מ)שפתינו]
   the fruit of our lips
   le fruit de nos lèvres
     RSV*: the fruit of our lips
     L   : die Frucht unserer Lippen
 Fac.: 4
[פרים משפתינו] (=Brockington)
   bulls from our pens
   des taureaux provenant de nos parcs
     NEB*: cattle from our pens
 Fac.: 14
 Transl.: our lips as bulls
 Trad.:   en guise de taureaux nos lèvres

14.6(5)

A כלבנון
   like Lebanon
   comme le Liban
     J* : comme le chêne du Liban (en note : "Litt.
         'comme le Liban'.")
     TOB : comme la forêt du Liban
[כלבנה] (=Brockington)
   like the poplar
   comme le peuplier
     RSV*: as the poplar
     NEB*: like the poplar
     L   : wie eine Linde
 Fac.: 14
 Rem.: Two translations may be proposed : 1° "like
   Lebanon", 2° "like on Lebanon".
 Rem.: Deux traductions sont possibles : 1° "comme
   le Liban", 2° "comme sur le Liban".
 Transl.: See Remark
 Trad.:   Voir Remarque

14.8(7)

C יחַיּ דגן
   they will grow wheat
   ils feront pousser le blé
     NEB : (Israel shall...) and grow corn in abundance
     J   : ils feront revivre le froment
     TOB : ils feront revivre le blé
[יחיו דגן]
   they will live on wheat
   ils vivront de blé

```
   L   : von Korn sollen sie sich nähren
Fac.: 4,12
[יִחְיוּ כַגָּן]
   they will live like a garden
   ils vivront comme un jardin
     RSV*: they shall flourish like a garden
Fac.: 14
Transl.: they will grow wheat
Trad.:   ils feront pousser le blé
```

14.9 (8)

```
B אפרים מה-לי
   O Ephraim, what to me
   ô Ephraïm, quoi pour moi
     RSV : O Ephraim, what have I to do (with...)
     TOB : Ephraïm ! qu'ai-je ... à faire (avec...)
[אפרים מה לו] (=Brockington)
   Ephraim, what to him
   Ephraïm, quoi pour lui
     NEB*: what has Ephraim ... to do (with...)
     J*  : Ephraïm, qu'a-t-il ... à faire (avec...)
 Fac.: 4
[אפרים מה לך]
   O Ephraim, what to you
   ô Ephraïm, quoi pour toi
     L   : Ephraim, was sollen dir (... die Götzen?)
Fac.: 14
Transl.: O Ephraim, what have I to do with
Trad.:   ô Ephraïm, qu'ai-je à faire à
```

JOEL

====

1.9

B אָבְלוּ הכהנים
    the priests mourn
    les prêtres sont en deuil
      RSV : the priests mourn
      J   : ils sont en deuil, les prêtres
      TOB : les prêtres sont en deuil
      L   : und die Priester... trauern
 [אָבְלוּ הכהנים] (=Brockington)
    mourn, you priests
    portez le deuil, ô prêtres
      NEB : mourn, you priests
  Fac.: 5
  Transl.: the priests mourn
  Trad.:   les prêtres sont en deuil

2.2

A כְּשַׁחַר
    like the dawn
    comme l'aurore
      J   : comme l'aurore
      TOB : comme l'aurore
      L   : gleichwie die Morgenröte
 [כְּשָׁחֹר] (=Brockington)
    like blackness
    comme la noirceur
      RSV : like blackness
      NEB : like a blackness
  Fac.: 14
  Transl.: like the dawn
  Trad.:   comme l'aurore

2.7

A ולא יעבטון
and they do not proceed in a confused manner (on
their way)
et ils n'avancent pas dans la confusion (sur leur
chemin)
    TOB : ils ne s'écartent pas (de leur sentier)
    NEB : no confusion (in the ranks)
[ולא יעותרן]
and they do not deviate from (their way)
et ils ne s'écartent pas de (leur chemin)
    RSV*: they do not swerve (from their paths)
    J* : sans s'écarter (de sa voie)
    L   : ein jeder... und weicht (von seiner
          Richtung) nicht
Fac.: 14
Transl.: and they do not proceed in a confused
         manner (on their way)
Trad.:   et ils n'avancent pas dans la confusion
         (sur leur chemin)

2.23

A מורה ומלקוש
autumn rain and spring rain
pluie d'automne et pluie de printemps
    RSV : the early and the latter rain
    J   : (l'ondée,) celle d'automne et celle de
          printemps
    TOB : la pluie d'automne, la pluie du printemps
    L   : Frühregen und Spätregen
[Lacking.Manque] = NEB* (=Brockington)
Fac.: 14
Transl.: autumn rain and spring rain
Trad.:   pluie d'automne et pluie de printemps

2.23

C בראשון
in the first ⟨mouth⟩
au premier ⟨mois⟩
[כראשון]
like the first / as before
comme le premier / comme jadis
    RSV : as before
    J* : comme jadis

      TOB*: comme jadis
      L   : wie zuvor
 Fac.: 4,5
[כבראשונה] (=Brockington)
   as before
   comme jadis
      NEB*: as of old
 Fac.: 14
 Transl.: in the first ⟨month⟩
 Trad.:   au premier ⟨mois⟩

 3.5(2.32)

B ובשרידים
      and among the survivors
      et parmi les survivants
         RSV : and among the survivors
         TOB : parmi les survivants
         L   : und bei den Entronnenen
[שרידים] (=Brockington)
   survivors
   des survivants
         NEB : there shall yet be survivors
         J* : des survivants
 Fac.: 14
 Rem.: The expression "and among the survivors" is
    parallel to "on the mountain of Zion and in Jeru-
    salem (there will be a salvation)".
 Rem.: L'expression "et parmi les survivants" est
    parallèle à "sur la montagne de Sion et à Jérusa-
    lem (il y aura un salut)".
 Transl.: and among the survivors
 Trad.:   et parmi les survivants

 4.11(3.11)

B הנחת יהוה גבוריך
      O LORD, bring down your warriors
      SEIGNEUR, fais descendre tes braves
         RSV : bring down thy warriors, O LORD.
         J* : (Yahvé, fais descendre tes braves.)
         TOB : SEIGNEUR, fais descendre tes braves !
         L   : dahin führe Du hinab, HERR, deine Starken !
[הנח יהיה כגבור] (=Brockington)
      the coward will be like the brave
      le lâche sera comme le brave
         NEB*: and let the coward show himself brave

Fac.: 14
Transl.: O LORD, bring down your warriors
Trad.:   SEIGNEUR, fais descendre tes braves

4.21(3.21)

B ונקיתי דמם לא-נקיתי
    and I will not leave unpunished their blood ⟨which⟩
    I have left ⟨yet⟩ unpunished
    je ne laisserai pas impuni leur sang ⟨que⟩ j'ai
    laissé ⟨encore⟩ impuni
        NEB : and I will spill their blood, the blood I have not
              yet spilt
        TOB*: je déclare leur sang innocent, oui je le déclare
              (en note: "Litt. Je rends leur sang innocent, oui
              je le rends innocent.")
        L : und ich will ihr Blut nicht ungesühnt lassen
[ונקמתי דמם ולא אנקה]
    and I will avenge their blood, and I will not clear
    ⟨the guilty⟩
    et je vengerai leur sang, et je ne rendrai pas in-
    nocent ⟨le coupable⟩
        RSV*: I will avenge their blood, and I will not
              clear the guilty
        J* : je vengerai leur sang, je n'accorderai pas
              l'impunité
Fac.: 4,9
Rem.: The expression נקה means here only take away
   the guilt of bloodshed by punishing those who are
   responsible for it.
Rem.: Ici, l'expression נקה signifie seulement enle-
   ver la faute de ceux qui ont versé du sang inno-
   cent, en les punissant de leur crime.
Transl.: and I will not leave unpunished their blood
        ⟨which⟩ I left ⟨yet⟩ unpunished
Trad.:   et je ne laisserai pas impuni leur sang
        ⟨que⟩ j'ai laissé ⟨encore⟩ impuni

AMOS

====

1.11

A וַיִּטְרֹף...אפו
    and his anger tore
    et sa colère déchira
        RSV : and his anger tore (perpetually)
        NEB : their anger raged (unceasing)
        TOB : parce que sa colère (n'a cessé) de déchirer
[וַיִּטְרֹף...באפו]
    and he tore in his anger
    et il déchira dans sa colère
        L   : (weil sie...) und (immerfort) wütend in
              ihrem Zorn
 Fac.: 1,6
[ויטר...אפו]
    and he maintains his anger
    et il garde sa colère
        J* : parce qu'il garde (à jamais) sa colère
 Fac.: 1,6
[וַיִּטָּרֵף...אפו] (=Brockington)
    and his anger will be torn (?)
    et sa colère sera déchirée (?)
 Fac.: 14
 Rem.: In spite of Brockington, NEB seems to be simply
    a free translation of the MT.
 Rem.: Malgré Brockington, NEB ne veut probablement
    pas être autre chose qu'une traduction libre du TM.
 Transl.: and his anger tore
 Trad.:   et sa colère déchira

2.2

B הַקְּרִיּוֹת
    of Kerioth
    de Qeriyot
      RSV : of Kerioth
      J   : de Qeriyyot
      TOB : de Qeriyoth
      L   : von Kerijoth
[הַקְּרִיּוֹת] (=Brockington)
    of the towns
    des villes
      NEB : in their towns
  Fac.: 9
  Transl.: of Kerioth
  Trad.:   de Qeriyot

3.5

B עַל-פַּח הָאָרֶץ
    in a snare ⟨on⟩ the ground
    sur un piège, à terre
      RSV : in a snare on the earth
      NEB : into a trap on the ground
      J   : dans le filet, à terre
      TOB : à terre sur un piège
[עַל הָאָרֶץ]
    on the earth
    sur la terre
      L   : zur Erde
  Fac.: 4
  Rem.: The expression can be translated as follows :
    "will a bird come down to a trap on the ground,
    if there is no bait ⟨in it⟩ for the bird ?".
  Rem.: L'expression peut être traduite ainsi : "l'oi-
    seau se précipitera-t-il sur la trappe, à terre,
    s'il n'y avait pas pour lui d'appât ?".
  Transl.: See Remark
  Trad.:   Voir Remarque

3.9

B באשדוד
   in Ashdod
   à Ashdod
     NEB : in Ashdod
     TOB*: dans Ashdod
     L   : von Asdod
[באשור]
   in Assyria
   à Assur
     RSV*: in Assyria
     J*   : d'Assur
  Fac.: 4,5,9
  Transl.: in Ashdod
  Trad.:   à Ashdod

3.11

B וסביב
   and round about
   et tout autour
     L   : ringsherum
[יסביב]/[יסובב] (=Brockington)
   he will surround
   il encerclera
     RSV : (an adversary) shall surround
     NEB : (an enemy) shall surround
     J*   : (l'ennemi) investira
     TOB*: (l'ennemi) encerclera
  Fac.: 1,4,6
  Rem.: The expression can be translated as follows :
    "distress, and ⟨destress⟩ round about !".
  Rem.: On peut traduire l'expression ainsi : "détresse,
    et ⟨détresse⟩ tout autour !"
  Transl.: See Remark
  Trad.:   Voir Remarque

3.11

B וְהוֹרִד
   and he shall bring down / and they will bring down
   (impersonal form)
   et il fera descendre / et on fera descendre
     RSV : (an adversary shall...) and bring down
     J   : il abattra
     TOB : on... dépouillera

L   : (man wird...) und ... herunterreissen
וְהוּרַד [וְהֻרַד] (=Brockington)
   and he shall be brought down
   et il sera descendu
      NEB : (your strong hold) shall be thrown down
   Fac.: 6,12
   Transl.: and they will brind down
   Trad.:   et on fera descendre

3.12

C וּבִדְמֶשֶׁק
      and on the elbow-cushion of
   et sur l'accotoir de
      RSV*: (with the corner...) and part (of a bed)
      TOB*: au confort (du lit)
[וּבְדַמֶּשֶׁק]
      and in Damascus
   et à Damas
      J* : sur (un divan de) Damas (en note : "Litt.:
            'sur le Damas d'un divan'...")
      L   : und auf (dem Lager von) Damast
   Fac.: 8,9
[וּבַד מֶשֶׁק] (=Brockington)
   and a part of the leg of
   et la partie d'une cuisse
      NEB*: or a chip from the leg (of a bed)
   Fac.: 14
   Rem.: The probable meaning of this expression is a
      part of a divan (or : sofa) namely its elbow-rest,
      and the name is explained by the fact that this
      kind of divan was fabricated especially in Damas-
      cus.
   Rem.: L'expression désigne probablement l'accotoir
      d'un divan, et le nom s'expliquerait parce que
      ce genre de divan était fabriqué en particulier
      à Damas.
   Transl.: and on the elbow-cushion of (the divan)
   Trad.:   et sur l'accotoir du (divan)

4.3

B תֵּצֶאנָה
    you will go out (fem.plur.)
    vous sortirez (fém.)
        RSV : you shall go out
        J   : vous sortirez
        TOB : vous sortirez
        L   : ihr werdet... hinaus müssen
    תצאנה [תֻּצֶאנָה] (=Brockington)
    you will be forced out of (fem.plur.)
    vous serez évacuées
        NEB : you shall... be carried ... out
Fac.: 4
Rem.: The escape of the women is through holes in
    the wall prepared in advance for people in order
    to save themselves at the moment when the city
    falls into the hands of the enemy.
Rem.: Cette sortie des femmes est une fuite par des
    brèches préparées d'avance pour se sauver au mo-
    ment où la ville tombe dans les mains de l'enne-
    mi.
Transl.: you will go out (fem.plur.)
Trad.:   vous sortirez (fem.)

4.3

    וְהִשְׁלַכְתֶּנָה
    and you (fem.plur.) will throw out
    et vous (fém.) jeterez dehors
    Fac.: 9
C והשלכתנה [וְהָשְׁלַכְתֶּנָה] (=Brockington)
    and you (fem.plur.) will be thrown out
    et vous serez jetées dehors
        RSV : and you shall be cast forth
        NEB : (you shall... be...) and pitched
        J* : et vous serez repoussées
        TOB*: et vous serez rejettées
        L   : (und ihr werdet...) und ... weggeschleppt
              werden
    Transl.: and you (fem.plural) will be thrown out
    Trad.:   et vous serez jetées dehors

4.3

C החרמונה
    towards Harmon
    vers l'Harmôn
      RSV : into Harmon
      TOB*: vers l'Harmôn
 [החרמונה]
    towards ⟨Mount⟩ Hermon
    vers l'Hermon
      J   : vers l'Hermon
      L   : zum Hermon
 Fac.: 14
 [המדמנה] (=Brockington)
    to a dughill
    vers un tas de fumier
      NEB*: on a dunghill
 Fac.: 14
 Rem.: "Harmon" refers to some unknown region. By
    means of a slight correction, one could obtain the
    name Mount Hermon, a mountain in the north of the
    country, on the road leading to Assyria.
 Rem.: "Harmôn" désigne une région inconnue. Avec
    une petite correction, on obtiendrait le nom du
    mont Hermôn, au nord du pays, sur la route qui
    conduit vers l'Assyrie.
 Transl.: to Harmon
 Trad.:   vers l'Harmôn

4.9

B הרבות
    the numerous ones
    les nombreuses
      TOB*: les richesses (en note : "...litt. les
            nombreuses...")
      L   : alles was
 [החרבתי] (=Brockington)
    I dried
    j'ai desséché
      RSV*: I laid waste
      NEB*: I laid waste
      J* : j'ai desséché
 Fac.: 14
 Rem.: In this context the expression means : "many
    most (of your gardens...)".
 Rem.: Dans le contexte, l'expression signifie : "la
    plupart (de vos jardins...)".

Transl.: See Remark
Trad.:   Voir Remarque

4.13

B הרים
    the mountains
    les montagnes
      RSV : the mountains
      J   : les montagnes
      TOB : les montagnes
      L   : die Berge
 [הידד] (?) (=Brockington) / [הדים] (?)
    shout of joy
    le cri de joie
      NEB*: the thunder
 Fac.: 14
 Transl.: the mountains
 Trad.:   les montagnes

4.13

B וּמַגִּיד לְאָדָם מַה-שֵּׂחוֹ
    and declaring to man what ⟨is⟩ his thought (that
    is, the man's thought)
    et annonçant à l'homme ce qu'⟨est⟩ sa pensée (c.-
    à-d. la pensée de l'homme)
      RSV : (he who...) and declares to man what is his
           thought
      J* : (c'est lui...) qui révèle à l'homme ses pen-
           sées (en note : "ou : 'qui révèle la pensée
           de l'homme'...")
      TOB : (celui...) qui révèle à l'homme quel est
           son dessein
      L   : er zeigt dem Menschen, was er im Sinne hat
 [וּמַגִּיד לְאַדְמָה שֵׂחוֹ] (=Brockington)
      NEB*: (it is he...) who showers abundant rain on
           the earth
 Fac.: 14
 Rem.: The expression refers to the secret thought of
    man himself.
 Rem.: Il s'agit de la pensée inexprimée de l'homme.
 Transl.: and declaring to man what ⟨is⟩ his thought
        (that is, the man's thought)
 Trad.:   et annonçant à l'homme ce qu'⟨est⟩ sa pensée
        (c.-à-d. la pensée de l'homme lui-même)

4.13

B עשה שחר עיפה
    making the morning darkness
    faisant du matin des ténèbres
        RSV : who makes the morning darkness
        NEB : who darkens the dawn with thick clouds
        J* : qui change l'aurore en ténèbres
        TOB : qui des ténèbres produit l'aurore
[עשה שחר ועיפה]
    making morning and darkness
    faisant matin et ténèbres
        L   : er macht die Morgenröte und die Finsternis
    Fac.: 1
    Transl.: making the morning darkness
    Trad.:   faisant du matin des ténèbres

5.6

C לבית אל
    to Bethel
    à Béthel
        RSV : for Bethel
        J   : à Béthel
        TOB : à Béthel
        L   : zu Bethel
לבית ישראל (=Brockington)
    to the house of Israel
    à la maison d'Israël
        NEB*: Israel
    Fac.: 6,13
    Rem.: See a similar textual difficulty in Hos 10.15
      above.
    Rem.: Voir une difficulté textuelle semblable en
      Os 10.15 ci-dessus.
    Transl.: to Bethel
    Trad.:   à Béthel

5.7

B ללענה
    to wormwood
    en absinthe
        RSV : to wormwood
        J   : en absinthe
        TOB : en poison
        L   : in Wermut

[למעלה] (=Brockington)
  upwards
  vers le haut
    NEB*: (thurn...) upside town
Fac.: 6
Transl.: to wormwood
Trad.:   en absinthe

5.9

B שד על-עז ושד על-מבצר יבוא
  devastation ⟨comes⟩ upon the strong one, and
  devastation comes upon the fortress
  la dévastation ⟨arrive⟩ sur le fort, et la dévastation arrive sur la citadelle
    RSV : (who makes) destruction (flash forth)
        against the strong, so that destruction
        comes upon the fortress
    J* : (il déchaine) la dévastation sur celui qui
        est fort, et la dévastation arrive sur la
        citadelle
    TOB*: (c'est lui qui livre) au pillage l'homme
        fort, et le pillage force l'entrée de la
        citadelle
[שד על עז ושד על מבצר יביא]
  devastation upon the strong one, and devastation
  he brings upon the fortress
  la dévastation sur le fort, et il fait venir la dévastation sur la citadelle
    L   : (der) über den Starken Verderben (kommen
        lässt) und bringt Verderben über die feste
        Stadt
 Fac.: 4
[שר על עז ושר על מבצר יביא] (=Brockington)
  the Bull upon the Goat, and brings the Bull upon
  the Vintager (Bull, Goat and Vintager refer to
  constellations of stars)
  le Taureau sur la Chèvres, et fait venir le Taureau contre le
  Vendangeur (Taureau, Chèvre et Vendageur désignent
  des constellations d'astres)
    NEB*: (who makes) Taurus (rise) after Capella
        and Taurus set hard on the rising of the
        Vintager
 Fac. : 14
 Rem.: The expression means : "(he brings about) de-
    vastation against the strong man, and so devastation
    comes upon the fortress/citadel".

Rem.: Le sens de l'expression est le suivant : "(il
  déchaîne) la dévastation sur l'homme fort, de
  sorte que la dévastation arrive sur la citadelle".
Transl.: See Remark
Trad.:   Voir Remarque

5.16

B אדני
    the Lord / my Lord
    le Seigneur / mon Seigneur
      RSV : the Lord
      J   : le Seigneur
      TOB : mon Seigneur
      L   : der Herr
 [Lacking.Manque] = NEB* (=Brockington)
  Fac.: 6,4
  Transl.: the Lord / my Lord
  Trad.:   le Seigneur / mon Seigneur

5.16

B ומספד אל-יודעי נהי
    (they call...) and a mourning for the experts in
    lamentations
    (ils appellent...) et une lamentation pour les
    experts en complaintes
      TOB*: (on invitera...) aux funérailles, les
            initiés en complainte (en note : "Litt.
            et les funérailles vers les initiés en
            complaintes. ...")
 [ואל-מספד יודעי נהי] (=Brockington)
    (they call...) and to mourning the experts in
    lamentations
    (ils appellent...) et à une lamentation les ex-
    perts en complaintes
      RSV : (they shall call...) and to wailing those
            who are skilled in lamentation
      NEB : (... shall be called...) and those skilled
            in the dirge to wailing
      J   : (on convoquera...) et aux lamentations ceux
            qui savent gémir
      L   : (und man wird... rufen) und zum Wehklagen,
            wer die Totenklage erheben kann
  Fac.: 4,6
  Rem.: The whole expression can be translated as fol-
    lows : "(and they will call the farmer to a dirge

and ⟨proclaim⟩) mourning for the experts in lamentations".
Rem.: L'expression peut être traduite ainsi : "(et
ils appelleront le laboureur au deuil, et ⟨ils
proclameront⟩) une lamentation pour les experts
en complaintes".
Transl.: See Remark
Trad.:   Voir Remarque

5.26

אֵת סִכּוּת
    Sikkuth
    Sikkouth
      TOB : Sikkouth
      L* : den Sikkuth
    Fac.: 9,7
C סכות [סַפֹּות]
    the royal canopies of
    les baldaquins de
[אֵת סֻכַּת] (=Brockington)
    the tent of
    la tente de
      NEB*: the shrine of
    Fac.: 4,12
אֵת סכות [אֵת סֻכַּת]
    Sakkuth
    Sakkouth
      RSV : Sakkuth
      J* : Sakkut
    Fac.: 14
    Rem.: See the next case with its Remark.
    Rem.: Voir le cas suivant avec sa Remarque.
    Transl.: the royal canopies of
    Trad.:   les baldaquins de

5.26

וְאֵת כִּיּוּן
    and Kiyyun / and the column
    et Kiyyoun / et la colonne
      NEB : and the pedestals
      TOB : et Kiyyoun
      L* : und Kinn
    Fac.: 9,7

C [וְאֵת כִּיּוּן] וְאֵת כִּיּוּן
  and Kewan
  et Kevan
     RSV : and Kaiwan
     J* : et (l'étoile de votre dieu,) Kevân
  Rem.: The whole expression can be translated as
    follows : "(you will carry away) the royal canopies
    (of your king) and the Kewan, (your idols, the star
    of your god which you have made for you)".
  Rem.: On peut traduire toute cette expression ainsi :
    "(vous emporterez) les baldaquins (de votre roi)
    et le Kéwân (vos idoles, l'étoile de votre dieu
    que vous vous êtes fabriqué)".
  Transl.: See Remark
  Trad.:   Voir Remarque

6.2

A גְּבוּלָם מִגְּבֻלְכֶם
    their territory than your territory
    leur territoire que votre territoire
       RSV : (or is) their territory (greater) than
             your territory
       J* : leur territoire (est-il plus grand) que
             le vôtre ?
       TOB : et leur territoire (serait-il plus grand)
             que votre territoire ?
  [גְּבֻלְכֶם מִגְּבוּלָם] (=Brockington)
    your territory than their territory
    votre territoire que leur territoire
       NEB*: (or is) your territory (greater) than
             their territory
       L   : (ist) euer Gebiet (grösser) als das ihre
  Fac.: 14
  Rem.: The meaning of this question seems to be the
    following : if these small States like Kalneh,
    Hamath, Gath are flourishing, how much more this
    will be the case with the greater States of Judah
    and Israel ! This discourse reflects the blind
    self-confidence of those who speak in this manner.
  Rem.: La signification de cette question semble être:
    si déjà de petits Etats comme Kalné, Hamat et Gat
    sont prospères, combien plus les Etats plus grands
    de Juda et d'Israël. Ce discours exprime la fausse
    sécurité de ceux qui tiennent ces propos.
  Transl.: their territory than your territory
  Trad.:   leur territoire que votre territoire

6.8

B נאם-יהוה אלהי צבאות
   word of the LORD, the God of hosts
   oracle du SEIGNEUR, Dieu des armées
       RSV : (says the LORD, the God of hosts)
       J   : - oracle de Yahvé, Dieu Sabaot -
       TOB : - oracle du SEIGNEUR, Dieu des puissances,
       L   : spricht der HERR, der Gott Zebaoth
 [Lacking.Manque] = NEB* (=Brockington)
  Fac.: 6
  Transl.: word of the LORD, the God of hosts
  Trad.:   oracle du SEIGNEUR, Dieu des armées

6.10

B ונשאו דודו ומסרפו
    and his uncle takes him up and he who will burn him
    et son oncle le lève et celui qui va le brûler
        RSV*: and when a man's kinsman, he who burns him,
              shall take him up
        NEB : and a man's uncle and the embalmer shall
              take him up
        TOB*: le parent qui (em-)portera (les cadavres...)
              pour les brûler (en note : "...Litt. son
              parent et son incinérateur le portera...")
        L   : und nimmt dann einen sein Verwandter, der
              ihn bestatten... will
 [ונאשרו נודדי מספר]
    there will remain ⟨only⟩ a few people who escape
    il n'y aura que peu de rescapés qui survivront
        J* : il n'y aura qu'un petit nombre de rescapés
              (pour...)
  Fac.: 14
  Rem.: After the destruction of the town, the relati-
    ves and others are obliged to burn the corpses
    which remained in the ruins. This was done in or-
    der to avoid epidemies.
  Rem.: Après la destruction de la ville, les parents
    et d'autres sont obligés de brûler les cadavres
    restés dans les décombres pour éviter les épidé-
    mies.
  Transl.: and his uncle and he who must burn him will
           carry him away
  Trad.:   et son oncle et celui qui doit le brûler
           l'emportera

6.12
B בבקרים
    with oxen
    avec des boeufs
      TOB*: avec des boeufs
      L   : mit Rindern
  [ובבקר ים] (=Brockington)
    with oxen the sea
    avec des boeufs la mer
      RSV : (does one plow) the sea with oxen ?
      NEB : (Can) the sea (be plonghed) with oxen ?
      J* : (laboure-t-on) la mer avec des boeufs ?
  Fac.: 14
  Transl.: with oxen
  Trad.:   avec des boeufs

6.13
A ללא דָבָר
     for nothing
     pour rien
       TOB*: pour Lo-Davar - pour rien
       L   : über Lo-Dabar
  [ללא דָבָר] (=Brockington)
     to Lo-Debar
     à Lo-Debar
       RSV*: in Lo-debar
       NEB*: over à nothing
       J* : à propos de Lo-Debar
  Fac.: 14
  Rem.: There is a word-play in the Hebrew expression
     "for nothing" (=lo tabar) with the name of the
     town "Lo-Debar" in Transjordan (2 Sam 9.4),
     which is possible one of the places reconquered
     shortly before that time (2 Kings 14.25).
  Rem.: Il y a peut-être un jeu de mots dans l'expres-
     sion hébraïque "pour rien" (=lo-dabar) avec le nom
     de la ville Lo-Debar en Transjordanie (2 S 9.4)
     qui pourrait être l'une des villes reconquises
     depuis peu (2 R 14.25).
  Transl.: to Lo-Dabar
  Trad.:   à Lo-Dabar

7.1

B יוֹצֵר
   forming
   façonnant
      RSV : he was forming
      TOB : il produisait
      L   : da war einer, der machte
 [יְצֶר] (=Brockington)
      the formation of
      la formation de
      NEB : a swarm of
      J   : c'était une éclosion de
   Fac.: 6
   Transl.: forming
   Trad.:   façonnant

7.1

B לֶקֶשׁ
   the latter growth
   le regain
      RSV : the latter growth
      NEB : (the late corn) which
      TOB : le regain
      L   : das Grummet war gewachsen
 [ילק]
      the locusts
      les sauterelles
      J* : (une éclosion...) de sauterelles adultes
   Fac.: 6
   Transl.: the latter growth
   Trad.:   le regain

7.4

A לרב באש
   for the judgment by fire
   pour le procès par le feu
      RSV : for a judgement by fire
      TOB : (le Seigneur intentait) un procès par un feu
 [לרב אש]
   for the judgement a fire
   pour le procès un feu
      J* : le feu pour châtier
      L   : das Feuer, um damit zu strafen
   Fac.: 14

[לשביב אש] (=Brockington)
   for the flame of fire
   pour la flamme de feu
     NEB*: à flame of fire
Fac.: 14
Transl.: for the judgment by fire
Trad.:   pour le procès par le feu

7.4

A וַתֹּאכַל
   and she ate / and it ate
   et elle mangea
     RSV : and it devoured
     J   : celui-ci dévora
     TOB : qui avait dévoré
     L   : das verzehrte
[וְתֹאכַל] (=Brockington)
   and she / it will eat
   et elle mangera
     NEB : to devour
Fac.: 1
Transl.: and it ate
Trad.:   et elle mangea

7.7

B הראני
   he showed me
   il me fit voir
     RSV : he showed me
     J   : il me fit voir
     TOB : il me fit voir
     L   : er liess mich abermals schauen
[הראני יהוה] (=Brockington)
   the LORD showed me
   le SEIGNEUR me fit voir
     NEB*: the LORD showed me
Fac.: 5,7
Transl.: he showed me
Trad.:   il me fit voir

7.7

B אדני
   the Lord / my Lord
   le Seigneur / mon seigneur
     RSV : the Lord
     J   : le Seigneur
     TOB : mon Seigneur
     L   : der Herr
[איש] (=Brockington)
   a man
   un homme
     NEB*: there was a man
  Fac.: 4,7
  Transl.: the Lord / my Lord
  Trad.:   un Seigneur / mon Seigneur

7.7

A על-חומת אנך
   on a wall of tin
   sur un mur d'étain
     RSV : beside a wall built with a plumb line
     TOB : sur une muraille d'étain
     L   : auf der Mauer, die mit dem Bleilot ge-
        richtet war
[על-חומה] (=Brockington)
   on a wall mur
   sur un mur
     NEB*: by a wall
     J* : près d'un mur
  Fac.: 14
  Rem.: The expression "tin" must have had for Amos
    and his contemporaries a particular symbolic or
    metaphorical meaning which we do no longer under-
    stand.
  Rem.: L'expression "étain" devait avoir pour Amos et
    ses contemporains une signification symbolique
    ou métaphorique qui nous échappe aujourd'hui.
  Transl.: on a wall of tin
  Trad.:   sur un mur d'étain

8.3

C שִׁירוֹת
    the songs
    les chants
        RSV : the songs
        J   : les chants
        TOB : les chants
        L   : die Lieder
    שירות [שָׁרוֹת]/[שָׁרִוֹת] (=Brockington)
    the singing women
    les chanteuses
        NEB : the singing women
    Fac.: 14
    Transl.: the songs
    Trad.:   les chants

8.8

    כאר
    like the light / like the Nile
    comme la lumière / comme le Nil
    Fac.: 12
C כיאר (=Brockington)
    like the Nile / the River
    comme le Nil / le fleuve
        RSV : like the Nile
        NEB*: like the Nile
        J* : comme le Nil
        TOB*: comme le fleuve
        L   : wie die Wasser des Nils
    Rem.: It is possible that the form of most of the MT
      manuscripts (כאר) is only a special orthography of
      כיאר.
    Rem.: Il se peut que la forme de la majorité des
      manuscrits du TM (כאר) ne soit qu'une orthographe
      particulière de כיאר.
    Transl.: like the Nile
    Trad.:   comme le Nil

8.11

C דברי
   the words of
   les paroles de
     RSV : the words of
[דבר]
   the word of
   la parole de
     NEB : the word of
     J* : la parole de
     TOB : la parole du
     L   : (nach) dem Wort des
  Fac.: 5
  Transl.: the words of
  Trad.:   les paroles de

8.14

A בְּאַשְׁמַת
   because of the sin of
   par le péché de
     J* : par le péché de
     TOB : par le Péché de
     L   : bei dem Abgott (Samarias)
[בְּאַשְׁמַת באשמת]
   by Ashimah of
   par l'Ashima de
     RSV : by Ashimah of
     NEB : by Ashimah goddess of
  Fac.: 14
  Transl.: because of the sin of
  Trad.:   par le péché de

9.1

B ובצעם בראש
   and shatter them on the head (of all of them)
   et brise-le sur la tête (d'eux tous)
     RSV : and shatter them on the heads (of all people)
     J* : brise-les sur (leur) tête
     TOB : retranche (tous) ceux qui sont en tête
[ובצעים בראש]
   and the brokenpieces upon the head
   et les débris sur la tête
     L   : und die Trümmer (ihnen allen) auf den Kopf
       fallen

Fac.: 14
[וּבְצַעַם אשבר] (=Brockington)
  and I will smash ⟨them⟩ to pieces
  et je ⟨les⟩ briserai en morceaux
    NEB*: I will smash (them all) into pieces
Fac.: 14
Transl.: and shatter them on the heads of (all of
         them)
Trad.:   et brise-les sur (leur) tête (à eux tous)

9.6

B מעלותיו   QERE
    his steps / his stair
    ses degrés / son escalier
      TOB*: son escalier (en note : "...litt. ses degrés...")
  מעלותו   KETIV
    his steps / his stair
    ses degrés / son escalier
      NEB*: his stair
  [עליתיו]
    his upper chambers
    ses chambres hautes
      RSV : his upper chambers
      J* : ses chambres hautes
  Fac.: 1
  [עליתו] (=Brockington)
    his upper chamber
    sa chambre haute
      L   : seinen Saal
  Fac.: 14
  Transl.: his steps / his stair
  Trad.:   ses degrés / son escalier

9.11

C פרציהן והרסתיו
    their breaches, and his ruins
    leur brèches, et ses ruines
  [פרציה והרסתיה] (=Brockington)
    her breaches, and her ruins
    ses brèches, et ses ruines
      RSV : its breaches, and ... its ruins
      NEB*: its gaping walls and... its ruins
      J* : ses brèches,... ses ruines
      TOB : (j') en (colmaterai) les brèches, (j')en
            (relèverai) les ruines

    L   : ihre Risse... und, was abgebrochen ist
Fac.: 4,6
Rem.: The numerous possessive pronouns, which do
  not agree with each other, in VV. 11-12, may reflect
  the intention of the author in suggesting that the
  whole of Israel was composed of a number of parts.
  Translators will probably have to unify these pronouns.
Rem.: Les nombreux pronoms possessifs qui ne s'ac-
  cordent pas, en VV. 11-12 révèlent peut-être l'intention de l'auteur de parler de la totalité d'Israël composée de différentes parties. Les traducteurs devront peut-être unifier les pronoms.
Transl.: its breaches and its ruins
Trad.:   ses brèches et ses ruines

OBADIAH / ABDIAS
=================

<u>1</u>

B שְׁמַעְנוּ
   we have heard
   nous avons entendu
     RSV : we have heard
     TOB*: nous l'entendons
     L   : wir haben... gehört
 [שמעתי] (=Brockington)
   I have heard
   j'ai entendu
     NEB*: I heard
     J*   : j'ai reçu ... (un message) (en note :
           "Litt. 'J'ai entendu...'")
   Fac.: 5
   Transl.: we have heard
   Trad.:   nous avons entendu

<u>3</u>

C מָרוֹם
   the height of
   le hauteur de
     L   : (in deinen) hohen (Schlössern)
 [מרים] (=Brockington)
   rising / lifting up
   rendant haut
     NEB : making (your home) on the heights
   Fac.: 4,6
 [מָרוֹם]
   the height <is>
   la hauteur <est>
     RSV : (whose dwelling) is high
     TOB : (et qui habites) sur les hauteurs
   Fac.: 4,6
 [מרומים]
   the heights <are>
   les hauteurs <sont>

J* : toi qui fais des hauteurs (ta demeure)
Fac.: 14
Rem.: The expression may be translated as follows :
   "(O you, who dwell in the rifts of the rock), in
   the height of your home" (lit. "of his home", for
   Hebrew constructs the agreement with the vocative
   by means of the 3d person).
Rem.: L'expression peut être traduite ainsi : "(toi
   qui habites les fissures du roc,) l'altitude de
   ta demeure" (litt. "de sa demeure", car l'hébreu
   construit l'accord avec le vocatif à l'aide de la
   troisième personne).
Transl.: See Remark
Trad.:   Voir Remarque

<u>4</u>

C שׂים
   set
   placé
     RSV : (your nest) is set
     NEB : (your nest) is set
  [תשׂים]
   you set
   tu places
     J* : (quand) tu placerais
     TOB : (et que) tu placerais
     L   : (wenn du... und) machtest (dein Nest)
  Fac.: 2,5
  Transl.: ⟨is⟩ set
  Trad.:   ⟨est⟩ placé

<u>12</u>

A ביום אחיך
   over the day of your brother
   du jour de ton frère
     RSV : over the day of your brother
     TOB : du jour de ton frère
  [באחיך]
   over your brother
   de ton frère
     NEB : over your brother
     J* : à la vue de ton frère
     L   : auf deinen Bruder
  Fac.: 14

Transl.: over the day of your brother
Trad.:   du jour de ton frère

17

מוֹרָשֵׁיהֶם
  their possessions
  leurs possessions
    RSV : their own possessions
    J   : (la maison de Jacob...) ses possessions
  Fac.: 12
C מוֹרִשֵׁיהֶם (=Brockington)
  those who dispossess them
  leurs expropriateurs
    NEB : those that dispossessed them
    TOB*: ceux qui les ont spoliés
    L   : (das Haus Jakob soll) seine Besitzer (be-
          sitzen)
  Transl.: those who dispossess them
  Trad.:   leurs expropriateurs

20

B החל הזה
    of this bulwark / rampart
    de cet avant-mur
[החיל הזה]
    of this force / this army
    de cette force / armée
      J   : cette armée
  Fac.: 6,9
[חלה]
    in Halah
    à Halah
      RSV*: in Halah
  Fac.: 14
[Lacking.Manque] = NEB*, J (=Brockington)
  Fac.: 14
  Rem.: For the translation of the whole expression
    see the Remark in the next case.
  Rem.: Pour la traduction de toute l'expression voir
    la Remarque dans le cas suivant.
  Transl.: of this bulwark
  Trad.:   de cet avant-mur

20

A אֲשֶׁר (1°)
    which
    qui
[תרש] (=Brockington)
    she will possess
    elle prendra possession
      RSV*: (the exiles...) shall possess
      NEB*: (exiles...) shall possess
 Fac.: 14
[ירשו]
    they will possess / expulse
    ils prendront possession / déposséderont
      J* : (les exilés...) posséderont
      TOB*: (les exilés...) chassent
      L   : (die Weggeführten...) werden ... besitzen
    Fac.: 14
    Rem.: The MT is certainly a corrupted text, but it
      is the earliest attested text, and the other text
      form of the Septuagint depends upon the MT. It is
      possible to translate the expression of the MT
      as follows : "and those who were deported, ⟨coming
      from⟩ the bulwark ⟨belonging⟩ to the sons of Is-
      rael who ⟨are at..., will inherit the land⟩ of
      the Canaanites".
    Rem.: Le TM est sûrement corrompu, mais il est sans
      aucun doute possible le texte attesté le plus an-
      cien, et la forme textuelle de la Septante en dé-
      pend. On peut traduire l'expression du TM comme
      suit : "et les déportés ⟨issus⟩ de cet avant-mur
      ⟨appartenant⟩ aux fils d'Israël qui ⟨sont à..., hé-
      riteront du pays⟩ des Cananéens".
    Transl.: See Remark
    Trad.:   Voir Remarque

21

C מֹשִׁעִים
    saviors
    des libérateurs
      RSV : saviors
      TOB*: des libérateurs
[נושעים] / משעים [=מֻשָׁעִים] (=Brockington)
    those saved
    des sauvés
      NEB : those who find saferty
      J* : victorieux (en note : "... litt. 'les
            sauvés'...")

```
    L   : die Geretteten
Fac.: 12
Transl.: saviors
Trad.:   des libérateurs
```

JONAH / JONAS

=============

1.8

A באשר למי הרעה הזאת לנו
   because of whom this evil ⟨comes⟩ to us
   à cause de qui ce malheur nous ⟨vient⟩
     RSV : on whose account this evil has come upon us
     L   : warum geht es uns so übel
 [Lacking.Manque] = NEB*, J*, TOB* (=Brockington)
   Fac.: 10
 Transl.: because of whom this evil ⟨comes⟩ to us
 Trad.:   à cause de qui ce malheur nous ⟨vient⟩

2.5(4)

B אך
   truly / however
   vraiment / pourtant
    NEB : and
    TOB*: mais pourtant
    L   : (..., ich würde...)
 [איך]
   how ?
   comment ?
    RSV : how
    J   : comment
 Fac.: 1
 Transl.: however
 Trad.:   pourtant

3.8

A האדם והבהמה
   men and beast
   hommes et bêtes
    RSV : man and beast
    TOB : hommes et bêtes
    L   : Menschen und Vieh
 [Lacking.Manque]= NEB, J*

Fac.: 14
Transl.: men and beast
Trad.:   hommes et bêtes

MICAH / MICHEE

===============

1.2

B אדני
   the Lord
   le Seigneur
     RSV : the Lord
     NEB : the Lord
     TOB : le Seigneur
     L   : Gott
   Lacking.Manque = J*
   Fac.: 6
   Rem.: L does not translate the MT literally.
   Rem.: L ne donne pas de traduction littérale du TM.
   Transl.: the Lord
   Trad.:   le Seigneur

1.5

B במות
   the high places
   les hauts lieux
     TOB*: les hauts lieux
     L   : die Opferhöhen
  [חטאת בית]
   the sin of the house of
   le péché de la maison de
     RSV*: the sin of the house of
     J   : (à cause...) du crime de la maison d'(Is-
           raël)
   Fac.: 5
  [במת] (=Brockington)
   the high place of
   le haut lieu de
     NEB : the hill-shrine
   Fac.: 14
   Transl.: (and which) <are> the high places of
   Trad.:   (et quels) <sont> les hauts lieux de

1.7

B קָבְצָה
   she has gathered
   elle a amassé
     RSV : she gathered
     NEB : she amassed
 [קָבְצוּ]
   they have gathered
   elles ont été amassées
     J* : elles ont été amassées
     TOB : amassées
     L   : sie sind... zusammengebracht
  Fac.: 6
  Transl.: she has gathered
  Trad.:   elle a amassé

1.9

C מכותיה
   her blows / wounds
   ses coups / blessures
     TOB : le coup qui la frappe (en note : "Litt.
           les coups d'elle...")
 [מכתה]
   her blow / wounds
   son coup / sa blessure
     RSV : her wound
     NEB : her wound
  Fac.: 4,6
 [מכת יהוה]
   the blow from the LORD
   le coup du SEIGNEUR
     J* : (remède) au coup de Yahvé
     L   : die Plage des HERRN
  Fac.: 14
  Rem.: The expression can be translated as follows :
   "for incurable are her sores (or : wounds)" or
   "for her sores are an incurable <matter>".
  Rem.: L'expression peut être traduite ainsi : "car
   <chose> incurable sont ses blessures".
  Transl.: See Remark
  Trad.:   Voir Remarque

1.10

B אַל־תַּגִּידוּ
    do not tell ! (imperative plural)
    ne proclamez pas
      RSV : tell it not
      J   : <u>ne le publiez pas</u>
      TOB : ne faites pas de proclamation
      L* : verkündet's ja nicht
[אַל־תָּגִדוּ] (=Brockington)
    do not weep your fill
    ne pleurez pas tout votre soûl
      NEB : will you not weep (your fill...?)
 Fac.: 14
 Transl.: do not tell ! (imperative plural)
 Trad.: ne proclamez pas

1.10

B בבית לעפרה
    in Beth-le-aphrah
    à Beth-le-aphrah
      RSV : in Beth-le-aphrah
      J   : à Bet-Léaphra
      TOB : dans Beth-Léafra
      L   : in Beth-Leaphra
[בבית עפרה] (=Brockington)
    in Beth-aphrah
    à Beth-aphrah
      NEB*: in Beth-aphrah
 Fac.: 1,6,9
 Rem.: There is a play on words between the place-
    name Aphra and the word "dust" (="<u>afar</u>" in Hebrew).
 Rem.: Il y a un jeu de mot entre le nom de lieu
    "Aphra" et le mot "poussière" (= "<u>afar</u>" en hébreu).
 Transl.: within Aphra
 Trad.: à l'intérieur d'Aphra

1.11

C עברי לכם
    pass by (imperative singular), for you
    passe (impératif singulier), pour vous
      TOB : passe...
[עברו לכם]
    pass by (imperative plural) for you
    passez (impératif pluriel) pour vous

```
       RSV : pass on your way (, inhabitants of)
       NEB : take the road (,you that dwell in)
       L   : (ihr Einwohner von Schaphir) müsst dahin
   Fac.: 6
[שופר העברו]
    blow the horn
    sonnez du cor
       J*  : sonne du cor (toi qui demeures à)
   Fac.: 14
   Rem.: 1. Translators may translate with an imperative
      plural this imperative singular having a collec-
      tive meaning : "pass by".
      2. See the Remark at the 3d case of V. 11 for the
      translation of the whole V.
   Rem.: Cet impératif au singulier a une signification
      collective; les traducteurs peuvent donc le rendre
      par un impératif pluriel : "passez".
      2. Voir la Remarque au 3e cas du V. 11 pour la tra-
      duction de l'ensemble du V.
   Transl.: See Remark 1
   Trad.:   Voir Remarque 1
```

1.11

```
B עֶרְיָה-בֹשֶׁת
    ⟨your⟩ shame uncovered
    ⟨ta⟩ honte mise à nu
       RSV : in nakedness and shame
       TOB*: honteuse et nue (en note : "Litt. nudité
             de honte...")
       L   : mit allen Schanden
[מֵעִירָה]
    far from her city
    loin de sa ville
       J*  : de sa cité
   Fac.: 14
[עִירָהּ בֹשֶׁת] (=Brockington)
    her city of shame
    sa ville de honte
       NEB*: in shame from their city
   Fac.: 14
   Rem.: See the Remark in the next case for the trans-
      lation of the whole V.
   Rem.: Voir la Remarque du cas suivant pour la tra-
      duction de tout le V.
   Transl.: ⟨your⟩ shame uncovered
   Trad.:   ⟨ta⟩ honte mise à nu
```

1.11

A יִקַּח מכם
    he will take from you
    il prendra de vous
      RSV : (the wailing...) shall take away from you
      NEB : (Beth-ezel...) she can lend you (support)
             no longer
[יֻקַּח מכם]
    he will be taken from you
    il sera pris de vous
      TOB : (tout soutien) vous est retiré
  Fac.: 1,6
[יֻקַּח ממכון]
    he will be torn off his base
    il sera pris de la base
      J* : (Bet-ha-Eçel) est arrachée... de la base
          (de son assise)
  Fac.: 14
  Rem.: V. 11 can be translated in the following way :
    "go away/pass on your way, O you who dwell in
    Shaphir, <with> your shame uncovered; she who dwells
    in Zaanan did not go out (that is, in order to help
    Beth-ha-Ezel; therefore :) the lamentation of Beth-
    ha-Ezel (broken down because of the lack of help
    from Zaanan) will take over from you its lack of
    action" (that is, when Beth-ha-Ezel should be able
    to come and help Zaanan). There are plays on words
    involving these place names, their meanings and
    the oracles of the prophet.
  Rem.: Le V. 11 peut être traduit ainsi : "allez-vous-
    en, habitante de Shafir, <en ta> honte mise à nu;
    l'habitante de Çaanân n'est pas sortie (c.-à-d.
    pour aider Beth-ha-Eçel; c'est pourquoi:) la lamen-
    tation de Beth-ha-Eçel (durement frappé parce que
    non secouru par Çaanân) vous empruntera son inertie"
    (lorsqu'il faudrait que Beth-ha-Eçel vole au secours
    de Çaanân). Il y a des jeux de mots avec ces noms
    de lieu, leurs significations et les oracles du
    prophète.
  Transl.: See Remark
  Trad.:   Voir Remarque

1.12

כי חלה B
for she was torn by pain / she has waited anxiously
car elle s'est tordue de douleurs / elle a attendu anxieusement
   RSV : for (the inhabitants...) wait anxiously
   NEB : (the people...) are greatly alarmed
[כי יחלה]
for she will be sick / wait
car elle sera malade / attendra
   J* : pourrait-elle donc espérer (le bonheur)...?
Fac.: 14
Transl.: for she waited anxiously
Trad.:   elle a attendu anxieusement

1.13

היא A
she / that
elle / cela
   J   : ce fut (le début...)
   TOB : là fut (l'origine...)
[את היא]
you ⟨are⟩ it
toi tu l'⟨es⟩
   RSV*: you were (the beginning)
   NEB : you (first)
   L   : du bist (der Anfang)
Fac.: 14
Transl.: that ⟨was⟩ (the origin)
Trad.:   là ⟨fut⟩ (l'origine)

1.14

תתני B
you will give
tu donneras
   RSV : you shall give (parting gifts)
   J   : tu devras verser (une dot)
   TOB : tu établiras (un acte de divorce)
   L   : du wirst dich (scheiden lassen) müssen
[תֻּתַּן] (=Brockington)
she/it will be given
elle sera donnée
   NEB : let... be given
Fac.: 14

Rem.: There is again a word-play on the place-name
מורשת, Moresheth, and the common name "bride" =
מורשת. The expression can be translated as follows : "you will give ('parting gifts' concerning
Moresheth-Gath [=the bride of Gath])".
Rem.: Il y a ici encore un jeu de mots entre מורשת
= nom de lieu et מורשת = "fiancée". La traduction
serait : "tu donneras (des 'cadeaux d'adieu' concernant Moreshet-Gat [=fiancée de Gat])".
Transl.: See Remark
Trad.:   Voir Remarque

1.14

A בתי אכזיב
    the houses of Achzib
    les maisons d'Akziv
       RSV : the houses of Achsib
       TOB : les maisons d'Akziv
       L   : die Häuser von Achsib
[בית אכזיב] (=Brockington)
    Beth-achzib
    Béth-akziv
       NEB*: Beth-achzib
       J* : Bet-Akzib
    Fac.: 14
    Rem.: The expression can be interpreted in two ways :
    1° "the factories of Achzib" (these were factories
    of pottery), 2° "the two towns of Achzib" (for the-
    re were two towns of that name at the time of Micah).
    Rem.: L'expression peut être comprise de deux maniè-
    res : 1° "les ateliers/fabriques d'Akzib" (c'était
    des ateliers de potterie), 2° "les deux villes d'Ak-
    zib" (car il existait deux villes de ce nom à l'é-
    poque de Michée).
    Transl.: See Remark
    Trad.:   Voir Remarque

2.4

B ימיר
    he changes
    il change
       RSV : he changes
       NEB : (the land...) changes hands
       TOB : on aliène
       L   : (meines Volkes Land) kriegt einen fremden
             Herrn

[ימד בחבל]
   is measured by the cord
   est mesuré au cordeau
      J* : (la part...) est mesurée au cordeau
   Fac.: 4
   Rem.: The expression can be translated : "he ex-
   changes (the portion of my people)". The meaning
   is : he gives the land of Judah to another owner,
   while he acquires in exchange for his people another territory, namely the land of exile. The
   translation of the entire expression will figure
   in the Remark of the last case on 2.4, below.
   Rem.: L'expression signifie : "il échange (la part
   de mon peuple)". Le sens est : il donne le pays
   de Juda à un autre possesseur, tandisqu'il ac-
   quiert en échange un autre territoire pour son
   peuple, à savoir la terre de son exil. La traduction de tout cet ensemble du V. 4 sera donnée
   dans la Remarque sur le dernier cas de 2.4.
   Transl.: See Remark
   Trad.:   Voir Remarque

2.4

C איך ימיש לי
   how will he move toward me ?
   comment va-t-il se mouvoir vers moi ?
     RSV : how he removes it from me
     TOB : comment se fait-il qu'on me l'enlève
[ואין משיב לו]
   nobody ⟨is⟩ giving back to him
   personne ne lui rendant
      J* : personne ne la lui rend
   Fac.: 14
[איך ימשל] (=Brockington)
   how will he have power ?
   comment domine-t-il ?
     NEB*: how shall a man have power (to restore)
   Fac.: 14
   Rem.: 1. It is not possible to see on which textual
   basis the translation of L rests.
   2. See the translation of this whole unit below
   in the Remark on the last case of 2.4.
   Rem.: 1. On ne peut déterminer la base textuelle de
   la traduction de L.
   2. Voir la traduction de toute cette unité ci-
   dessous dans la Remarque du dernier cas de 2.4.

Transl.: how will he move ⟨again⟩ toward me ?
Trad.:   comment va-t-il se mouvoir ⟨de nouveau⟩
         vers moi ?

2.4

B לשובב
    in order to make restitution
    afin de restituer
      NEB : to restore
      TOB : entre les rebelles (on partage)
      L   : (wann wird er...) wieder zuteilen
  [לשובינו]
    for those who make us prisoners
    pour ceux qui nous rendent captifs
      RSV*: among our captors
      J* : à celui qui nous pille
    Fac.: 14
    Rem.: See the Remark of the next case for the trans-
    lation of the whole unit.
    Rem.: Voir la Remarque du cas suivant pour la tra-
    duction de l'ensemble de cette sentence du prophète.
    Transl.: in order to make restitution
    Trad.:   afin de restituer

2.4

B יְחַלֵּק
    he divides
    il partage
      RSV : he divides
      TOB : on partage
      L   : die er uns genommen hat
  [יְחֻלָּקוּ] (=Brockington)
    they will be divided
    ils seront partagés
      NEB*: (our fields,) now parcelled out
      J* : (nos champs) sont attribués
    Fac.: 12,6
    Rem.: This entire "proverb" of the prophet can be
    translated as follows : "he exchanges the inheri-
    tance of my people ! How will he move ⟨again⟩ to-
    wards me, in order to make restitution for the
    fields which he is distributing ?".
    Rem.: La traduction de ce "proverbe" du prophète dans
    son ensemble est la suivante : "il échange la part
    de son peuple ! Comment va-t-il se mouvoir ⟨de nou-

veau> vers moi afin de restituer nos champs qu'il
est en train de partager ?".
Transl.: he divides
Trad.:   il partage

2.7

האמור C
    is it said ?
    est-ce que <cela est> dit ?
      RSV : should this be said...?
      NEB : can one ask...?
      TOB : cela aurait-il été dit...?
[הארור]
    is it cursed ?
    est-ce maudit ?
      J* : (La maison de Jacob) serait-elle maudite ?
      L   : ist denn (das Haus Jakob) verflucht ?
    Fac.: 14
    Rem.: This expression can be translated either "is
      it decided, (house of Jacob) ?", or "is it <true
      that> they say <in> the house of Jacob) ?".
    Rem.: On peut traduire cette expression, soit "est-
      ce décrété, (maison de Jacob) ?", soit "est-il
      <vrai qu'> on dit (<dans> la maison de Jacob) ?".
    Transl.: See Remark
    Trad.:   Voir Remarque

2.7

עם הישר הולך B
    with him <who> goes <in ways that are> right
    avec celui qui marche droit
      RSV : to him who walks uprightly
      NEB : he is the upright man's best friend
      TOB*: pour celui qui marche droit (en note :
            "Litt. avec le juste qui marche.")
      L   : den Frommen
[עמה ישראל]
    his people Israel
    son peuple Israël
      J* : pour son peuple Israël
    Fac.: 14
    Transl.: with him who lives right
    Trad.:   avec lui qui marche droit

2.8

A ‏ואתמול עמי לאויב יקומם‏
and yesterday my people rise up as/against an
enemy
et hier mon peuple se levait comme/contre un
ennemi
>   TOB : hier, mon peuple se dressait contre un
>   ennemi

‏[ואתם לעמי לאויב תקומו]‏
and you rise up against my people ⟨as⟩ against an
enemy
et vous, vous vous levez contre mon peuple ⟨comme⟩
contre un ennemi
>   RSV*: but you rise against my people as an enemy
>   J* : c'est vous qui vous dressez en ennemis
>   contre mon peuple
>   L   : aber ihr steht wider mein Volk wie ein
>   Feind
 Fac.: 14
‏[ואתם לא עמי לאויבי קמים]‏ (=Brockington)
and you ⟨are⟩ not my people, rising up as my
enemy
et vous, vous n'⟨êtes⟩ pas mon peuple, dressés en
ennemi à mon égard
>   NEB*: but you are no people for me, rising up
>   as my enemy (to my face)
Fac.: 14
Rem.: See the two following cases also.
Rem.: Voir aussi les deux cas suivants.
Transl.: yesterday still my people rises up as an
         enemy
Trad.:   hier encore, mon peuple se dresse comme un
         ennemi

2.8

B ‏ממול שלמה אדר‏
in front of a cloak, the glory
en face d'un manteau, la gloire
>   TOB : de dessus la tunique, (vous enlevez) le
>   manteau
>   L   : Rock und Mantel

‏[ממול שלם האדר(ת)]‏
from the peaceful, the cloak
du paisible, le manteau
>   RSV*: (you strip) the robe from the peaceful

        J*   : à qui est sans reproche (vous arrachez)
               son manteau
Fac.: 14
[ממולי אדר השלם] (=Brockington)
    in front of me, the cloak of the peaceful
    en face de moi, le manteau du paisible
        NEB*: to my face, (to strip) the cloak from him
              that was safe
Fac.: 14
Rem.: See the next case with its Remark, where the
    translation of the whole clause will be given.
Rem.: Voir le cas suivant avec sa Remarque où sera
    donnée la traduction de toute la proposition.
Transl.: in front of the cloak (you strip off) the
         honour from
Trad.:   en face d'un manteau (vous arrachez) l'hon-
         neur de

2.8

B מֵעֹבְרִים בטח שׁובי מלחמה
    those who pass by in confidence, averse to war/
    strife
    de ceux qui passent en confiance, les retournés de/
    par la bataille
        RSV : from those who pass by trustingly with no
              thought of war
        TOB : à ceux qui, au retour de la guerre, passent
              en toute sécurité
        L   : denn nie Leute, die aus dem Kriege kommen,
              ... denen, die sicher dahergehen
[מַעֲבְרִים בטח שׁבר מלחמה]
    ⟨on those who live⟩ in confidence you impose the
    disaster of war
    ⟨à ceux qui sont⟩ en confiance vous imposez le
    malheur de la guerre
        J* : à qui se croit en sécurité, vous infligez
              les désastres de la guerre
Fac.: 4,6
[מַעֲבִירִים בטח שׁבי מלחמה] (=Brockington)
    those who take away the confidence of those who
    come back from war
    ceux qui font passer la confiance de ceux qui re-
    tournent de la guerre
        NEB : and take away the confidence of returning
              warriors
Fac.: 14

Rem.: The most probable translation of the whole
V. would be the following : "yesterday still my
people rose up as an enemy (of God and their poor
brothers) : ⟨being⟩ in front of a cloak, they
strip off the honour of those who pass by in con-
fidence, being averse to war/strife".
Rem.: Voici la traduction la plus vraisemblable
de tout le V. : "hier encore mon peuple se
pose en ennemi (de Dieu et des frères pauvres) :
⟨mis⟩ en face d'un manteau, on dépouille de ⟨leur⟩
honorabilité ceux qui passent avec confiance sans
intention belliqueuse".
Transl.: See Remark
Trad.:   Voir Remarque

2.10

A טמאה
   she is unclean / she has been defiled
   elle est impure / elle a été souillée
      RSV : (because of) uncleanness
      NEB : (to) defile yourselves
      TOB : (par) ton impureté
      L   : (um) der Unreinheit (willen)
[מאומה]
   something
   n'importe quoi
      J* : (pour) un rien
Fac.: 14
Rem.: 1. RSV, TOB and L are based upon certain MT
   manuscripts, but the best witnesses to the MT
   give the verb "she is unclean", not the noun
   "her uncleanness".
   2. See the next case with its Remark.
Rem.: 1. RSV, TOB et L se basent sur des manuscrits
   du TM, mais les meilleurs témoins du TM donnent
   la forme verbale "elle est impure", non le substan-
   tif "son impureté".
   2. Voir le cas suivant avec sa Remarque.
Transl.: she is unclean / she has been defiled
Trad.:   elle est impure / elle a été souillée

2.10

B תְּחַבֵּל וְחֶבֶל
   she/it will ruin, and a (cruel) ruin
   elle ruinera, et une ruine (cruelle)
      RSV : that destroys with a... destruction
      TOB : tu provoques la destruction et la destruc-
[תְּחֻבַּל חֶבֶל]   tion
   she/it will be ruines <by> a (cruel) ruin
   elle sera ruinée <par> une ruine (cruelle)
      L   : muss sie unsanft zerstört werden
   Fac.: 4,8
[תַּחְבְּלוּ חֲבֹל]
   you take a pledge
   vous prenez en gage un gage
      J* : vous extorquez un gage écrasant
   Fac.: 14
[תְּחַבְּלוּ חֶבֶל] (=Brockington)
   you (plural) will ruin <by> a (cruel) ruin
   vous ruinerez <par> une ruine (cruelle)
      NEB : you... would commit any mischief, mischief
            (however cruel)
   Fac.: 14
   Rem.: The clause can be translated in this way : "because she/it has been defiled, she/it will bring
   about the ruin, and <it will be> a cruel ruin !".
   Rem.: La proposition peut être traduite ainsi :
   "parce qu'elle a été souillée, elle apportera la
   ruine, et une ruine cruelle !".
   Transl.: See Remark
   Trad.:   Voir Remarque

2.11

C רוח ושקר כזב
   wind and lies, he lies
   du vent et du mensonge, il ment
      RSV : (if a man should...) and utter wind and
            lies
      TOB : (un homme courant après) le vent et dé-
            bitant des mensonges
[רוח שקר וכזב] (=Brockington)
   a spirit of falsehood and lies
   un esprit de tromperie et de mensonge
      NEB : in a spirit of falsehood and lies
   Fac.: 1,4

[רוח ושקר אכזב]
   wind and lies, I will lie
   du vent et du mensonge, je mentirai
     L   : (wenn ich ein Irr)geist wäre und ein
           Lügenprediger
 Fac.: 1,4
[רוח ושקר כזב]
   lying wind and lies
   mentant du vent et du mensonge
     J   : (s'il pouvait y avoir un) inspiré qui
           forge ce mensonge
 Fac.: 14
 Rem.: The clause can be translated as follow :
  "would there be a man going after the wind and
  producing lies".
 Rem.: On peut traduire la proposition ainsi : "y
  aurait-il un homme allant au vent et forgeant
  des mensonges".
 Transl.: See Remark
 Trad.:   Voir Remarque

3.1

ראשי יעקב B
   leaders of Jacob
   chefs de Jacob
    RSV : heads of Jacob
    NEB : leaders of Jacob
    TOB : chefs de Jacob
[ראשי בית יעקב]
   heads of the house of Jacob
   chefs de la maison de Jacob
     J* : chefs de la maison de Jacob
     L   : Häupter im Hause Jakob
 Fac.: 5
 Transl.: leaders of Jacob
 Trad.:   chefs de Jacob

3.3

כַּאֲשֶׁר בסיר
   as in a pot
   comme dans la marmite
     L   : wie in einen Topf
 Fac.: 12

C[כְּשְׁאֵר בסיר] (=Brockington)
    like meat in a pot
    comme de la viande dans la marmite
       RSV*: like meat in a kettle
       NEB*: like flesh into a pot
       J* : comme chair dans la marmite
       TOB*: comme chair en la marmite
  Transl.: like meat in a pot
  Trad.:   comme viande dans la marmite

4.14 (5.1)

B תתגדדי בת-גדוד
    gash yourself, daughter of a band
    fais-toi des incisions, fille de bande
       TOB*: fais-toi des incisions, fille guerrière
             (en note : "Litte. fille de troupe...")
[תתגדרי בגדר]
    build a wall around you (imperative singular)
    emmure-toi dans un mur
       RSV*: you are walled about with a wall
  Fac.: 14
[תתגדרי בית גדר]
    build a wall, a structure <consisting of> a wall
    (lit. house of a wall)
    pourvois-toi d'un rempart, d'une contruction de
    murs (litt. d'une maison du rempart)
       J* : fortifie-toi, Forteresse ! (en note :
             "...litt. 'maison du rempart'...")
  Fac.: 14
[התגדדי התגודדי]
    tearing yourself, gash yourself
    en te déchirant fais-toi des incisions
       L   : zerrauf une zerkratze dich
  Fac.: 14
[תתגדרי בת גדר] (=Brockington)
    build a wall, daughter (that is, people) of the
    wall
    emmure-toi, fille de mur
       NEB*: get you behind your walls, you people of
             a walled city
  Fac.: 14
  Rem.: The situation, described in this V., may be
    explained in two ways : 1° the prophet adresses
    himself to Sion (referred to as feminine) which
    is in such a desperate condition that there is
    nothing for Sion to do but to gash herself;

2° the prophet calls the Assyrian army which be-
sieges Jerusalem, but Jerusalem will be saved by
a savior king who is to be born soon in Bethlehem
(5.1ff.).

Rem.: Deux interprétations de la situation, décrite
dans ce V., sont possibles : 1° le prophète s'ad-
resse à Sion qui est dans une situation si déses-
pérée qu'il ne lui reste plus rien d'autre qu'à
faire des incisions; 2° le prophète interpelle
l'armée assyrienne qui assiège Jérusalem et qui
sera repoussée par le roi-sauveur qui va naître
à Bethléem (5.1ss.).

Transl.: gash yourself, daughter of a band
Trad.:   taillade-toi, fille de bande

<u>4.14</u>(5.1)

A עלינו
     against us
     contre nous
        RSV : against us
        J   : contre nous
        TOB : (on) nous (a assiégés)
        L   : (man wird) uns (belagern)
  [עליכם] (=Brockington)
     against you (plur.)
     contre vous
        NEB*: against you
     Fac.: 4,12
     Transl.: against us
     Trad.:   contre nous

<u>5.1</u>(2)

B אפרתה צעיר להיות
     Ephrathah, little to be
     Ephrata, petit pour être
        RSV : Ephrathah, who are little to be
        NEB : in Ephrathah, small as you are to be
        TOB : Ephrata, trop petite pour compter (parmi
              les clans)
        L   : Ephratha, die du klein bist
  [אפרתה הצעיר]
     Ephrathah, the small one
     Ephrata, le petit
        J* : Ephrata, le moindre

Fac.: 14
Transl.: Ephrathah, ⟨who are⟩ little to be
Trad.:   Ephrata, ⟨qui es⟩ petite pour être

5.4

B בארמנתינו
   in our palaces
   dans nos palais
     NEB : (he tramples) our castles
     TOB*: (Assour... et foulerait) nos palais
     L   : in unsere festen Häuser
[באדמתנו]
   upon our soil
   sur notre sol
     RSV*: upon our soil
     J* : (il foule) notre sol
Fac.: 6
Transl.: in our palaces
Trad.:   dans nos palais

5.5 (6)

בִּפְתָחֶיהָ
   in its entrances / with her drawn swords
   dans ses portes / avec ses glaives dégaînés
     L   : mit ihren blossen Waffen
Fac.: 12
C[בַּפְּתִיחָה]
   with the draw sword
   avec le glaive dégaîné
     RSV*: with the drawn sword
     J* : avec le glaive
     TOB*: avec le poignard
[בִּפְתִיחֶיהָ] (=Brockington)
   with its drawn swords
   avec ses glaives dégaînés
     NEB : with bare blades
Fac.: 14
Transl.: with the drawn sword
Trad.:   avec le glaive dégaîné

5.5(6)

B וְהִצִּיל
   and he will deliver
   et il sauvera
[והצילנו]
   and he will deliver us
   et il nous sauvera
      J   : il nous délivrera
      TOB : mais lui nous délivrerait
      L   : so wird er uns... erretten
   Fac.: 6
   וְהִצִּילוּ [= וְהִצִּיל] (=Brockington)
   and they will deliver ⟨us⟩
   et ils ⟨nous⟩ sauveront
      RSV*: and they shall deliver us
      NEB : they shall deliver us
   Fac.: 14
   Rem.: The verb "and he will deliver" is parallel to
      the two verbs at the beginning of V. 3 "and he will
      stand and will pasture ⟨his flock⟩".
   Rem.: Ce verbe "et il délivrera" est parallèle aux
      deux verbes du début du V. 3 "et il se tiendra de-
      bout et paîtra ⟨son troupeau⟩".
   Transl.: he will deliver (from Assyria)
   Trad.:   il délivrera (d'Assur)

5.7(8)

A בגוים
   among the nations
   parmi les nations
      RSV : among the nations
      NEB : among the nations
      TOB*: parmi les nations
      L   : unter den Heiden
   [Lacking. Manque] = J*
   Fac.: 1,5
   Transl.: among the nations
   Trad.:   parmi les nations

6.2

A והאתנים
   and ⟨you⟩ everlasting
   et ⟨vous⟩ immuables
      RSV : and you enduring
      NEB : you everlasting
      TOB : et vous immuables
[והאזינו]
   and listen (imperative plural)
   et écoutez
      J*   : prêtez l'oreille
      L   : und merket auf
Fac.: 14
Transl.: and ⟨you⟩ everlasting
Trad.:   et ⟨vous⟩ immuables

6.9

C ותושיה יראֶה שמֶך
   and ⟨he has⟩ the salvation which takes into consideration your name (lit. looks upon your name)
   et ⟨celui-ci a⟩ le salut ⟨qui⟩ prend en considé-
   raiont ton nom (litt. regarde ton nom)
[ותושיה (ל)יראי שמו] (=Brockington)
   and the salvation ⟨is⟩ for those who fear his
   name
   et le secours pour ceux qui craignent son nom
      NEB*: the fear of whose name brings success
      TOB*: - il sauvera ceux qui craignent son nom -
Fac.: 6,12
[ותושיה יראֶה שמֶך]
   and salvation ⟨is⟩ to fear your name
   et le salut ⟨est⟩ de craindre ton nom
      RSV : and it is sound wisdom to fear thy name
Fac.: 6,12
[ותושיה ליראי שמֶך]
   and salvation ⟨is⟩ for those who fear your name
   et le salut ⟨est⟩ pour ceux qui craignent ton nom
      L   : - wer deinen Namen fürchtet, dem wird's
             gelingen -
Fac.: 14
[Lacking.Manque] = J*
Fac.: 14

Rem.: The clause can be translated as follows : "and
   ⟨he has⟩ the salvation (or : the wisdom) ⟨which⟩
   takes into consideration your name" (lit. looks

at your name, that is, looks at it with respect).
Rem.: On peut traduire cette proposition ainsi :
"et ⟨il est assuré⟩ du salut (ou : il fait preuve
de sagesse), ⟨celui qui⟩ prend en considération
ton nom" (litt. regarde ton nom, c.-à-d. le regarde avec respect).
Transl.: See Remark
Trad.:   Voir Remarque

6.9,10

C עוד : ומי יעדה
   and he who appoints it. Still
   et qui l'appointe. Encore
[: ומועד העיר] (=Brockington)
   and ⟨you⟩, the assembly of the city
   et ⟨vous⟩, l'assemblée de la ville
      RSV*: and assembly of the city
      NEB*: and citizens in assembly
      J* : et assemblée de la cité
      TOB*: et assemblée de la ville
 Fac.: 14
[עוד : ומועד]
   and assembly. Still
   et assemblée. Encore
      L   : und Ratsleute. Noch immer
   Fac.: 14
   Rem.: The clause can be translated as follows :
   "(listen ⟨to the noise of⟩ the rod) and to him
   who appointed it ! Still..." See the next three
   cases with the Remarks and translations given there.
   Rem.: On peut traduire la proposition ainsi : "(écoutez ⟨le bruit de⟩ la verge) et celui qui l'a ap-
   pointée ! Encore...". Voir aussi les trois cas suivants avec leurs Remarques et traductions.
   Transl.: See Remark
   Trad.:   Voir Remarque

6.10

B האש
   is a man? / is there ?
   est-ce qu'un homme ? / y a-t-il ?
[היש]
   is there ?
   y a-t-il ?

```
      L   : (noch immer) bleibt
  Fac.: 1
[הֲאֶשֶּׁה] (=Brockington)
    will I forget ?
    est-ce que j'oublierai ?
      RSV*: can I forget...?
      NEB : can I overlook...?
  Fac.: 14
[הֲאֶשֶּׁה]
    will I support ?
    est-ce que je supporterai ?
      J*  : puis-je supporter...?
      TOB*: puis-je supporter...?
  Fac.: 14
  Rem.: See the preceding case and the two following
    cases.
  Rem.: Voir le cas précédent et les deux cas suivants.
  Transl.: is there (still...)?
  Trad.:   y a-t-il (encore...)?
```

6.10

```
A בֵּית רֶשַׁע
    <in> the house of the wicked
    <dans> la maison de l'impie
      RSV : in the house of the wicked
      L   : in des Gottlosen Hause
[בַּת רֶשַׁע] (=Brockington)
    à false bath / measure
    un bath inique / une mesure inique
      NEB*: the infamous false mesure
      J*  : une fausse mesure
  Fac.: 14
[בֵּית רֶשַׁע]
    house of wickedness
    maison d'iniquité
      TOB*: maison d'iniquité
  Fac.: 14
  Rem.: See the two preceding cases and the follo-
    wing case also.
  Rem.: Voir les deux cas qui précèdent et celui qui
    suit.
  Transl.: <in> the house of the wicked
  Trad.:   <dans> la maison de l'impie
```

6.10

A אצרות רשע
    the treasures of wickedness
    les trésors d'iniquité
      RSV : the treasures of wickedness
      TOB : des trésors iniques
      L   : Unrecht Gut
 [Lacking.Manque]   = NEB*, J* (=Brockington)
 Fac.: 14
 Rem.: The whole clause can be translated as follows :
   "are there still treasures of wickedness (or : ob-
   tained by wickedness) ⟨in⟩ the house of the wicked
   ⟨men⟩ ?" See the three preceding cases.
 Rem.: Toute l'expression pourra se traduire comme
   suit : "y a-t-il encore des trésors d'iniquité
   dans la maison de l'impie ?". Voir les trois cas
   précédents.
 Transl.: See Remark
 Trad.:   Voir Remarque

6.11

C הַאֶזְכֶּה
   will I be clean ?
   est-ce que je serai pur ?
 [הַאֲזַכֶּה] (=Brockington)
   will I cleanse ?
   est-ce que je rendrai pur ?
     RSV : shall I acquit...?
     NEB : can I connive at...?
     J* : puis-je tenir pour pur...?
     TOB*: puis-je tenir quitte...?
     L   : oder sollte ich... billigen ?
 Fac.: 1,8
 Rem.: The one who is speaking is either God or the
   prophet, who speaks in the name of the people.
 Rem.: Celui qui parle est ou bien Dieu lui-même ou
   bien le prophète parlant au nom du peuple.
 Transl.: could I be clean / will I be clean ?
 Trad.:   pourrai-je être pur / serai-je pur ?

6.12

B ולשונם רמיה בפיהם
   and their tongue <is> deceitful in their mouth
   et leur langue <est> tromperie dans leur bouche
      RSV : and their tongue is deceitful in their
            mouth
      NEB : and their tongues frame deceit
      TOB : dans leur bouche, leur langue n'est que
            tromperie
      L   : und haben falsche Zungen in ihrem Halse
[Lacking.Manque] =J*
   Fac.: 14
   Transl.: and their tongue <is> deceitful in their
            mouth
   Trad.:   et leur langue <est> tromperie dans leur
            bouche

6.13

C החליתי
   I made you sick / I destroyed your health
   je t'ai rendu malade / j'ai démoli tan santé
      NEB : I will inflict a signal punishment on you
      TOB : je t'ai rendue malade
[החלותי]
   I started
   j'ai commencé
      RSV*: I have begun
      J* : j'ai commencé
      L   : (darum) will (auch) ich anfangen
   Fac.: 8.4
   Transl.: I have destroyed your health
   Trad.:   j'ai démoli ta santé

6.16

B וישתמר
   and he will keep himself / one will keep himself
   et il se gardera / on se gardera
[ותשמר] (=Brockington)
   you have kept
   tu as gardé
      RSV*: you have kept
      NEB*: you have kept
      J* : tu observes
      TOB*: tu gardes

```
      L   : du hieltest dich an
Fac.: 4
Rem.: The expression has an impersonal meaning.
Rem.: L'expression a un sens impersonnel.
Transl.: they induce themselves to keep
Trad.:    on s'excite à garder
```

6.16

A וישביה
   and her inhabitants
   et ses habitants
      L   : und ihre Einwohner
[וישביך]
   and your inhabitants
   et tes habitants
      RSV*: and your inhabitants
      NEB : your citizens
      J* : tes habitants
      TOB*: tes habitants
   Fac.: 14
   Rem.: The pronoun "her" refers to the city which
      the prophet has in mind, that is, the inhabitants
      of the city.
   Rem.: Le pronom "ses" se réfère à la ville à laquelle
      le prophète pense : l'expression désigne donc les
      habitants de la ville.
   Transl.: and her inhabitants
   Trad.:   et ses habitants

6.16

B עמי
   of my people
   de mon peuple
      TOB : de mon peuple
      L   : meines Volkes
[עמים] (=Brockington)
   of the peoples
   des peuples
      RSV*: of the peoples
      NEB*: the nations
      J* : des peuples
   Fac.: 6
   Transl.: of my people
   Trad.:   de mon peuple

7.1

C - כְּאָסְפֵּי
    like the gatherings of
    comme les récoltes de
        RSV : as when (the summer fruit) has been gathe-
              red
        NEB : like the last gatherings of
[כְּאֹסְפֵי-]
    like the harvester of
    comme le moissonneur de
        J* : comme un moissonneur en (été)
        L   : wie einem, der (Obst) pflücken will
    Fac.: 8
[כְּאָסְפֵי-]
    like the harvesters of
    comme les moissonneurs de
        TOB*: comme les moisonneurs en (été) (en note :
              "... litt. ... comme moison d'été...")
    Fac.: 14
    Rem.: The expression means : "I feel like ⟨as though
    I were in the time of⟩ the summer harvests". See
    also the next case which is parallel to this pre-
    sent case.
    Rem.: L'expression signifie : "car je suis comme
    ⟨aux⟩ récoltes de l'été". Voir aussi le cas sui-
    vant qui est parallèle à ce cas.
    Transl.: See Remark
    Trad.:   Voir Remarque

7.1

A כעללת
    like the gleaning of
    comme le grappillage de
        RSV : as when (the vintage) has been gleaned
        NEB : like... the last gleanings of (the vintage)
        TOB*: comme au grappillage de (la vendange) (en
              note : "... litt. ...comme grappillages de
              vendange...")
[כעלל]
    like the gleaner of
    comme le grappilleur
        J* : comme un grappilleur aux (vendanges)
        L   : wie einem, ... der im (Weinberge) Nachlese
              hält
    Fac.: 14

Rem.: See the preceding case with its parallel ex-
    pression.
Rem.: Voir le cas précédent où l'on a une tournure
    parallèle.
Transl.: like ⟨at the time of⟩ the gleanings of ⟨the
                vintage⟩
Trad.:   comme ⟨aux⟩ grappillages de ⟨la vendange⟩

7.3

A שׁאל
    asking / claiming / exacting
    demandant / exigeant
        RSV : (the prince and the judge...) ask
        J   : (le prince) réclame
        TOB : (le prince) pose ses exigences
        L   : (der Fürst und der Richter) fordern
[שׁאל שׁאלות] (=Brockington)
    presenting requests
    présentant des demandes
        NEB*: (the officer) who presents the requests
    Fac.: 14
    Rem.: See the translation in the next case, Remark.
    Rem.: Voir la traduction au cas suivant, Remarque.
    Transl.: claiming / exacting
    Trad.:   exigeant

7.3

A והשׁפט
    and the judge
    et le juge
        RSV : and the judge
        TOB : le juge
        L   : und der Richter
[והשׁפט שׁפט] (=Brockington)
    and the judge judging
    et le juge jugeant
        NEB*: the judge who gives judgement
        J* : le juge juge
    Fac.: 14
    Rem.: The expression may be translated as follows :
        "(the prince) has claims ⟨on the judge⟩, and in
        exchange the judge ⟨asks⟩ (for a reward)".
    Rem.: La traduction est la suivante : "(le prince)
        manifeste des exigences, et le juge ⟨demande⟩ (à titre
        de reconnaissance)".

Transl.: See Remark
Trad.:   Voir Remarque

7.3

C הוא ויעבתוה
   he, and they will twist it
   lui, et ils la tordront
      RSV : thus they weave it together
      TOB*: ...(en note : "Litt. lui et ils la
             tordent (?)...")
      L   : und drehen's wie sie wollen
[הוי יעבת] (=Brockington)
   alas ! it is twisted
   hélas ! il est tordu
      NEB*: thus (their goodness) is twisted
   Fac.: 14
[Lacking.Manque] = J*
   Fac.: 14
   Rem.: The V. 3 can be translated as follows : "on
   the evil, with both hands : excellent ! The
   prince has claims ⟨on the judge⟩, and in exchange
   the judge ⟨asks⟩ for a reward; and the great decla-
   res the destruction which he is longing for, and
   ⟨thus together⟩ they have twisted it !"
   Rem.: Le V. 3 peut être traduit ainsi : "au mal,
   des deux mains, excellemment ! Le prince manifeste
   des exigences; le juge ⟨demande⟩ à titre de reconnaissance; et le grand énonce la destruction à
   laquelle il aspire, et ⟨ensemble voilà⟩ qu'ils
   l'ont tramé."
   Transl.: See Remark
   Trad.:   Voir Remarque

7.4

B ישר ממסוכה
   the upright man more than a thorn hedge
   l'⟨homme⟩ droit plus qu'une haie d'épines
      TOB : le juste pire qu'une haie d'épines
[ישרם (כ) מסוכה]
   the upright one among them (like) a thorn hedge
   leur ⟨homme⟩ droit (comme) une haie d'épines
      RSV : the most upright of them a thorn hedge
      J* : le plus juste comme une haie d'épines
      L   : und der Redlichste wie eine Hecke
   Fac.: 1,4

[יָשָׁר כִּמְסוּכָה] (=Brockington)
   the upright   among them like a thorn hedge
   leur ⟨homme⟩ droit comme une haie d'épines
      NEB*: and their honesty like briars
  Fac.: 14
  Transl.: the upright ⟨man⟩ is worse than a thorn
          hedge
  Trad.:   ⟨l'homme⟩ droit ⟨est⟩ pire qu'une haie
          d'épines

7.4

B יוֹם מְצַפֶּיךָ פְּקֻדָּתְךָ
   the day of your watchmen, your punishment
   le jour de tes guetteurs, ta visite
      TOB*: au jour annoncé par tes sentinelles
           tu es intervenu (en note : "Litt. ta vi-
           site est venue.")
      L : aber (es kommt) der Tag, den deine Späher
           geschaut haben, da sollst du heimgesucht
           werden
[יוֹם מְצַפֶּיךָ פְּקֻדָּתְךָ] (=Brockington)
   the day of your watching, your punishment
   le jour de ton guet, ta visite
      NEB : as soon as thine eye seems, thy punish-
           ment (falls)
  Fac.: 4
[יוֹם מצפיהם פקדתם]
   the day of their watchmen, their punishment
   le jour de leur guetteurs, leur visite
      RSV*: the day of their watchmen, of their
           punishment,
  Fac.: 14
[הַיּוֹם מצפון פקדתם]
   today, from the north your punishment
   aujourd'hui, du Nord leur visite
      J* : aujourd'hui (arrive) du Nord leur épreuve
  Fac.: 14
  Transl.: the day ⟨announced⟩ by your watchmen, (that
         is,) your punishment
  Trad.:   au jour ⟨annoncé⟩ par tes sentinelles, ta
         visite

7.12

B וערי מצור
   and the cities of Egypt
   et les villes d'Egypte
     L : und von den Städten Aegyptens
  וערי מצור   (=Brockington)
   and to Egypt
   et jusqu'en Egypte
    RSV*: to Egypt
    NEB*: to Egypt
    J* : jusqu'à l'Egypte
    TOB*: jusqu'à l'Egypte
 Fac.: 1
 Rem.: The original text was most probably : "from
   Assyria to Egypt". But there is ho textual witness having preserved this original form. Compared with the MT, all the other text witnesses
   are secondary.
 Rem.: Le texte original portait vraisemblablement
   "à partir d'Assur jusqu'à l'Egypte", mais il
   n'y a pas de témoins textuels qui aient conservé
   cette forme originale. Car tous les autres témoins
   textuels en dehors du TM sont secondaires.
 Transl.: (from Assyria) and the cities of Egypt
 Trad.:   (à partir d'Assur) et des villes d'Egypte

7.12

B ולמני מצור
   and from Egypt
   et de l'Egypte
    RSV : and from Egypt
    NEB : and from Egypt
    TOB : depuis l'Egypte
    L : von Aegypten
[ולמני צור]
   and from Tyre
   et depuis Tyr
    J* : depuis Tyr
 Fac.: 8,9
 Transl.: and from Egypt
 Trad.:   et à partir de l'Egypte

7.15

B אראנו
   I will show him
   je lui ferai voir
     TOB*: je lui ferai voir
[אראם]
   I will show them
   je leur ferai voir
     RSV*: I will show them
 Fac.: 4
[הראנו] (=Brockington)
   show us
   fais-nous voir
     NEB*: show us
     J* : fais-nous voir
     L   : lass uns... sehen
 Fac.: 14
 Rem.: In this verse, it is the LORD who is speaking.
    He will show his mighty deeds either to his people
    or to the land of Egypt.
 Rem.: Dans ce verset, c'est le SEIGNEUR qui prend la
    parole. Il fera voir ses hauts faits à son peuple
    ou au pays d'Egypte.
 Transl.: I will show him
 Trad.:   je lui ferai voir

7.18

B לשארית נחלתו
    for the remnant of his inheritance
    pour le reste de son héritage
      RSV : for the remuant of his inheritance
      TOB : pour l'amour du reste, son héritage
      L   : denen, die übriggeblieben sind von seinem
          Erbteil
[לשארית נחלתך]
    for the remnant (of) your inheritance
    pour le reste (de) ton héritage
      NEB : of the remuant of thy own people
 Fac.: 1,5
[Lacking.Manque] = J*
 Fac.: 14
 Transl.: for the remnant of his inheritance
 Trad.:   pour le reste de son héritage

7.19

C ‏ישוב ירחמנו יכבש...ותשליך‏
  he will come back, he will have mercy upon us,
  he will tread down..., and you will throw away
  il reviendra, il aura pitié de nous, il piétine-
  ra..., et tu jetteras
    RSV : he will again have compassion upon us,
          he will tread... under foot. Thou wilt
          cast
    TOB : de nouveau, il nous manifestera sa misé-
          ricorde, il piétinera... Tu jetteras
[‏תשוב תרחמנו תכבש...ותשליך‏]
  you will come back, you will have mercy upon is,
  you will tread down..., and you will throw away
  tu reviendras, tu auras pitié de nous, tu piéti-
  neras..., et tu jetteras
    NEB : once more thou wilt show us tender affec-
          tion and wash out..., casting
    J* : une fois de plus, aie pitié de nous !
          foule aux pieds..., jette
  Fac.: 5,4
[‏ישוב ירחמנו יכבש...וישליך‏]
  he will come back, he will have mercy upon us,
  he will tread down..., and he will throw away
  il reviendra, il aura pitié de nous, il piétine-
  ra..., et il jettera
    L   : er wird sich unser wieder erbarmen, ...
          unter die Füsse treten und ... werfen
  Fac.: 5,4
  Rem.: The changes in the personal pronouns (he...
    you) in the same verse are characteristic of the
    style of the prophets, who like to introduce di-
    rect speech in their text.
  Rem.: Les changements de personne (lui... toi) dans
    le même V. font partie du style prophétique.
    Les prophètes en effet aiment introduire des pas-
    sages de discours direct dans leurs textes.
  Transl.: he will again have mercy upon us, he will
          tread down..., and you will throw away
  Trad.: il aura de nouveau pitié de nous, il pié-
          tinera..., et tu jetteras loin

7.19

C חטאותם
    their sins
    leurs péchés
      TOB : leurs fautes
 [חטאותינו] (=Brockington)
    our sins
    nos péchés
      RSV*: our sins
      NEB*: our sins
      J* : nos péchés
      L   : unsere Sünden
    Fac.: 5
    Rem.: See the Remark in the preceding case.
    Rem.: Voir la Remarque dans le cas qui précède.
    Transl.: their sins
    Trad.:   leurs péchés

NAHUM
=====

1.5

B וַתִּשָּׂא
  ⌐and lifted up / and arose
   et elle souleva / se souleva
[וַתִּשֶּׁא] (=Brockington)
  ⌐and was laid waste
   et elle fut dévastée
      RSV : (the earth) is laid waste
      NEB : and the earth... are in tumult
      TOB*: (la terre) est bouleversée
      L   : (das Erdreich) bebt
  Fac.: 1,6
[וַתִּשֶּׁה]
  ⌐and it broke down
   et elle s'affaissa
      J* : (la terre) s'effondre
  Fac.: 14
  Rem.: This expression can be translated in two ways :
    1° "and (the earth) arose", 2° "and (the earth)
    lifted up ⟨the voice⟩" (that is, the earth re-
    sounded).
  Rem.: On peut traduire de deux façons : 1° "et (la
    terre) se souleva", 2° "et (la terre) éleva ⟨la
    voix⟩" (c.-à-d. la terre résonna).
  Transl.: See Remark
  Trad.:   Voir Remarque

1.6

A נתצו
    they were broken
    ils ont été brisés
      RSV : (the rocks) are broken
      J   : (les rochers) se brisent
      TOB*: (les rochers) s'éboulent
      L   : (die Felsen) zerspringen
  נצתו (=Brockington)
    they were kindled
    ils ont été brûlés
      NEB*: (the rocks) melt
    Fac.: 1
    Transl.: they were broken
    Trad.:   ils ont été brisés

1.7

B למעוז
    a stronghold
    une forteresse
      RSV : (the LORD is good) a stronghold
      J   : il est une citadelle
      TOB*: il est un abri
      L   : (der HERR ist gütig) und eine Feste
 [מעוז לקויו] (=Brockington)
    a stronghold for those who trust him
    une citadelle pour ceux qui espèrent en lui
      NEB*: a sure refuge for those who look to him
    Fac.: 14
    Transl.: a stronghold
    Trad.:   une forteresse

1.8

B ובשטף עבר
    and in the flood flowing by
    et dans l'inondation qui passe
      RSV : but with an overflowing flood
      J   : même quand survient l'inondation
      TOB : même quand passe le flot impétueux
 [ובשטף עבר יעבירם] (=Brockington)
    and through the flood which flows, he will lead them
    et par le flot qui passe, il les fera passer
      NEB*: and brings them safely through the sweeping
          flood

    L   : er schirmt sie, wenn die Flut überläuft
  Fac.: 14
  Transl.: even in the flood which flows by/past
  Trad.:   même dans l'inondation qui passe

1.8

C מְקוֹמָהּ
    ˉher place
    son lieu
      TOB*: (il rase) les assises de la ville (en
            note : "Litt. Il fait l'extermination...
            de l'emplacement d'elle...")
 [קמיו]
    those who rise against him
    ceux qui s'insurgent contre lui
      RSV*: of his adversaries
      J* : ceux qui se dressent contre lui
      L   : mit seinen Widersachern
  Fac.: 4
[מְקוֹמָה] (=Brockington)
    ˉof opposition
    de résistance
      NEB : all who oppose him
  Fac.: 14
  Rem.: The pronoun "her" refers to Nineveh, a name
    which was no doubt present in the mind of the
    prophet and his hearers, although up to that point
    it had not been stated in the text.
  Rem.: Le pronom "son" (à elle) se rapporte à Ninive,
    un nom qui est présent dans l'esprit du prophète
    et de ses auditeurs quoi qu'il n'ait pas encore
    été prononcé.
  Transl.: of her (that is, Nineveh's) place
  Trad.:   de sa place (c.-à-d. de Ninive)

1.9

B לֹא-תָקוּם פַּעֲמַיִם צָרָה
    the oppression will not arise twice
    l'oppression ne se lèvera pas deux fois
      J   : l'oppression ne se lèvera pas deux fois
      TOB*: la détresse ne reparaîtra plus
      L   : es wird das Unglück nicht zweimal kommen
 [לֹא-יָקוּם פַּעֲמַיִם צָרָיו]
    he will not take vengeance twice on his enemies
    il ne se vengera pas deux fois de ses ennemis

RSV*: he will not take vengeance on his foes
Fac.: 14
[לא-יקומו פעמים צריו]
  his enemies will not arise twice
  ses ennemis ne s'élèveront pas deux fois
    NEB : no adversaries dare oppose him twice
Fac.: 14
Transl.: oppression will not arise up the second
       time
Trad.:   l'oppression ne se lèvera pas une deuxième
       fois

1.10

B כי עד-סירים סבכים
  for until the entangled thorns
  car jusqu'à des ronces entrelacées
    TOB*: car ils ne sont plus que des ronces entre-
        lacées
    L   : denn, wenn sie auch sind wie die Dornen,
        die noch ineinanderwachsen
[בערו סירים סבכים] (=Brockington)
  they burned ⟨like⟩ entangled thorns
  ils ont brûlé ⟨comme⟩ des ronces entrelacées
    RSV*: like entangled thorns they are consumed
    NEB*: all are burnt up like tangled briars
  Fac.: 14
[כיער סירים סבכים]
  like the wood / thicket of entangled thorns
  comme le fourré de ronces entrelacées
    J* : comme un fourré d'épines enchevêtrées
  Fac.: 14
Rem.: 1. See the next case with its Remark.
  2. The expression may be translated as follows:
  "for they are entangled to the extent that thorns
  are entangled".
Rem.: 1. Voir le cas suivant avec sa Remarque.
  2. L'expression peut être traduite ainsi : "car
  ils sont entrelacés au point où le sont les épines".
Transl.: See Remark 2
Trad.:   Voir Remarque 2

1.10

וכסבאם סבואים B
   and drunk in proportion to their drunkenness
   et saoûlés à la mesure de leur saoûlerie
     NEB : with skin scorched black
     TOB*: - et dans leur beuverie ils sont ivres -
     L   : die ... und im besten Saft sind
 [Lacking.Manque] = RSV*, J*
 Fac.: 14
 Rem.: The expression can be translated as follows :
   "and drunk in proportion to their drunkenness,
   (they are swallowed...)".
 Rem.: Toute cette expression peut être traduite
   ainsi : "et saoûlés à la mesure de leur saoûlerie,
   (ils seront dévorés...)".
 Transl.: See Remark
 Trad.:   Voir Remarque

1.12

אם-שְׁלֵמִים וכן רבים וכן B
   if complete, and so many, and so
   si complets, et ainsi nombreux, et ainsi
    RSV*: though they be strong and many,
    J   : si intacts, si nombreux soient-ils
    TOB*: même si leurs rangs sont au complet (en
          note : "Litt. si intacts (ou compacts
          ou vaillants) et si nombreux soient-ils...")
    L   : sie mögen kommen, so gerüstet und mächtig
        wie sie wollen, (sie sollen) doch
[אם שְׁלֵמִים וכן רבים וכן] (=Brockington)
   if the retaliation, and so great, and so
   si les rétributions, et ainsi nombreuses, et ainsi
    NEB*: has the punishment been so great ? Yes
 Fac.: 14
 Transl.: though they may be compact and many, they
       will nevertheless
 Trad.:   si compacts et nombreux qu'ils soient, néan-
       moins

2.4(3)

B באש־פלדות
    in the fire of the flashing / flaming fire
    dans le feu de l'étincellement / flamboiement
        J   : (les chars) flamboient de tous leurs
                aciers
        TOB*: (les chars) flamboient de tous leurs
                aciers (en note : "Litt. bans le feu des
                aciers (?)..."
    [באש לפדות]
    in the fire of torches
    dans le feu des flambeaux
        RSV*: (the chariots) flash like flame
        L   : wie leuchtende Fackeln
    Fac.: 1,8
    [באש דלפת] (=Brockington)
        like flickering fire
        dans le feu flambant
        NEB*: like flickering fire
    Fac.: 14
    Rem.: The exact meaning of the word פלדת is no longer
        known with certainty. The most probable interpreta-
        tion seems to be (1°) "flashing" or "shining", or
        (2°) "cloth (<of the colour> of fire)".
    Rem.: Le sens exact de פלדת n'est plus connu avec
        certitude. L'interprétation la plus probable semble
        être : "le flamboiement", "l'étincellement", ou bien
        on peut l'interpréter comme "étoffe (de <couleur de>
        feu)".
    Transl.: in the flashing fire / in the firey <colour>
        of the cloths
    Trad.: dans le feu de l'étincellement / dans la
        <couleur de> feu des étoffes

2.4(3)

C והברשים
    and the cypresses / the lances
    et les cyprès / les lances
        TOB*: les lances (en note : "Litt. Les cyprès...")
    [והפרשים] (=Brockington)
    and the horsemen
    et les chevaux / cavaliers
        RSV*: the chargers
        NEB*: squadrons of horse
        J* : les cavaliers
        L   : seine Rosse

Fac.: 8.6
Transl.: and the lances
Trad.:   et les lances

2.6(5)

B יכשלו
    they stumble / they rush
    ils trébucheront / se précipiteront
      RSV : they stumble
      J   : ils trébuchent
      TOB : (leur démarche) est chancelante
[ישלכו] (=Brockington)
    they launched themselves
    ils se lanceront
      NEB*: rushing
      L   : sie stürzen heran
    Fac.: 14
    Rem.: There are two interpretations of the Verse :
      1° "(he [that is, the king of Assyria] remembers
      his warriors); they (that is, the enemies of Ni-
      neveh) rush (on their way...)"; 2° "(he [that is,
      the king of Assyria] remembers his warriors), and
      these stumble (on their way...)".
    Rem.: On peut interpréter ce V. de deux façons :
      1° "(il [c.-à-d. le roi d'Assyrie] se souvient de
      ses guerriers); ceux-ci (c.-à-d. les ennemis de
      Ninive) se précipitent (sur leurs chemins...)";
      2° "(il [c.-à-d. le roi d'Assyrie] se souvient de
      ses guerriers), mais ceux-ci trébuchent (sur
      leurs chemins...)".
    Transl.: they will rush / they stumble
    Trad.:   ils se précipitent / ils trébuchent

2.8(7)

C וְהֻצַּב
    he is appointed / put in upright position
    il est institué / dressé
[אהרובתו]
    its mistress
    sa bien-aimée
      RSV*: its mistress
    Fac.: 14
[וְהַצָּב] (=Brockington)
    and the train of captives
    et les captifs

        NEB : the train of captives
    Fac.: 14
[הצבי]
    the beauty
    la beauté
        J*   : la Beauté
    Fac.: 14
[(ה)מצב]
    the statue
    la statue
        TOB*: la Statue
    Fac.: 14
[מלכה]
    the queen
    la reine
        L   : die Königin
    Fac.: 6
    Rem.: 1. See the next case too.
    2. The subject is the king of Assyria who is not
    named as in 2.6.
    Rem.: 1. Voir aussi le cas suivant.
    2. Le sujet est le roi d'Assyrie qui n'est pas ap-
    pelé par son nom, comme en 2.6.
    Transl.: he is put in upright position / exposed
    Trad.:   il est dressé / exposé

2.8(7)

A גֻּלְּתָה
      she is stripped
      elle est découverte / mise à nu
        RSV : (its mistress) is stripped
        TOB : (la statue) est découverte
[גֻּלְתָה] (=Brockington)
      she is deported
      elle est déportée
        NEB : (the train of captives) goes into exile
        J   : (la Beauté) est emmenée en exil
        L   : (die Königin) wird gefangen (weggeführt)
    Fac.: 1
    Rem.: The subject is the queen, who is not named,
    as also is the case with the king who has been
    referred to but not by names; see the preceding
    case.
    Rem.: Le sujet est la reine qui n'est pas appelée
    par son nom, comme le roi dans ce qui précède, voir
    le cas précédent.

Transl.: she is stripped
Trad.:   elle est mise à nu

2.8(7)

A העלתה
   she is carried off
   elle est enlevée
      RSV : she is carried off
      J   : (la Beauté) est... enlevée
      TOB : (la statue) est... enlevée
      L   : (die Königin) wird (gefangen) weggeführt
[העלו]
   they are carried off
   ils/elles sont enlevés/enlevées
      NEB : (their slave-girls) are carned off
   Fac.: 14
   Rem.: The subject is the queen, see the Remark of
   the preceding case.
   Rem.: Le sujet est la reine, voir la Remarque du
   cas précédent.
   Transl.: she is carried off
   Trad.:   elle est enlevée / emmenée

2.9(8)

C מִימֵי הִיא וְהֵמָּה
   from the time (lit. days) she (that is, the city)
   ⟨began to exist⟩, and they (that is, the waters)
   depuis les jours ⟨qu'⟩ elle (c.-à-d. la ville)
   ⟨existe⟩, et elles (c.-à-d. les eaux)
      TOB : depuis toujours, (Ninive...). Et les voilà
            qui
[מִימֵי הִיא וְהֵמָּה]
   her (that is, the city's) waters, and they (that
   is, the waters)
   les eaux d'elle, et elles (c.-à-d. les eaux)
      NEB : like the waters round her, which
   Fac.: 1,6
[מִימֶיהָ(א)]
   he (that is, the city's) waters
   ses eaux (c.-à-d. celles de la ville)
      RSV*: whose waters
      J* : dont les eaux
      L   : aber seine Wasser
   Fac.: 14

Rem.: The expression can be translated as follows :
"from the time ⟨that⟩ she (that is the city) be-
gan ⟨to exist⟩, and they (flee away...)" (that
is, the waters flee away, the waters being a sym-
bol for the inhabitants of the city).
Rem.: L'expression peut être traduite ainsi : "depuis les jours ⟨qu'⟩elle ⟨existe⟩, et elles (s'en
vont...)" (c.-à-d. les eaux, symbole des habitants
de la ville).
Transl.: See Remark
Trad.:   Voir Remarque

2.10(9)

B בֹּזּוּ...בֹּזּוּ
    plunder... plunder (imperative plural)
    pillez... pillez
      RSV : plunder... plunder
      J   : pillez... Pillez
      TOB : raflez... raflez
      L   : so raubet nun... raubet
  [בָּזְזוּ...בָּזְזוּ] (=Brockington)
    they plundered... they plundered
    ils ont pillé... ils ont pillé
      NEB : spoil is taken, spoil of...
  Fac.: 4,5
  Transl.: plunder... plunder (imperative plural)
  Trad.:   pillez... pillez

2.12(11)

A ומרעה
    and the pasture
    et le pâturage
      TOB*: (leur) pâture
  [ומערה] (=Brockington)
    and the cave
    et la caverne
      RSV*: the cave
      NEB*: the cave
      J* : la caverne
      L   : und die Höhle
  Fac.: 14
  Transl.: and the pasture / and the prey
  Trad.:   et la place de pâture / et la proie

2.14

רִכְבָּהּ
   its chariot / chariots
   son char / ses chars
     TOB*: ses chars
   Fac.: 12
C רִבְכָה
   your crowd
   ta foule
 [רכבך]
   your chariot / chariots
   ton char / tes chars
     RSV*: your chariots
     J   : tes chars
     L   : deine Wagen
   Fac.: 1,5
 [רהבך] (=Brockington)
   your pride
   ton orgueil
     NEB*: your pride
   Fac.: 14
   Transl.: your crowd
   Trad.:   ta foule

2.14(13)

מַלְאָכֵכֶה
   your (feminine) messengers
   tes (féminin) messagers
   Fac.: 5,4
C מלאככה [=מַלְאָכֵכָה]
   your (masculine) messengers
   tes (masculin) messagers
     RSV : your messengers
     J   : tes messagers
     TOB*: tex envoyés
     L   : (die Stimme) deiner Boten
 [מאכלך] (=Brockington)
   your feeding
   ta nourriture
     NEB*: your feeding
   Fac.: 14
   Transl.: your (masculine) messengers
   Trad.:   tes (masculin) messagers

3.8

C מִיָּם

from the sea / more than a sea
de la mer / plus qu'une mer
TOB*: plus qu'une mer
[מַיִם] (=Brockington)
water(s)
des eaux
RSV : and water
NEB : waters
J* : les eaux
L   : Wasserfluten
Fac.: 4
Rem.: The clause can be translated as follows :
"which has more than a sea for a rampart"; the
expression "more than a sea" is a literary exag-
geration in a poetical context.
Rem.: On peut traduire cette expression ainsi :
"qui a plus qu'une mer pour rempart", et cette
expression hyperbolique s'explique par le contexte
poétique du passage.
Transl.: See Remark
Trad.:   Voir Remarque

3.15

A תֹאכְלֵךְ כַּיֶּלֶק

it will eat you like locusts do
elle te mangera comme des criquets
RSV : it will devour you like the locust
TOB : - ils te dévoreront comme dévorent les
criquets
L   : - es wird dich fressen, wie Käfer fressen -
[Lacking.Manque] = NEB*, J * (=Brockington)
Fac.: 14
Rem.: This clause may be translated as follows : "it
(that is, the fire) will devour you in the same
way as ⟨it devours⟩ locusts".
Rem.: On traduira   ce passage ainsi : "il (c.-à-d.
le feu) te dévorera comme ⟨il dévore⟩ les criquets".
Transl.: See Remark
Trad.:   Voir Remarque

3.17

B אים
    where are they ? / where they are
    où sont-ils ? / où ils sont
        RSV : where they are
        NEB : where they have gone
        TOB : où sont-ils ?
        L   : wo sie bleiben
  [אי מה]
    alas ! What
    hélas ! Quoi
        J* : Malheur ! Comment
    Fac.: 14
    Transl.: where are they ? / where they are
    Trad.:   où sont-ils ? / où ils sont

3.18

C ישכנו
    they dwell / are inactive
    ils habitent / ils sont inertes
        TOB*: (tes vaillants capitaines) sont bien
              installés
  [ישנו]
    they sleep
    ils dorment
        RSV : (your nobles) slumber
        NEB : (your flock-masters) lie down to rest
        J* : (tes puissants) sommeillent
        L   : (deine Mächtigen) schlummern
    Fac.: 14
    Rem.: The clause can be translated : "(your shepherds
    sleep..., your nobles) are inactive". This inaction
    of the Assyrian nobles may be due to their ineffi-
    ciency or to their death.
    Rem.: Le passage peut être traduit : "(tes posteurs
    s'endorment..., tes capitaines) sont inertes".
    Cette inertie peut provenir de l'inefficience
    des puissants d'Assyrie ou de leur mort.
    Transl.: See Remark
    Trad.:   Voir Remarque

HABAKKUK / HABAQUQ

===================

1.5

C בגוים
   among the nations
   parmi les nations
     RSV : among the nations
     J   : parmi les peuples
     TOB*: parmi les nations
     L   : unter die Heiden
 [בגדים] (=Brockington)
    ⟨you⟩ the traitors
    ⟨vous⟩ les traîtres
     NEB*: you treacherous people
 Fac.: 6,7
 Transl.: among the nations
 Trad.:   parmi les nations

1.5

C פֹּעַל פֹּעֵל
   bringing about a deed / a work
   réalisant un acte / une oeuvre
     TOB : quelqu'un passe aux actes
 [פֹּעַל פֹּעֵל אֲנִי]
   I'm doing a work
   je réalise un acte / une oeuvre
     RSV : I am doing a work
     J* : j'accomplis... une oeuvre
     L   : ich will etwas tun
 Fac.: 4
 [פֹּעַל פָּעַל] (=Brockington)
   a work brought about
   une oeuvre réalisée
     NEB : there is work afort
 Fac.: 4,6
 Rem.: The clause is impersonal : "⟨someone⟩ is bringing
   about a work / is doing a work".
 Rem.: La phrase est impersonnelle : "⟨quelqu'un⟩
   réalise une oeuvre".

Transl.: See Remark
Trad.:   Voir Remarque

1.8

C עֶרֶב
    ⟨in⟩ the evening
    ⟨au⟩ soir
      RSV : (the) evening (wolves)
      J   : (les loups) du soir
      TOB : (les loups) du soir
      L   :   am Abend
  [עֲרָב] (=Brockington)
    of Arabia / of the desert
    d'Arabie / de la steppe
      NEB*: of the plain
  Fac.: 6,9
  Rem.: See the same textual problem in Zeph 3.3
    below.
  Rem.: Voir le même problème en So 3.3 ci-dessous.
  Transl.: ⟨in⟩ the evening
  Trad.:   ⟨au⟩ soir

1.8

ופשו פרשיו ופרשיו מרחוק יבאו יעפו
    and its horsemen will jump about and its horsemen
    will come from afar; they will fly
    et ses cavaliers bondiront, et ses cavaliers
    viendront de loin, ils voleront
      RSV : their horsemen press proudly on. Yea,
            their horsemen come from afar; they fly
      J   : ses cavaliers bondissent, ses cavaliers
            arrivent de loin, ils volent
      TOB : ses cavaliers se déploient, ses cavaliers
            viennent de loin, ils volent
      L   : ihre Reiter fliegen in grossen Scharen
            von ferne daher
  Fac.: 12
C[ופשו פרשו ופרשו מרחוק יעפו]
    and its horsemen will jump about, and they will
    ride from afar; they will fly
    et ses cavaliers bondiront et ils chevaucheront
    de loin; ils voleront
[ופשו פרשיו פרשו מרחוק יבאו יעפו]
    and its horsemen will jump about; they will ride;
    they will come from afar; they will fly

et ses cavaliers bondiront; ils chavaucheront; de
loin ils viendront; ils voleront
   NEB*: their cavalry wait ready, they spring for-
        ward, they come fluying from afar
Fac.: 12
Rem.: L seems to be a free rendering of the MT. The
note by Brockington does not correspond to the
translation and note of NEB.
Rem.: L semble être une traduction libre du TM. La
note de Brockington ne correspond pas à la tra-
duction de NEB avec sa note.
Transl.: and its horsemen jump about, and they
        ride from afar; they fly
Trad.:   et ses cavaliers bondissent, et ils che-
        vauchent de loin; ils volent

1.9

A מגמת
   the direction of
   la direction de
     NEB : a sea of (faces)
     J*   : (la face) ardente
     TOB*: (le visage) tendu vers (l'avant) (en note :
        "Litt. <u>la direction de leur face vers</u>
        <u>l'avant</u>...")
     L   : wo (sie) hinwollen
[מגרת]
   the terror of
   la terreur de
     RSV*: terror of (them)
Fac.: 14
Rem.: 1. The meaning of the expression given here
is not certain.
2. The Committee gave a split vote : one half voted for an A rating (noted above), while the other
half voted for a B rating.
Rem.: 1. Le sens donné ici à cette expression n'est
pas certain.
2. Le vote du Comité était divisé : une moitié
a donné la note A (indiquée ci-dessus), l'autre
moitié B.
Transl.: the direction of
Trad.:   la direction de

1.9

קדימה C
   towards the east / forward
   vers l'orient / vers l'avant
    RSV : (teror...) goes before them
    TOB*: vers l'avant
    L   : stürmen sie vorwärts
קדים
   east / east wind
   l'est / le ⟨vent⟩ d'est
    J   : comme un vent d'est
Fac.: 1
[קדמה] (=Brockington)
   she comes fort
   elle avance
    NEB : (a sea of faces) rolls on
Fac.: 14
Transl.: towards the east
Trad.:   vers l'orient

1.12

לא נמות B
   we will not die
   nous ne mourrons pas
    RSV : we shall not die
    TOB*: nous ne mourrons pas
    L   : lass uns nicht sterben
[לא תמות] (=Brockington)
   you will not die
   tu ne mourras pas
    NEB*: (my God...) the immortal
    J*   : (mon Dieu...) qui ne meurs pas
Fac.: 6,13
Transl.: we will not die
Trad.:   nous ne mourrons pas

1.17
חרמו
  his net
  son filet
    RSV : his net
    J   : son filet
    TOB*: son filet
    L   : ihr Netz
  Fac.: 12
C חרבו   (=Brockington)
  his sword
  son glaive
    NEB*: the sword
  Rem.: See the next case also, with the translation
    of V. 17 in Remark.
  Rem.: Voir aussi le cas suivant, avec la traduction
    du V. 17 en Remarque.
  Transl.: his sword
  Trad.:   son glaive

1.17
C ותמיד
    and always
    et toujours
      RSV : and... for ever
      TOB : pour (...assassiner...) sans trêve
  תמיד (=Brockington)
    always
    toujours
      NEB*: every day
      J* : sans trêve
      L   : immerdar
  Fac.: 6
  Rem.: The V. 17 can be translated in two ways :
    1º "is it because of that (that is, because of the
    idolatrous sacrifices mentioned in Verse 16),
    that he draws his sword, and will he shows no
    mercy as he kills the nations all the time ?";
    2º "is it because of that, that he draws his
    sword and kills the nations all the time without
    mercy ?".
  Rem.: On peut traduire le V. 17 de deux manières :
    1º "est-ce à cause de cela (c.-à-d. à cause des
    sacrifices idolâtriques mentionnés au V. 16) qu'il
    dégaîne son glaive, et n'éprouvera-t-il aucune pi-
    tié à massacrer toujours les nations ?";

2° "est-ce à cause de cela qu'il dégaîne son
glaive et qu'il massacre toujours les nations sans
pitié ?"
Transl.: See Remark
Trad.:   Voir Remarque

2.1

C על-מצור
   on the stronghold
   sur la fortification
      RSV : on the tower
      NEB : on the watchtower
      TOB : sur les retranchements
   על-מצורי
   on my stronghold
   sur ma fortification
      J* : sur mon rempart
      L   : auf meinen Turm
   Fac.: 1,4
   Rem.: The expression can be translated in two ways :
      1° "(I will stand at my guard post, and I will
      take my position) as one who is withdrawn";
      2° "(I will stand at my guard post and take up my
      position) at a look-out post".
   Rem.: On peut donner deux traductions de cette ex-
      pression : 1° "(je veux me poster en sentinelle,
      et je veux m'établir) en réclusion";
      2° "(je veux me poster en sentinelle, m'établir)
      au poste de guet".
   Transl.: See Remark
   Trad.:   Voir Remarque

2.1

B אשיב
   I will give back / I will answer
   je rendrai / je répondrai
      RSV : I will answer
      NEB : I shall reply
      TOB : je répondrai
   [ישיב]
   he will give back / he will answer
   il rendra / il répondra
      J* : il va répondre
      L   : (was er mir sagen und) antworten werde
   Fac.: 1,4

Rem.: The clause is to be translated as follows :
"and what I will have to answer to the complaint
which I have presented".
Rem.: On doit traduire ce passage ainsi : "et ce
que je devrai répondre à la plainte que j'ai pré-
sentée".
Transl.: See Remark
Trad.:   Voir Remarque

2.4

B עָפְּלָה
   faithless
   infidèle
      TOB*: (le voici) plein d'orgueil (en note :
            "Litt. <u>voici qu'elle est distendue</u>...")
[יְעֻלַּף]
   he will break down
   il succombera
      RSV*: (he whose...) shall fail
 Fac.: 14
[עֻפְּלָה] (=Brockington)
   reckless
   cruel
      NEB : the reckless
 Fac.: 14
[עֻלַּף זוֹ]
   he breaks down, who
   il succombe, celui qui
      J* : il succombe, celui
 Fac.: 14
[עֻפַּל]
   stubborn
   opiniâtre
      L   : wer halsstarrig ist
 Fac.: 14
Rem.: The exact meaning of this word is no longer
   known. The most probable meaning seems to be :
   "faithless".
Rem.: La signification exacte de ce mot n'est plus
   connue. La signification la plus probable semble
   être : "infidèle".
Transl.: See Remark
Trad.:   Voir Remarque

2.5

הַיַּיִן בּוֹגֵד
  the wine ⟨is⟩ treacherous
  le vin ⟨est⟩ traître
    RSV : wine is treacherous
    TOB*: le vin est traître
 Fac.: 12
הוֹן יִבְגּוֹד
  the riches will forsake
  la richesse trahira
    J* : la richesse trahit
 Fac.: 6,13
C[הַיָּיִן / הַגֶּבֶר בּוֹגֵד] (=Brockington)
  the boasting man, traitor
  le fanfaron traître
    NEB*: the traitor in his over-confidence
 Fac.: 14
 Transl.: he who boasts of ⟨being⟩ a traitor
 Trad.:   celui qui se vante ⟨d'être⟩ un traître

2.6

B וּמְלִיצָה חִידוֹת
  and irony, riddles
  et une ironie, des énigmes
    RSV : in scoffing derision
    TOB : d'une ironie mordante
[וּמְלִיצָה וְחִידוֹת] (=Brockington)
  and irony, and riddles
  et ironie, et des énigmes
    NEB : with insults and abuse
    L   : und ein Lied und ein Sprichwort
 Fac.: 1,4
[וּמְלִיצָה יָחוּדוּ]
  and they invent an irony
  et ils inventeront une ironie
    J* : ne tourneront-ils pas d'épigrammes
 Fac.: 14
 Transl.: and irony, riddles / and enigmatic irony
 Trad.:   et ironie, énigmes / et une ironie énig-
        matique

2.13

C הֲלוֹא הִנֵּה
    is it not ? Behold
    n'est-ce pas ? Voici
      RSV : behold, is it not
    [הֲלוֹא הֵנָּה] = הלוא הנה (=Brockington)
    are they not ? / is it not they ?
    ne sont-elles pas / est-ce que ⟨ce ne sont⟩ pas
    elles ?
      NEB : is not all this the doing
      J* : n'est-ce point la volonté...
      TOB : ceci ne (vient)-il pas
      L   : wird's nicht so ... geschehen
Fac.: 12
Rem.: The clause may be translated as follows :
    "behold - is it not ? - (that which comes from
    the LORD of hosts...)".
Rem.: La proposition peut être traduite ainsi :
    "voici, n'est-ce pas, (ce qui vient du SEIGNEUR
    des armées...)".
Transl.: See Remark
Trad.:   Voir Remarque

2.15

A רעהו
    his neighbour
    son prochain
      RSV : his neighbours
      TOB : son prochain
      L   : seinen Nächsten
  רעיהו
    his neighbour
    son prochain
      J* : ses voisins
  Fac.: 12
[רעך] (=Brockington)
    your neighbour
    ton prochain
      NEB*: your companions
  Fac.: 14
Rem.: The textual base of J is a Qumran manuscript
    with רעיהו, but this certainly involves a singular,
    not a plural, as J wrongly interpreted it.
Rem.: La base textuelle de J, un manuscrit de Qumran,
    avec רעיהו, présente certainement un singulier,
    et non pas un pluriel, comme J l'a interprété
    faussement.

Transl.: his neighbour
Trad.:   son prochain

2.15

C מְסַפֵּחַ
    adding / mixing
    ajoutant / mêlant
        J* : qui verse
        TOB*: tu mêles
        L   : der... beimischt
  [מספ]
    of the cup
    de la coupe
        RSV*: of the cup
  Fac.: 14
  [מִסְפָּח] (=Brockington)
    the outpouring
    le versement
        NEB : the outpouring
  Fac.: 14
  Transl.: mixing
  Trad.:   mêlant

2.15

B חמתך
    your wrath / your wine which inflames
    ta fureur / ton vin enivrant
        NEB : your wrath
        TOB*: ton poison
  חמתו
    his wrath / poison
    sa fureur / son poison
        RSV*: his wrath
        J* : son poison
        L   : seinen Grimm
  Fac.: 4
  Rem.: There is a play on words in this expression,
    since the word means both "wrath" and "inflaming
    wine" (which makes drunk).
  Rem.: L'expression contient un jeu de mots jouant
    sur les deux significations : "colère" et "vin
    capiteux" (on enivrant).
  Transl.: your wrath / your wine which inflames
  Trad.:   ta colère / ton vin enivrant

2.16

B שָׂבַעְתָּ
   you are filled to the full
   tu t'es rassasié
      RSV : you will be sated
      J : tu t'es saturé
      TOB : tu es gorgé
      L : du hast dich gesättigt
   שבעח =[שָׂבְעַח] (=Brockington)
      the fill of
      la satiété de
      NEB : (drink) deep (draughts)
   Fac.: 6
   Transl.: you are filled to the full
   Trad.:   tu t'es saturé

2.16

C והערל
   and show your foreskin
   et montre ton prépuce
      J* : et montre ton prépuce
      TOB*: (à ton tour...) et d'exhiber ton prépuce
   והרעל (=Brockington)
      and stagger
      et chancelle
      RSV*: and stagger
      NEB*: until you stagger
      L : dass du taumelst
   Fac.: 5
   Rem.: Here again is a play on words, for the verb
      meaning "and show your foreskin !" suggests to
      the hearer a similar expression meaning "and
      stagger !".
   Rem.: Ici encore on a un jeu de mots, car le verbe
      "et montre-toi incirconcis/et montre ton prépuce"
      évoque l'autre expression "et trébuche", "et
      chancelle".
   Transl.: and show your foreskin
   Trad.:   et montre ton prépuce

2.16

A וקיקלון
   and shame
   et de la honte

RSV : and shame
J   : et l'infamie
TOB : et... la déconvenue
L   : und... Schande
[קלון וייקו] (=Brockington)
  and shame lies in wait
  et la honte attend / guette
    NEB*: and your shame will exceed
Fac.: 14
Rem.: This expression involves another play on
  words, since it means "extreme shame", but sug-
  gests the meaning : "shameful vomiting".
Rem.: Le choix du mot s'explique par un autre jeu
  de mots : il signifie : "honte extrême", mais il
  suggère le sens : "le vomissement honteux".
Transl.: and extreme shame
Trad.:   et l'infamie

2.17

יחיתך
  he will brak / frighten them
  il les brisera / effraiera
    J   : (le massacre d'animaux) frappés d'épou-
          vante
    TOB : (et les bêtes qui ravageaient) seront
          écrasées (en note : "Litt. Le ravage des
          bêtes les écrasera...")
Fac.: 12
C[יחיתך] (=Brockington)
  he will break / frighten you
  il te brisera / t'effraiera
    RSV*: (the destruction...) will terrify you
    NEB*: (the haroc...) shall break your own
          spirit
    L   : (die ... Tiere) werden dich schrecken
Transl.: he will break / frighten you
Trad.:   il te brisera / t'effraiera

3.1

B על שגינות
    according to the rhythm of lamentations
    sur le mode des complaintes
        RSV : according to Shigionoth
        J   : sur le ton des lamentations
        TOB*: sur le mode des complaintes
        L   : nach Art eines Klageliedes
 [Lacking.Manque] = NEB* (=Brockington)
  Fac.: 14
  Transl.: according to the rhythm of lamentations
  Trad.:   sur le mode des complaintes

3.2

B יראתי
    I was afraid
    j'ai craint
        RSV : do I fear
        J   : j'ai redouté
        TOB : je suis saisi de crainte
 [ראיתי] (=Brockington)
    I saw
    j'ai vu
        NEB*: I have seen
        L   : ich habe... gesehen
  Fac.: 14
  Transl.: I was afraid
  Trad.:   j'ai craint

3.2

C בְּקֶרֶב שָׁנִים חייהו
    in the middle of the years make him / it live (see Transl.)
    au milieu des années fais-le vivre
        RSV : in the midst of the years renew it
        J   : en notre temps, fais-le revivre
        TOB*: vivent (tes actes) au cours des années
              (en note : "Litt. fais vivre.")
  Lacking.Manque = NEB* (Brockington)
  Fac.: 1,10
  [בְּקֶרֹב שָׁנִים חייהו]
    when the years are near, make him / it live
    quand les années s'approchent, fais-le vivre
        L   : mache es lebendig in naher Zeit
  Fac.: 1,12

Transl.: at half way point of the years bring ⟨it⟩
         to life again
Trad.:   au milieu des années vivifie⟨-le⟩

3.2

C תּוֹדִיעַ (בקרב שנים)
  (at half way point of the years) you will make
  known
  (au milieu des années) tu feras savoir
    RSV : (in the midst of the years) make it
          known
    J* : (en notre temps,) fais-la connaître
    TOB : (au cours des années) fais-les reconnaître
    L   : und lass es kundwerden (in naher Zeit)
[בקרב שנים תִּוָּדֵעַ] (=Brockington)
  (at half way point of the years) you will be known
  (au milieu des années) tu te feras connaître
    NEB : (in the midst of the years) thou didst
          make thyself known
Fac.: 12
Transl.: (at half way point of the years) you will
         make known
Trad.:   (au milieu des années) tu feras connaître

3.4

C ושם
   and there
   et là
     RSV : and there
     J   : c'est là
     TOB : c'est là
     L   : darin
[ושמים] (=Brockington)
   and the heavens
   et les cieux
     NEB*: the skies
Fac.: 14
Transl.: and there
Trad.:   et là

3.8

A אם בנהרים
    or against the streams
    ou contre les rivières
      RSV : against the rivers
      TOB : (s'adresse-t-elle) aux rivières
      L   : wider die Wasser
  Lacking. Manque = NEB*, J* (=Brockington)
  Fac.: 1
  Transl.: or against the streams
  Trad.:   ou contre les rivières

3.8

B מרכבתיך
    your chariots
    tes chars
      J   : sur tes chars
      TOB : sur tes chars
      L   : und deine Wagen
  [מרכבתך] (=Brockington)
    your chariot
    ton char
      RSV : thy chariot
      NEB : thy riding
  Fac.: 1,6
  Transl.: your chariots
  Trad.:   tes chars

3.9

C עריה תעור קשתך
    your bow is uncovered ⟨so that it is⟩ naked
    ton arc est mis à nu, ⟨si bien qu'il est⟩ nu
      TOB*: ton arc est mis à nu
  [ערוה תערה קשתך]
    you uncover your bow ⟨so that it is⟩ naked
    tu dénudes ton arc ⟨si bien qu'il est⟩ nu
      RSV : thou didst strip the sheath from thy bow
      J* : tu mets à nu ton arc
      L   : du zogst deinen Bogen hervor
  Fac.: 14
  [הערית עור קשתך]
    you uncovered the sheath of your bow
    tu as mis à nu le cuir de ton arc
      NEB*: thou dost draw thy bow from its case

Fac.: 14
Transl.: your bow is uncovered completely (that is,
         ready for use)
Trad.:   ton arc est découvert complètement (c.-à-
         d. prêt à l'usage)

3.9

C שְׁבֻעוֹת מַטּוֹת אֹמֶר
   by means of a word the sticks (that is, the arrows)
   are assigned by oath
   par une parole, les bâtons (c.-à-d. les flèches)
   sont adjurés
      TOB*: les paroles des serments sont des épieux
            (en note : "Litt. des serments, épieux de
            parole...")
[שְׁבֻעֹת מַטּוֹת יֶתֶר]
   you have filled the string ⟨with⟩ arrows
   tu as rassasié ⟨de⟩ flèches la corde
      RSV*: (thou didst...) and put the arrows to the
            string
Fac.: 14
[שָׂבַעְתָּ מַטּוֹת יִתְרָהּ]
   you have filled its string ⟨with⟩ arrows
   tu as rassasié ⟨de⟩ flèches sa corde
      J* : de flèches tu rassasies sa corde
Fac.: 14
[שָׂבַעְתָּ מַטּוֹת יִתְרֶךָ]
   you have filled your string ⟨with⟩ arrows
   tu as rassasié ⟨de⟩ flèches ta corde
      L   : (du...,) legtest die Pfeile auf deine
            Sehne
Fac.: 14
[שָׂבַעְתָּ מַטּוֹת אַשְׁפַּתֶךָ] (=Brockington)
   you have filled your quiver ⟨with⟩ arrows
   tu as rassasié ⟨de⟩ flèches ton carquois
      NEB*: (thou dost...) and charge thy quiver with
            shafts
Fac.: 14
Rem.: The "sticks" (or shafts, that is, the arrows)
   are the weapons which are, as it were, assigned
   to their task by a word from God.
Rem.: Les "épieux" sont les armes qui reçoivent en
   quelque sorte leur tâche de la part de la parole
   divine.
Transl.: by means of a word the sticks (that is,
         the arrows) are assigned by oath
Trad.:   d'une parole les épieux sont adjurés

3.10/11

רום ידיהו נשא שמש : B
      towards the height, it lifted up its hands. The
      sun
      vers le haut, il a levé les mains. Le soleil
        RSV*: it lifted its hands on high. The sun
        J* : en haut il tend les mains. Le soleil
        TOB : il a tendu ses mains vers le haut. Le
              soleil
[מזרחה נשא שמש]
      the sun forgot to rise
      le soleil a oublié son lever
        L   : ihren Aufgang vergass die Sonne
Fac.: 14
[מדורהו נשא שמש:] (=Brockington)
      the sun forgot his course
      le soleil a oublié son orbite
        NEB*: the sun forgets to turn in his course
Fac.: 14
Transl.: on high it lifted up its hands. The sun
Trad.:   il a tendu ses mains vers le haut. Le soleil

3.13

ראש מבית B
      the head of the house of
      la tête de la maison de
        TOB : (tu as décapité) la maison
        L   : das Dach vom Hause des
[ראש]
      the head of
      la tête de
        RSV*: the head of
 Fac.: 14
[בית]
      the house of
      la maison de
        J   : la maison de
 Fac.: 14
[מראש בית] (=Brockington)
      from the head of the house of
      de la tête de la maison de
        NEB : the ... house from the roof down
 Fac.: 14
 Rem.: See the next case with its Remark, where the
      translation of the entire clause will be given.

Rem.: Voir le cas suivant avec sa Remarque, où la
   traduction de toute la proposition sera donnée.
Transl.: the head (that is, the upper part) of the
         house
Trad.:   la tête (c.-à-d. la partie supérieure) de
         la maison

3.13

A עד-צואר
    to the neck
    jusqu'au cou
      RSV : to neck
      TOB : au ras (des fondations)
  [עד-צור] (=Brockington)
    to the bedrock
    jusqu'au rocher
      NEB*: to the bare rock
      J   : jusqu'au rocher
      L   : bis auf den Fels
  Fac.: 14
  Rem.: The entire clause can be translated as fol-
    lows : "you smashed the head (that is, the upper
    part) of the house of the wicked and loid bare
    ⟨the walls which were between⟩ the foundations
    and the upper part" (lit. the neck).
  Rem.: La proposition peut être traduite ainsi : "tu
    as fracassé la tête (c.-à-d. la partie supérieure)
    de la maison de l'impie et dénudé ⟨les murs entre⟩
    les fondements et les parties supérieures" (litt.
    le cou).
  Transl.: See Remark
  Trad.:   Voir Remarque

3.14

B במטיו
    with his spears/shafts
    avec ses épieux
      TOB : de leurs propres épieux
      L   : mit seinen Pfeilen
  [במטיך] (=Brockington)
    with your spears
    avec tes bâtons
      RSV*: with thy shafts
      NEB*: with thy shafts
      J   : de tes épieux

Fac.: 14
Rem.: God will kill the king with the king's own
  ("his") weopons.
Rem.: Dieu tuera le roi avec les propres armes de
  celui-ci ("ses épieux").
Transl.: with his spears / lances
Trad.:   avec ses épieux

3.14

יִסְעֲרוּ לַהֲפִיצֵנִי C
    they rush like a whirlwind in order to scatter me
    ils se précipitent impétueusement pour me disperser
      RSV : who came like a whirlwind to scatter me
      TOB : alors qu'ils arrivaient en tempête pour
              m'écarteler
[יִסָּעֲרוּ לָהּ יִפְצִירוּן] (=Brockington)
    they are torn from her by a whirlwind, they open
    their mouth
    ils sont séparés d'elle par un vent, ils ouvrent
    leur bouche
      NEB*: (and their leaders) are torn from them
              by the whirlwind, as they open (their jaws)
  Fac.: 6 or/ou 14
[יִסְעֲרוּ לַהֲפִיצֵנוּ]
    they rush like a whirlwind in order to scatter us
    ils se précipitent impétueusement pour nous disperser
      J* : qui se ruaient pour nous disperser
  Fac.: 14
[יִסְעֲרוּ לְהָפִיץ]
    they rush like a whirlwind in order to scatter
    ils se précipitent impétueusement pour disperser
      L   : (seine Scharen) zerstoben... zu zerstreuen
  Fac.: 14
  Rem.: See the next two cases with the Remark on the
    third of these three cases, where the entire clause
    will be translated.
  Rem.: Voir les deux cas qui suivent, avec la Remarque
    sur le 3e de ces 3 cas, où toute la proposition
    sera traduite.
  Transl.: they rush like a whirlwind in order to scat-
              ter me
  Trad.:   ils se précipitent impétueusement pour me
              disperser

3.14

B עליצתם
   their rejoicing
   leur jubilation
     RSV : rejoicing
     J   : avec des cris de joie
     TOB : allègrement
     L   : denn ihre Freude war, (zu zerstreuen)
[עלצתם] (=Brockington)
   their jaws
   leurs mâchoires
     NEB : their jaws
  Fac.: 14
  Rem.: See the preceding case and the following one.
  Rem.: Voir le cas qui précède et celui qui suit.
  Transl.: their rejoicing / those who rejoice
  Trad.:   leur jubilation / ceux qui jubilent

3.14

A כמו
   like
   comme
     RSV : as if
     NEB : as
     J   : comme s'(ils)
     TOB : comme si
[כמוץ]
   like chaff
   comme de la balle
     L   : wie Spreu
  Fac.: 14
  Rem.: The whole clause can be translated as follows :
    "those who rush like a whirlwind in order to scat-
    ter me, those who rejoice as if to devour...".
  Rem.: Toute la proposition peut se traduire ainsi :
    "qui se précipitent impétueusement, qui se réjouis-
    sent comme s'il dévoraient...".
  Transl.: like / as
  Trad.:   comme

3.16

C ארגז אשר
   I am excited / trembling that
   je suis excité / tremblant que
     TOB : (je reste sur place) bouleversé. Car

[ירגזו אשרי]
   my steps tremble / totter
   mes pas tremblent / chancellent
     RSV*: my steps totter
     J*   : (sous moi) chancellent mes pas
     L   : und meine Knie beben
 Fac,: 14
[ארגז אשרי] (=Brockington)
   I tremble my steps
   je tremble, mes pas
     NEB*: and my feet totter
 Fac.: 14
 Rem.: The clause can be translated as follows :
   "(I remain on the spot) completely distraught.
   For (I must wait for a time of trouble to come
   upon the people that attack us)".
 Rem.: On peut traduire la phrase ainsi : "(je reste
   sur place) bouleversé. Car (je dois attendre
   qu'un jour de détresse se lève sur un peuple qui
   nous assaille)".
 Transl.: upset. For
 Trad.:   bouleversé. Car

 3.16

B יגודנו
   (people) assail us
   il nous attaque
     RSV : who invade us
     J   : qui nous assaille
     TOB : qui nous assaille
     L   : das uns angreift
[יגודני] (=Brockington)
   (people) assail me
   il m'attaque
     NEB*: my assaillants
 Fac.: 1
 Rem.: See the translation of the entire passage in
   the preceding case.
 Rem.: Voir la traduction de tout le passage dans le
   cas précédent
 Transl.: that attack us
 Trad.:   qui nous assaille

3.19

B עַל־בָּמוֹתַי
   on my heights
   sur mes hauteurs
     RSV : upon my high places
     TOB : sur mes hauteurs
[עַל־בָּמוֹת] (=Brockington)
   on the heights
   sur des hauteurs
     NEB*: (to range) the heights
     J* : sur les cimes
     L   : über die Höhen
 Fac.: 4,6
 Transl.: on my heights
 Trad.:   sur mes hauteurs

ZEPHANIAH / SOPHONIE

=====================

1.3

B והמכשלות את-הרשעים

    and the stumbling blocks 〈which make〉 the wicked
    stumble
    et les achoppements 〈faisant〉 trébucher les mé-
    chants
        TOB*: et ce qui fait trébucher les méchants
[והכשלתי את-הרשעים] (=Brockington)
    and I will make the wicked stumble
    et je ferai trébucher les méchants
        RSV*: I will overthrow the wicked
        NEB*: and I will bring the wicked to their knees
        J* : je ferai trébucher les méchants
        L   : ich will zu Fall bringen die Gottlosen
  Fac.: 14
  Transl.: and what makes the wicked stumble
  Trad.:   et ce qui fait trébucher les impies

1.4

B עם-הכהנים

    with the priests
    avec les prêtres
        TOB : et les prêtres avec eux
        L   : und Priester
  [Lacking.Manque] = RSV*, NEB*, J* (=Brockington)
  Fac.: 13
  Transl.: with the priests
  Trad.:   avec les prêtres

1.5

B ‏ואת-המשתחוים הנשבעים ליהוה‏
    and those who bow down, swearing (that is, alle-
    giance) to the LORD
    et ceux qui se prosternent, jurant au SEIGNEUR
        RSV : those who bow down and swear to the LORD
        L   : die es anbeten und schworen doch bei dem
              HERRN
[‏ואת-המשתחרים ליהוה‏]
    and those who bow down before the LORD
    et ceux qui se prosternent devant le SEIGNEUR
        J* : ceux qui se prosternant devant Yahvé
        TOB*: ceux qui se prosternent devant le SEIGNEUR
    Fac.: 14
[Lacking.Manque] = NEB* (=Brockington)
    Fac.: 1,10,12
    Rem.: See the next case; the expression "swear to"
      means here to swear allegiance to the LORD, while
      the expression "swear by" means in the next case
      to swear by invoking the name of a god.
    Rem.: Voir le cas suivant; il faut comprendre ici
      "jurer à" au sens de se lier par serment au
      SEIGNEUR, alors que là, dans l'expression "jurer
      par", il s'agit de jurer en invoquant une divinité.
    Transl.: and those who bow down, swearing to the
             LORD
    Trad.:   et ceux qui se prosternent, jurant au
             SEIGNEUR

1.5

‏בְּמַלְכָּם‏
      by their king
      par leur roi
        TOB*: par leur dieu Mélek (en note : "Litt.
              'par leur mèlèk' ou 'par leur roi'...")
    Fac.: 7
B[‏בְּמִלְכֹּם‏] (=Brockington)
      by Milcom
      par Milkôm
        RSV : by Milcom
        NEB : by Milcom
        J* : par Milkom
        L   : bei Milkom
    Rem.: See for this case 2 Sam 12.30 with Remark 1.
    Rem.: Pour ce cas voir 2 Sam 12.30 avec Remarque 1.
    Transl.: by Milcom
    Trad.:   par Milkôm

1.14

B קול... מר צרח שם גבור
   the voice of..., the mighty one cries there bitterly
   la clameur..., le brave y criera amèrement
    RSV : the sound... is bitter, the mighty man cries
            aloud there
    J*   : o clameur amère...: c'est maintenant un
            preux qui pousse le cri de guerre
    TOB : des clameurs amères..., le brave lui-même
            appellera au secours
    L   : Horch, der bittere (Tag...!) Da werden die
            Starken schreien.
[מריץ...קל.] ורחש מגדוד] (=Brockington)
   swifter than a runner and faster than a band ⟨of
   riders⟩
   plus leste que le coureur, et se hâtant plus que
   la troupe
    NEB*: no runner so fast as (that day), no raiding
          band so swift
  Fac.: 14
  Transl.: ⟨hear⟩ the voice of (the LORD's day!). The
          mighty cries there bitterly
  Trad.:   ⟨écoutez⟩ la clameur (du jour du SEIGNEUR).
          Le brave y crie amèrement

2.2

B בטרם לדת חק
   before the birth of the decree
   avant la naissance du décret
    TOB*: avant que survienne le décret
[בטרם לא תהיר]
   before you become
   avant que vous ne soyez
    L   : ehe denn ihr werdet
 Fac.: 6,8
[בטרם לא תדחקו]
   before you are pushed away
   avant que vous soyez poussés
    RSV*: before you are driven away
    J*   : avant que vous ne soyez chassés
 Fac.: 14
[בטרם תרחקו] (=Brockington)
   before you are sent away
   avant que vous soyez éloignés
    NEB*: before you are sent far away
 Fac.: 14

Fac.: 14
Transl.: before the decree comes out (lit. is born)
Trad.:   avant que le décret ne soit né / réalisé

2.2

B כמץ עבר יום
   like chaff a day passes away
   comme la bale un jour passe
      J* : comme la bale qui disparaît en un jour
      TOB : (avant que...) et que le jour se soit
            enfui comme la bale
[כמץ עבר]
   like chaff passing
   comme la bale qui passe
     RSV*: like the drifting chaff
 Fac.: 6
[כמץ עברים] (=Brockington)
   passing by like chaff
   passants comme la bale
     NEB*: (before you are sent...) and vanish like
           chaff
 Fac.: 14
[כמץ עבר מרוח]
   like the chaff which is driven by the wind
   comme la bale passe du vent
      L   : wie Spreu, die vom Winde dahinfährt
 Fac.: 14
Transl.: a day passes by like chaff ⟨passes by
         (blown by the wind)⟩
Trad.:   un jour passe comme la bale ⟨passe (em-
         portée par le vent)⟩

2.6

C והיתה חבל הים נות כרת רעים
   and the seacoast will become pastures, wells of
   shepherds
   et le cordon de la mer deviendra des pâturages,
   des puits de bergers
      J   : la ligue de la mer sera réduite en
            pâtures, en pacages pour les bergers
      TOB : la ligue de la mer sera changée en pâtu-
            rages, en pacages pour les bergers

[וְהָיְתָה חֶבֶל הַיָּם נְוֹת כָּרֹת רֹעִים]
   and you, O seacoast, will be pastures, meadows
   for shepherds
   et tu seras, ô côte de la mer, des pâturages, des
   prairies pour des bergers
      RSV : and you, O seacoast, shall be pastures,
           meadows for shepherds
  Fac.: 14
[וְהָיְתָה חֶבֶל הַיָּם נְוֹת רֹעִים]
   and the seacost will be pastures for shepherds
   et la côte de la mer sera des pâturages pour des
   bergers
      L   : dann sollen am Meer Hirtenfelder... sein
  Fac.: 14
[וְהָיְתָה כָּרֹת נְוֹת רֹעִים] (=Brockington)
   and you will be, Kereth, pastures for shepherds
   et tu seras, Keret, des pâturages pour des bergers
     NEB*: and you, Kereth, shall be all shepherds'
           huts
  Fac.: 14
  Transl.: and the seacoast will become pastures, wells
           of shepherds
  Trad.:   et le cordon de la mer deviendra des pâtu-
           rages, des puits de bergers

   2.7

חֶבֶל B
   the portion / shave
   la part
     J   : la ligne
     TOB : la ligne
  [חֶבֶל הַיָּם]
   the seacoast
   le cordon de la mer
     RSV : the seacoast
     NEB : the coastland
     L   : das Land am Meer
  Fac.: 5
  Rem.: The word חֶבֶל "portion, part" reflects the same
     expression in V. 6, where it has, however, another
     meaning : "the coast (of the sea)" and refers there
     to a region. Verses 6 and 7 contain a play on the
     word חֶבֶל.
  Rem.: Le mot חֶבֶל "part" rappelle le même terme au
     V. 6 où cependant il signifie "le cordon" (de la
     mer) et désigne donc une région. Ainsi V. 6 et 7
     contiennent-ils un jeu de mots sur ce terme חֶבֶל.

Transl.: the portion / shave
Trad.:   la part

2.7

C שבותם KETIV
    their destiny
    leur destinée
      RSV : their fortunes
      NEB : their fortunes
      J   : leur restauration
      TOB : leur destinée
    שְׁבִיתָם QERE
    ⌐their captives / captivity
    leurs captifs / captivité
      L   : ihre Gefangenschaft
    Fac.: 6
    Transl.: their destiny
    Trad.:   leur destinée

2.9

B ומכרה-מלח
    and the salt pit / salt mine
    et la fosse de sel / mine de sel
      RSV : and salt pits
      J   : un monceau de sel
      TOB : une mine de sel
      L   : und eine Salzgrube
    [ומכרה-מלוח] (=Brockington)
    and the pit of mallow / saltwort
    et la fosse d'arroche
      NEB : a rotting heap of saltwort
    Fac.: 1,8,9
    Transl.: a salt mine
    Trad.:   une mine de sel

2.14

B כל-חיתו-גוי
    all the beasts ⟨living in⟩ flocks (lit. in nations)
    toutes les bêtes ⟨vivant en⟩ troupeau (litt. en na-
    tion)
       J   : toutes sortes de bêtes
       TOB : et des bêtes de toute sorte
[כל-חיתו-שדה]
    all the beasts of the field
    toutes les bêtes des champs
      RSV*: all the beasts of the field
      L   : allerlei Tiere des Feldes
 Fac.: 14
[כל-חיתו-גַו] (=Brockington)
   all the beasts of the wild
   toute bête sauvage
     NEB : and all the beasts of the wild
 Fac.: 14
 Transl.: all the beasts living in flocks (or herds)
 Trad.:   toutes les bêtes grégaires

2.14

B קול ישורר
    a voice will scream / sing
    une voix clamera / chantera
      TOB : on entendra un hululement
[כוס ישורר] (=Brockington)
    the owl will hoot
    le hibou hululera
      RSV*: the owl shall hoot
      NEB : the tawny owl shall hoot
      J*   : le hibou poussera son cri
      L   : das Käuzchen wird... schreien
 Fac.: 14
 Transl.: ⟨hear⟩ the voice of the one which sings
          (in the window)
 Trad.:   ⟨écoutez⟩ la voix de celui qui chante (à
         la fenêtre)

2.14

C חֹרֶב בַּסַּף
  destruction on the threshold
  destruction sur le seuil
    TOB : dès le seuil, ce seront des ruines
[עֹרֵב בַּסַּף]
  the raven on the threshold
  le corbeau sur le seuil
    RSV*: the raven croak on the threshold
    J* : et le corbeau sur le seuil
    L   : (... schreien) und auf der Schwelle der
          Rabe
  Fac.: 5
[חָרָב בַּסַּף] (=Brockington)
  and the bustard on the threshold
  et la chouette sur le seuil
    NEB*: and the bustard stand in the porch
  Fac.: 14
  Transl.: there is destruction on the threshold
  Trad.:   c'est la dévastation sur le seuil

2.14

C כִּי אַרְזָה עֵרָה
  for they tore down (lit. laid bare) the cedar
  work
  car on a arraché (litt. dépouillé) le lambrissage
  de cèdre)
[כִּי אַרְזָה עֹרָה]
  for her cedar work is laid bare
  car son lambrissage de cèdre a été dépouillé
    RSV : for her cedar work will be laid bare
  Fac.: 1
[כִּי אֶרְזָה עֹרָה]
  for the cedar work was laid bare
  car le lambrissage de cèdre a été dépouillé
    J* : car le cèdre a été arraché
    TOB*: les poutres de cèdre sont mises à nu
  Fac.: 14
[Lacking.Manque] = NEB*, L (Brockington)
  Fac.: 14
  Transl.: for they tore down ⟨what was made⟩ of cedar
           ⟨wood⟩
  Trad.:   car on a arraché ⟨ce qui était en⟩ cèdre

3.1

B מֹרְאָה
    rebellious / in revolt
    la rebelle / révoltée
      RSV : (woe to) her that is rebellious
      J   : la rebelle
      TOB : la rebelle
      L   : (weh) der widerspenstigen
  [מֹרְאָה] (=Brockington)
    rebellious
    rebelle
      NEB : the tyrant (city)
  Fac.: 14
  Rem.: There may be a play on words between this ex-
    pression meaning "rebellious" and the name "Moriah"
    another name for Jerusalem, since Jerusalem is the
    rebellious city.
  Rem.: Il s'agit peut-être d'un jeu de mots avec ce
    terme et le nom de Jérusalem "Moriya". Jérusalem
    est la ville révoltée.
  Transl.: rebellious
  Trad.:   révoltée

3.3

C זְאֵבֵי עֶרֶב
    wolves ⟨in⟩ the evening
    des loups ⟨au⟩ soir
      RSV : evening wolves
      TOB : des loups au crépuscule
      L   : Wölfe am Abend
  [זְאֵבֵי עֲרָב] (=Brockington)
    the wolves of Arabia / of the desert
    les loups d'Arabie / de la steppe
      NEB*: wolves of the plain
      J   : des loups de la steppe
  Fac.: 6,9
  Rem.: See the same textual problem in Hab 1.8 above.
  Rem.: Voir le même problème textuel en Ha 1.8 ci-
    dessus.
  Transl.: wolves ⟨in⟩ the evening
  Trad.:   des loups ⟨au⟩ soir

3.5

B ‏ולא-יודע עול בשת‏
    and the wicked man knows no shame
    et l'homme pervers ne connaît pas de honte
       RSV : but the unjust knows no shame
       J   : (Mais l'inique ne connaît pas la honte.)
       TOB : - Mais l'impie ne connaît pas la honte.-
       L   : aber der Frevler kennt keine Scham
  [Lacking.Manque] = NEB* (=Brockington)
  Fac.: 14
  Transl.: but the wicked/unjust man knows no shame
  Trad.:   mais l'homme pervers/inique ne connaît
          pas de honte

3.6

B ‏גוים‏
    nations
    des nations
      RSV : nations
      J   : les nations
      TOB : des nations
      L   : Völker
  [‏גאים‏] (=Brockington)
    the proud
    des orgueilleux
      NEB*: the proud
  Fac.: 6,7
  Transl.: the nations
  Trad.:   les nations

3.7

C ‏ולא-יכרת מעונה‏
    and her dwelling will not be cut off/destroyed
    et sa demeure ne sera pas retranchée/supprimée
      TOB : et sa demeure ne sera pas supprimée
      L   : so würde ihre Wohnung nicht ausgerottet
  [‏ולא יכרת מעיניה‏]
    and it will not be cut off from her eyes
    et il ne sera pas coupé de ses yeux
      RSV*: she will not lose sight
      J* : à ses yeux ne peuvent s'effacer
  Fac.: 1
  [‏ולא יכרת מעינה‏] (=Brockington)
    and it will not be cut off from her eye
    et il ne sera pas coupé de son oeil

   NEB*: she would remember
Fac.: 14
Rem.: The verb כרת, "cut off", in V. 6 and the
   same verb here in V. 7 are related : "I have cut
   off / destroyed nations", "her dwelling will not
   be cut off / destroyed" (V.7).
Rem.: Le verbe כרת, retrancher, au V. 6 et le même
   verbe ici, V. 7, sont en rapport l'un avec l'autre :
   "je retranchai / supprimai des nations" (V. 6),
   "sa demeure ne sera pas retranchée / supprimée"
   (V.7).
Transl.: and her dwelling will not be cut off/destroyed
Trad.:   ne sera pas retranchée/ supprimée

3.8

C לְעַד
   for prey/booty
   pour le butin
[לְעֵד] (=Brockington)
   as a witness
   pour témoin
      RSV : as a witness
      NEB : (I stand up) to accuse you
      J   : en accusateur
      TOB : comme témoin à charge
      L   : zum letzten Gericht
   Fac.: 12,6
   Transl.: for booty
   Trad.:   pour le butin

3.10

B עתרי בת-פוצי
      those who pray to me, the community (lit. daughter)
      of my dispersed ones
      ceux qui me prient, l'ensemble (litt. la fille) de
      mes dispersés
         RSV : my suppliants, daughter of my dispersed ones
         TOB*: ceux qui m'adorent - ceux que j'ai dispersés -
               (en note : "...Litt. la fille de mes disper-
               sés...")
   [עתרי]
      those who pray to me
      ceux qui me prient
         J* : mes suppliants
   Fac.: 14

[עֹתְרַי בַּתְפוּצָה] (=Brockington)
   those who pray to me in the dispersion
   ceux qui me prient dans la dispersion
     NEB : my suppliants of the Dispersion
Fac.: 14
Transl.: those who pray to me, the community (lit.
       daughter) of those that I have dispersed
Trad.:   ceux qui me prient, l'ensemble (litt. la
       fille) de ceux que j'ai dispersés

3.15

B מִשְׁפָּטַיִךְ
   the judgments against you (lit. your judgments)
   les jugements ⟨portés contre⟩ toi (litt. tes
   jugements)
     RSV : the judgments against you
     J   : la sentence qui pesait sur toi
     TOB : les sentences qui pesaient sur toi
     L   : deine Strafe
[מְשֹׁפְטַיִךְ] (=Brockington)
   your judges
   tes juges
     NEB : your adversaries
Fac.: 1,6
Transl.: the judgments against you
Trad.:   les jugements contre toi

3.15

A מֶלֶךְ יִשְׂרָאֵל
   the king of Israel
   le roi d'Israël
     RSV : the King of Israel
     J   : (Yahvé est) roi d'Israël
     TOB : le roi d'Israël
     L   : der König Israels
[מֶלַךְ יִשְׂרָאֵל] (=Brockington)
   O Israel, the king is
   Israël, le roi est
     NEB : (the LORD) is (among you) as king, O
        Israel
Fac.: 1,13
Transl.: the king of Israel
Trad.:   le roi d'Israël

3.17

יחריש באהבתו B
    he will be silent in his love
    il sera silencieux dans son amour
        L   : er wird dir vergeben in seiner Liebe
[יחדש(ך) באהבתו]
    he will renew (you) in his love
    il (te) renouvellera dans son amour
      RSV*: he will renew you in his love
      J* : il te renouvellera par son amour
      TOB*: dans son amour, il te renouvelle
  Fac.: 12
[יחדש אהבתו] (=Brockington)
    he will renw his love
    il renouvellera son amour
      NEB*: he will show you his love once more
  Fac.: 14
  Rem.: L may be a free rendering of the MT.
  Rem.: L peut être une traduction libre du TM.
  Transl.: he is silent in his love
  Trad.:   il est silencieux dans son amour

3.18

נוגי ממועד B
    afflicted by being deprived of the feasts
    tristes d'être privés de fêtes
      TOB*: ceux qui étaient privés de fêtes
[כיום מועד]
    as on the day of festival
    comme le jour de fête
      RSV*: as on a day of festival
      J* : comme aux jours de fête
      L   : wie an einem festlichen Tage
  Fac.: 8,6
[כימי מעד] (=Brockington)
    as on the days of old
    comme aux jours de jadis
      NEB*: as in days long ago
  Fac.: 14
  Rem.: See the two following cases with the translation
    of the whole clause in the Remark of the 3d case.
  Rem.: Voir les deux cas suivants avec la traduction de
    l'ensemble de la proposition dans la Remarque du 3e
    cas.
  Transl.: afflicted because deprived of the feasts
  Trad.:   affligés d'être privés de fêtes

3.18

C היו
    they were
    ils étaient
        TOB : ils étaient   (loin de toi)
[הוה]
    the disaster
    le malheur
        RSV*: disaster
        J* : le malheur
        L   : das Unheil
  Fac.: 14
[הי] (=Brockington)
    the lamentation
    la lamentation
        NEB*: (your) cries of woe
  Fac.: 14
  Rem.: See the preceding and the following case.
  Rem.: Voir le cas précédent et suivant.
  Transl.: they were (far from you)
  Trad.:   ils étaient (loin de toi)

3.18

C מַשְׂאֵת עליה חרפה
    the burden on her : the shame
    le fardeau sur elle : la honte
        TOB : - honte qui pesait sur Jérusalem
[מִשְׂאֵת עליה חרפה] (=Brockington)
    from laying shame upon her
    de placer sur elle la honte
    RSV : so that you will not bear reproach for it
    NEB : and you shall no longer endure reproach
          for her
    L   : dass du seinetwegen keine Schmach mehr
          trägst
  Fac.: 1
[מִשְׂאֵת עליך חרפה]
    from laying shame upon you
    de placer sur toi la honte
        J* : pour que tu ne portes plus l'opprobre
  Fac.: 14
  Rem.: The entire clause can be translated as fol-
    lows : "⟨they were⟩ afflicted ⟨by⟩ being deprived
    of the feasts, they were far away from you : ⟨this
    was⟩ the shame weighing heavily on her (that is,
    on Jerusalem)".

Rem.: On peut traduire toute la proposition ainsi :
  "affligés d'être privés des fêtes, ils étaient
  éloignés de toi : ⟨c'était⟩ la honte qui pesait
  sur elle (c.-à-d. sur Jérusalem)".
Transl.: shame which weighed heavily on her
Trad.:   honte qui pesait sur elle

3.19

B בשתם
    their shame
    leur honte
      RSV : their shame
      NEB : where once they were despised
      TOB : où vous avez connu la honte
      L   : wo man sie verachtet
  [בשוב את-שבותכם]
    bringing back your captives
    en ramenant vos captifs
      J* : quand j'accomplirai leur restauration
Fac.: 14
Rem.: Three translations are possible : 1° "those
  whose shame had been ⟨known⟩ in the whole world";
  2° "in the whole world ⟨where they had experienced⟩
  shame"; 3° "namely, their shame in the whole world"
  (the pronoun "their" refers to the same persons
  as the pronoun "them" in "and I will give them
  honor..., namely, their shame...").
Rem.: Trois traductions sont possibles : 1° "ceux
  dont la honte avait été répandue dans la terre
  entière"; 2° "dans toute la terre, ⟨où ils avaient
  éprouvé⟩ la honte"; 3° "c'est-à-dire leur honte
  dans toute la terre" (c'est l'explication du pronom "les" dans l'expression : "je les mettrai à
  l'honneur..., à savoir leur honte...").
Transl.: See Remark
Trad.:   Voir Remarque

3.20

B ‏ובעת‏
   and at the time
   et au temps
     RSV : at the time (when)
     J   : au temps (où)
     TOB : ce sera au temps (où)
[‏ובעת ההיא‏]
   and at that time
   et en ce temps-là
     L   : und... zur selben Zeit
 Fac.: 6
[‏ובאה עת‏] (=Brockington)
   and time comes / came
   et le temps vient / est venu
     NEB : when the time comes
 Fac.: 14
 Transl.: ⟨it will be⟩ the time (when)
 Trad.:   ⟨ce sera⟩ le temps (où)

HAGGAI / AGGEE

===============

1.2

C -לֹא עֵת־בֹּא עֵת

    it is not the time to come, the time
    ce n'est pas le temps de venir, le temps de
        TOB : il n'est pas venu, le moment de (en note :
              "Litt. Ce n'est pas le moment de venir,
              le moment de...")
 [לֹא בָּא עֵת עַתָּ עֵת-] (=Brockington)
    the time has not come now
    le temps n'est pas venu maintenant
        RSV : the time has not yet come to
        NEB : that it is not yet time for
        J* : il n'est pas encore arrivé, le moment de
        L   : die Zeit ist noch nicht da, dass
    Fac.: 4
    Transl.: it is not yet time to come, ⟨not yet⟩ the
             time (for the house of the LORD to be re-
             built)
    Trad.:   ce n'est pas encore le moment de venir, le
             moment (pour la maison du SEIGNEUR d'être
             reconstruite)

1.10

C על-כן עליכם

    therefore above you
    c'est pourquoi sur vous
        RSV : therefore... above you
        TOB : c'est pourquoi, au-dessus de vous
        L   : darum... über euch
 [על-כן]
    therefore
    c'est pourquoi
        NEB : it is your fault that
        J* : c'est pourquoi
    Fac.: 10,4
    Rem.: NEB may follow the MT in a free rendering.
    Rem.: Il se peut que NEB suive le TM dans une traduc-
          tion allégée.

Transl.: therefore above you
Trad.:   c'est pourquoi au-dessus de vous

1.10

A מטל
    from the dew
    de la rosée
      RSV : the dew
      TOB : la rosée
      L   : den Tau
  [מטר]
    the rain
    la pluie
      J* : la pluie
  Fac.: 14
  [טלם]
    their dew
    leur rosée
      NEB : their dew
  Fac.: 14
  Transl.: that they (that is, the heavens) do not
           give dew
  Trad.:   qu'ils (c.-à-d. les cieux) ne donnent pas
           de rosée

1.11

B ועל אשר
    and upon what
    et sur ce que
      RSV : upon what
  ועל כל אשר
    and upon all that
    et sur tout ce que
      NEB : and all that
      J   : et sur tout ce que
      TOB : et sur tout ce que
      L   : und über alles was
  Fac.: 5
  Transl.: and upon what
  Trad.:   et sur ce que

2.5

B את-הדבר אשר-כרתי אתכם בצאתכם ממצרים
    the word I have said in a covenant with you when
    you came out of Egypt
    la parole que j'ai prononcée dans une alliance
    avec vous, à votre sortie d'Egypte
       RSV : according to the promise that I made you
           when you came out of Egypt
       TOB*: selon l'engagement que j'ai pris envers
           vous lors de votre sortie d'Egypte
       L   : nach dem Wort, das ich euch zusagte, als
           ihr aus Aegypten zogt
[Lacking.Manque] = NEB*, J* (=Brockington)
 Fac.: 6
 Rem.: This clause may be a gloss which is to be re-
    lated with what follows (second half of V.5).
 Rem.: Cette phrase peut être une glose qui est à re-
    lier avec ce qui suit (avec la deuxième partie du
    V.5).
 Transl.: the declaration I made in the covenant with
         you when you came out of Egypt (and my
         spirit...)
 Trad.:   la parole que j'ai prononcée dans une alli-
         ance avec vous lors de votre sortie d'Egypte
         (et mon esprit...)

2.6

B מעט היא
    she it is little
    elle est petite
       RSV : in a little while
       J   : (encore un) très court délai
       TOB : il sera court
       L   : (noch eine) kleine Weile
[Lacking.Manque] = NEB* (=Brockington)
 Fac.: 7,6
 Transl.: (still a) little while
 Trad.:   (encore un) petit moment

2.16

מהיותם
    from their being / since they were
    de leur être / depuis qu'ils étaient
        TOB*: avant qu'elles ne soient
    Fac.: 12
C[מה הייתם]
    what were you ?
    qu'étiez-vous ?
        RSV*: how did you fare ?
        J* : quelle était votre condition ?
        L   : wie es euch gehen wird... wie ging es euch
              denn
  [מי הייבם] (=Brockington)
    who were you ?
    qui étiez-vous ?
        NEB : what was your plight ?
    Fac.: 12
    Transl.: how did you fare ?
    Trad.:   que deveniez-vous ?

2.16

B חמשים פורה
    fifty measures / pressings
    cinquantes mesures / pressayes
        RSV : fifty measures
        J   : cinquante mesures
        TOB : cinquante mesures
        L   : fünfzig Eimer
  [חמשים] (=Brockington)
    fifty ⟨measures⟩
    cinquante ⟨mesures⟩
        NEB*: fifty measures
    Fac.: 4,6
    Rem.: The term פורה refers either to the act of
      pressing out the grapes or to the quantity of
      juice which is pressed out.
    Rem.: L'espression פורה désigne ou bien le foulage
      (ou pressage) ou bien la quantité de jus de raisin
      qui résulte du foulage.
    Transl.: fifty per / fifty measures
    Trad.:   cinquante par foulage / cinquante mesures

2.17

B ואֵין־אֶתְכֶם אֵלַי
   and none of you towards me
   et personne de vous vers moi
     RSV : yet you did not return to me
     J   : et vous n'êtes pas revenus à moi
     TOB*: sans réussir à vous ramener vers moi
          (en note : "Litt. et aucun de vous vers
          moi...")
     L   : dennoch bekehrtet ihr euch nicht zu mir
[וְאֵין־אֶתְכֶם אֵלַי] (=Brockington)
   and not with you, towards me
   et pas avec vous, vers moi
     NEB : and yet you had no mind to return to me
  Fac.: 1 or/ou 14
  Rem.: This clause can be translated in two ways :
    1° "(I struck you...), but not <so that> you
    <came back> to me"; 2° "and you are not <turned>
    toward me".
  Rem.: On peut traduire cette expression de deux fa-
    çons : 1° "(j'ai frappé...) mais pas <de telle
    manière que> vous <reveniez> vers moi"; 2° "et
    vous n'êtes pas <inclinés> vers moi".
  Transl.: See Remark
  Trad.:   Voir Remarque

2.19

B הֶעוֹד הַזֶּרַע
   is <there> still grain <left> ?
   est-ce qu' <il y a> encore du grain ?
     RSV : is the seed yet...
     TOB : reste-t-il encore du grain
[הֶעוֹד נִגְרַע הַזֶּרַע] (=Brockington)
   is the grain still diminished ?
   est-ce que le grain a encore été réduit ?
     NEB*: will the seed still be diminished
     J* : si le grain manque encore
     L   : ob noch der Same dahinschwindet
  Fac.: 14
  Transl.: is there still grain <left> ?
  Trad.:   est-ce qu'<il y a> encore du grain ?

2.19

C -וְעַד
    and unto / and even
    et jusqu'à / et même
      TOB : même
  [וְעֹד]
    and still
    et encore
      RSV : do... still
      NEB : will... still
      J* : et si encore
      L   : und ob... noch
  Fac.: 4,5,8
  Transl.: and even (the vine...)
  Trad.:   et même (la vigne...)

2.22

A ממלכות (2°)
    of the kingdoms of
    des royaumes de
      RSV : of the kingdoms of
      NEB : of... realms
      TOB : des royaumes des
      L   : die... Königreiche der
  [מלכי]
    of the kings of
    des rois de
      J* : des rois des
  Fac.: 6,12
  Transl.: of the kingdoms of
  Trad.:   des royaumes de

ZACHARIAH / ZACHARIE
====================

1.8

B אדמים שרקים
    red, sorrel
    rouges, alezans
        RSV : red, sorrel
        J* : roux, alezans
        TOB*: roux, alezans
        L   : rote, braune
  [שחרים ברדים] (=Brockington)
    black, dappled
    noirs, tachetés
        NEB*: black, dappled
    Fac.: 14
    Transl.: red, sorrel
    Trad.:   rouges, alezans

2.2(1.19)

B את-ישראל וירושלם
    Israel and Jerusalem
    Israël et Jérusalem
        RSV : Israel, and Jerusalem
        J* : (Israël) et Jérusalem
        TOB : Israël et Jérusalem
        L   : Israel, und Jerusalem
  וירושלם (=Brockington)
    and Jerusalem
    et Jérusalem
        NEB*: and Jerusalem
    Fac.: 1
    Transl.: Israel and Jerusalem
    Trad.:   Israël et Jérusalem

2.4

B את-יהודה
    Judah
    Juda
        RSV : Judah
        J   : Juda
        TOB : Juda
        L . : Juda
  [את-יהודה וירושלם] (=Brockington)
    Judah and Jerusalem
    Juda et Jérusalem
        NEB*: Judah and Jerusalem
    Fac.: 5
    Transl.: Judah
    Trad.:   Juda

2.7

C יצא (1°)
    going out / coming forth
    sortant / s'avançant
        RSV : came forward
        NEB : was going away
        J   : s'avança
        TOB*: s'avança
  [עמד]
    standing
    se tenant debout
        L   : stand da
    Fac.: 4,5
    Transl.: coming forth
    Trad.:   s'avançant

2.12(8)

A אחר כבוד
    after the glory
    après ⟨que⟩ la gloire
        RSV : after his glory
        J   : après que la Gloire
        TOB : avec autorité
  [ארח כבוד] (=Brockington)
    ⟨on⟩ the path of glory
    ⟨sur⟩ le chemin de gloire
        NEB*: on a glorious mission
    Fac.: 14

[Lacking.Manque] = L
 Fac.: 14
 Transl.: after the glory (had sent me)
 Trad.:   après ⟨que⟩ la gloire (m'eût envoyé)

2.12(8)
    בבבת עינו
     in the apple of his eye
     dans la prunelle de son oeil
       RSV : the apple of his eye
       NEB : the apple of his eye
  Fac.: 7
C[בבבת עיני]
     in the apple of my eye
     dans la prunelle de mon oeil
       J* : à la prunelle de mon oeil
       TOB*: à la prunelle de mon oeil
       L   : meinen Augapfel
  Transl.: in the apple of my eye
  Trad.:   à la prunelle de mon oeil

2.15(11)
B לי לעם
     for me, as a people
     à moi comme peuple
       RSV : my people
       TOB*: mon propre peuple
       L   : mein Volk
  [לו לעם] (=Brockington)
     for him, as a people
     à lui comme peuple
       J* : pour lui un peuple
       NEB*: his people
  Fac.: 5
  Transl.: for me as a people
  Trad.:   à moi comme peuple

2.15 (11)

C ‏ושכנתי‎
      and I will dwell
      et j'habiterai
        RSV : and I will dwell
        TOB*: et je demeurerai
        L   : und ich will... wohnen
  [‏ושכנו‎]
      and they will dwell
      et ils habiteront
        J* : elles habiteront
  Fac.: 5
  [‏ושכן‎] (=Brockington)
      and he will dwell
      et il habitera
        NEB*: and he will make his dwelling
  Fac.: 5
  Transl.: and I will dwell
  Trad.:   et j'habiterai

3.2

A ‏יהוה‎ (1°)
      the LORD
      le SEIGNEUR
        RSV : the LORD
        NEB : the LORD
  [‏מלאך יהוה‎]
      the angel of the LORD
      l'ange du SEIGNEUR
        J* : l'ange de Yahvé
        TOB*: l'ange du SEIGNEUR
        L   : der Engel des HERRN
  Fac.: 4
  Transl.: the LORD
  Trad.:   le SEIGNEUR

3.4

B ‏והלבש אתך‎
      and clothing you
      et t'habiller
        RSV : and I will clothe you
        NEB : I will clothe you
        TOB : et on te revêtira
        L   : ich... und lasse dir ... anziehen

[והלבישו אתו]
   and clothe him (imperative plural)
   et habillez-le
     J* : et revêtez-le
  Fac.: 5
  Transl.: and they may clothe you (with festive clothing)
  Trad.:   et qu'on t'habille (en habits de fête)

3.5

C ואמר ישימו
   and I said : they may put
   et je dis : qu'ils mettent
     RSV : and I said, "Let them put"
[ושימו]
   and put (imperative plural)
   et mettez
     J   : mettez
  Fac.: 5
[ויאמר שימו]
   and he said : Put (imperative plural)
   et il dit : Mettez
     L   : und er sprach : Setzt
  Fac.: 4,5
[ויאמר ישימו] (=Brockington)
   and he said : they may put
   et il dit : qu'ils mettent
     NEB*: and he added, 'Let... be put
     TOB*: et il reprit : "qu'on mette
  Fac.: 14
  Transl.: and I said : they may put
  Trad.:   et je dis : qu'on mette / qu'ils mettent

3.5

A בגדים
   garments
   des vêtements
     RSV : garments
     TOB*: les habits
[בגדים טהורים] (=Brockington)
   clean garments
   des habits propres
     NEB*: clean garments
     J* : d'habits propres
     L   : reine Kleider
  Fac.: 14

Transl.: the garments
Trad.:   les vêtements

3.9

B פתחה
   its inscription
   son inscription
     RSV : its inscription
     J   : son inscription
     TOB : son inscription
     L   : an ihm eine Inschrift
פתחה [=פתחה] (=Brockington)
   its opening / its explanation
   son ouverture / explication
     NEB : (I will reveal) its meaning
     Fac.: 1,6
Transl.: its inscription
Trad.:   son inscription

4.2

B שבעה ושבעה
   seven each (lit. seven and seven)
   sept chacune (litt. sept et sept)
     RSV : seven... each
     J   : et... sept
     TOB : ainsi que sept
     L   : und sieben... jeder
[ושבעה] (=Brockington)
   and seven
   et sept
     NEB*: and... seven
  Fac.: 4,10
  Rem.: The expression can be translated as follows :
    "(seven lights... for) each of the seven (spouts)".
  Rem.: On peut traduire cette expression ainsi :
    "(sept lumières...pour) chacun des sept (becs)".
Transl.: See Remark
Trad.:   Voir Remarque

4.3

A מימין הגלה
    on the right of the bowl
    à droite du réservoir
      RSV : on the right of the bowl
      NEB : on the right of the bowl
      TOB*: à droite du réservoir
[מימינה]
    on its right
    à sa droite
      J*   : à sa droite
      L   : zu seiner Rechten
  Fac.: 14
  Transl.: on the right of the bowl
  Trad.:   à droite du réservoir

4.7

B את-האבן הראשה
    the foundation stone
    la pierre de fondation
      RSV : the top stone
      J   : la pierre de faîte
      TOB : la pierre principale
      L   : den Schlussstein
[את-האבן הירשה] (=Brockington)
    the stone of the possession
    la pierre de la propriété
      NEB*: the stone called Possession
  Fac.: 6,12
  Transl.: the foundation stone / the main stone
  Trad.:   la pierre de fondation / la pierre principale

4.10

B האבן הבדיל
    a tin weight (lit. the stone of tin)
    un poids d'étain (litt. la pierre d'étain)
      RSV : the plummet
[האבן הבדל] (=Brockington)
    the stone of dividing
    la pierre de séparation
      NEB : the stone called Separation
  Fac.: 1

[האבן המבדיל]
  the chosen (or : separated) stone
  la pierre séparée / choisie
    J* : la pierre choisie
    TOB : la pierre choisie
Fac.: 14
[האבן הראטה]
  the main stone
  la pierre principale
    L   : den Schlussstein
Fac.: 14
Rem.: 1. TOB and L may have intended translate the
  MT in this case, but they have not correctly interpreted it.
  2. The translations should refrain from restruc-
  turing this V. and replacing VV. 10-14 after V.6
  (first half), because such a rearrangement is purely conjectural.
Rem.: 1. TOB et L ont peut-être voulu traduire le
  TM, mais, en ce cas, ils ne l'ont pas interprété
  correctement.
  2. Les traducteurs ne devraient pas restructurer
  ce V. et le placer après la première moitié du
  V.6, car ce déplacement serait une pure conjecture.
Transl.: the stone of tin
Trad.:   la pierre d'étain

4.12

B הזהב (2°)
  the gold
  l'or
    NEB : the golden oil
    TOB*: (leur) huile dorée (en note : "Litt. ...
        l'or...")
    L   : das goldene Oel
[הזית]
  the oil
  l'huile
    RSV*: the oil
    J* : l'huile
Fac.: 14
Rem.: The clause can be translated as follows :
  "(which ⟨are⟩ in the hand [that is, the power] of the
  two golden pipes [representing the two leaders of the
  people],) ⟨from which⟩ the gold is poured out". The gold
  refers here to the value which the pipes confer to the
  branches of the olive tree, representing the people.

Rem.: La phrase peut être traduite ainsi : "(qui
   sont dans la main [c.-à-d. dans le pouvoir] des
   deux tuyaux d'or [qui représentent les deux chefs
   de la communauté] ⟨qui⟩ déversent par eux [litt.
   à partir d'eux]) l'or", l'or signifiant ici la valeur que les tuyaux confèrent aux branches de
   l'olivier, représentant le peuple.
Transl.: See Remark
Trad.:   Voir Remarque

5.2

A ויאמר אלי מה
   and he said to me : what
   et il me dit : qu'est-ce que
      RSV : and he said to me, "what
      NEB : he asked me what
      TOB : et l'ange me dit : "que
      L   : und er sprach zu mir : Was
   [ויאמר אלי המלאך הדבר בי מה]
   and the angel speaking with me said to me : what
   et l'ange parlant avec moi me dit : qu'est-ce que
      J* : l'ange qui me parlait me dit : "qu'est-ce
            que
   Fac.: 14
   Transl.: and he said to me : what
   Trad.:   et il me dit : qu'est-ce que

5.3

A וכל-הנשבע
   and every one who swears / swears falsely
   et chacun qui jure / et tout parjure
      RSV : and every one who swears falsely
      NEB : and... every perjurer
      TOB : et... tout parjure
      L   : und alle Meineidigen
   [וכל-הנשבע בשמי לשקר]
   and every one who swears by my name falsely
   et chacun qui jure par mon nom faussement
      J* : et... tout homme qui jure faussement par
            mon nom
   Fac.: 1,6
   Transl.: and every perjurer
   Trad.:   et chaque parjure

5.4

C הוצאתיה
    I brought her / it out
    je l'ai faite sortir
      NEB : I have sent it out
      TOB : je l'ai lancée
  והוצאתיה
    and I will bring her / it out
    et je la ferai sortir
      RSV : I will send it forth
      J* : je la déchaînerai
      L   : ich will ihn ausgehen lassen
  Fac.: 5
  Transl.: I brought it out
  Trad.:   je l'ai faite sortir

5.6

C עינם
    their eye
    leur oeil
  עונם (=Brockington)
    their iniquity
    leur iniquité
      RSV*: their iniquity
      NEB*: their guilt
      J* : leur iniquité
      TOB*: leur péché
      L   : die Sünde
  Fac.: 12
  Rem.: The expression "eye" seems to mean   "inten-
    tion/desire".
  Rem.: L'expression "oeil" semble signifier ici
    "intention/désir".
  Transl.: their eye / their desire
  Trad.:   leur oeil / leur désir

5.11

C וְהֻכַן וְהֻנִּיחָה שָּׁם עַל-מְכֻנתה
    and it will be prepared, and it will be laid
    down/they will lay it down on its resting place
    et il est établi, et elle est déposée/on la dépose
    là à sa place
      NEB*: when the house is ready, it shall be set
            on the place prepared for it there

[וַהֲכִנָה וְהִנִּיחֻהָ שם על-מכנתה]
    and they will prepare it and lay it down there on
    its resting place
    et ils l'établiront/on l'établira et il la dépo-
    seront/on la déposera là à sa place
       TOB*: on la fixera et on l'immobilisera là-bas
             sur son piédestal
 Fac.: 1,8

[וְהוּכַן וְהִנִּיחֻהָ שם על-מכנתה]
    and it will be prepared, and they will lay it down
    there on its resting place
    et il est établi et ils la déposeront/on la dépo-
    sera là à sa place
      RSV : and when this is prepared, they will set
          the ephah down there on its base
 Fac.: 14

[והכין לה מכנה וְהִנִּיחֻהָ שם]
    and to prepare for it a resting place, and they
    will lay it down there
    et établir pour elle un lieu et ils l'établiront
    là
      J* : et lui préparer un socle où elles la pla-
          ceront
 Fac.: 14

[והניחה שם]
    and it is laid down there
    et elle est déposée là
      L : und sie dort aufgestellt werde
 Fac.: 14
 Transl.: and it will be prepared, and it will be
         laid down (impersonal meaning) there on its
         resting place
 Trad.: et il sera préparé, et il sera déposé/on
         le déposera là à sa place

6.3

B אמצים
    red/gray/vigourous
    rouges/gris/vigoureux
      RSV*: gray
      J : vigoureux
      TOB*: rouges
      L : allesamt stark
 [Lacking.Manque] = NEB* (=Brockington)
 Fac.: 1,4,5
 Transl.: red/gray/vigourous
 Trad.: rouges/gris/vigoureux

6.6

A אל־אחריהם
    towards behind them
    vers derrière eux
       J* : derrière eux
       TOB*: à leur suite
[אל־ארץ הים]
    towards the land of the sea
    vers le pays de la mer
      RSV*: toward the west country
      L   : nach Westen
 Fac.: 14
[אחרי הים] (=Brockington)
   behind the sea
   derrière la mer
     NEB*: to the far west
 Fac.: 14
 Transl.: behind them
 Trad.:   derrière eux

6.10

B אשר־באו
    who have arrived
    qui sont arrivés
      RSV : who have arrived
      NEB : who have come back
      TOB : où ils viennent d'arriver
      L   : die... gekommen sind
[אשר בא]
    who has arrived
    qui est arrivé
      J* : qui est arrivé
 Fac.: 4
 Rem.: This clause can be translated in three ways :
   1° "for they have ⟨just⟩ arrived (from Babylon)";
   2° "where they have ⟨just⟩ arrived (from Babylon)";
   3° "who have ⟨just⟩ arrived (from Babylon)".
 Rem.: Cette proposition peut être traduite de trois
   manières : 1° "car ils viennent d'arriver (de
   Babel)"; 2° "où ils viennent d'arriver (de Babel)";
   3° "qui viennent d'arriver (de Babel)".
 Transl.: See Remark
 Trad.:   Voir Remarque

6.11

A עטרות
    crowns / a crown
    des couronnes / une couronne
      TOB : une couronne
      L   : Kronen
 [עטרת] (=Brockington)
    a crown
    une couronne
      RSV*: a crown
      NEB*: a crown
      J* : une couronne
  Fac.: 1,4
  Rem.: 1. See a similar textual problem in 6.14 below.
    2. The word may have a singular meaning despite
    its apparent plural form.
  Rem.: 1. Voir un problème textuel analogue en 6.14
    ci-dessous.
    2. Le mot peut avoir une signification au singu-
    lier, malgré sa forme apparemment plurielle.
  Transl.: crows/a crown
  Trad.: des couronnes/une couronne

6.13

B על-כסאו (2°)
    upon his throne
    sur son trône
      RSV : by his throne
      TOB*: aussi... sur un trône
 [מימינו] (=Brockington)
    at his right side
    à sa droite
      NEB : at his right
      J* : at his right side
      L   : zu seiner Rechten
  Fac.: 7,5
  Transl.: upon his throne
  Trad.: sur son trône

6.14

B וְהָעֲטָרֹת
    and the crowns / and the crown
    et les couronnes / et la couronne
      NEB : the crown
      TOB : quant à la couronne

          L   : und die Kronen
[וְהָעֲטָרֹת] (=Brockington)
     and the crown
     et la couronne
       RSV*: and the crown
       J* : quant à la couronne
   Fac.: 4,6
   Rem.: See at 6.11 above a similar textual problem,
     and see the Remark there.
   Rem.: Voir en 6.11 ci-dessus un problème textuel
     analogue, et voir la Remarque dans ce cas.
   Transl.: and the crowns / and the crown
   Trad.:   et les couronnes / et la couronne

6.14

B לחלם
     to Helem
     pour Hélem
[לחלדי] (=Brockington)
     to Heldai
     pour Heldaï
       RSV*: to Heldai
       NEB*: in the charge of Heldai
       J* : pour Heldaï
       TOB*: en l'honneur de Heldaï
       L   : (zum Andenken) an Heldai
   Fac.: 5
   Rem.: This person is called here by his official
     name, whereas he is referred to by a type of nick-
     name in 6.10.
   Rem.: Cette personne porte ici son nom officiel alors
     qu'elle semble être appelée par une sorte de sobri-
     quet en 6.10.
   Transl.: to Helem
   Trad.:   à Hélem

6.14

B ולחן בן צפניה לזכרון
     and for the kindness of the son of Zephaniah, as a memorial
     la bonté du fils de Cefanya, en souvenir
       TOB : et en souvenir de la bonté du fils de
             Cefanya
[וליאשיה בן צפניה לזכרון] (=Brockington)
     and to Josiah, the son of Zephaniah, as a memorial
     et pour Josia, le fils de Cefanya, en souvenir

RSV*: as a reminder to... and Josiah the son of
       Zephaniah
NEB*: in the charge of... and Josiah son of Ze-
       phaniah, as a memorial
 Fac.: 1,5
[ולבן צפניה לזכרון חן]
    and to the son of Zephaniah as a memorial to the
    kindness
    et pour le fils de Cefanya, en souvenir de la bonté
     J   : et pour le fils de Cephanya en mémorial de
           grâce
 Fac.: 14
[ולבן צפניה לזכרון]
    and to the son of Zephania as a memorial
    et pour le fils de Cefanya en souvenir
     L   : zum Andenken an... und den Sohn Zephanjas
 Fac.: 14
 Transl.: and as a memorial to the kindness of the
          son of Zephaniah
 Trad.:   et en mémorial de la bonté du fils de Ce-
          fanya

7.2

C ורגם מלך
    and Regem-Melech
    et Réguem-Mélek
     RSV : and Regem-melech
     NEB : Regem-melech
     L   : und den Regem-Melech
 [רבמג המלך]
    and the great/important officer of the king
    le Grand-Mage du roi
     TOB*: grand officier du roi
 Fac.: 1,5
 [Lacking.Manque] = J*
 Fac.: 14
 Rem.: The expression is either a proper name or the
    title of a functionary.
 Rem.: L'expression est ou bien un nom propre ou bien
    le titre d'un fonctionnaire.
 Transl.: and Regem-melech/and an officer of the king
 Trad.:   et Régnem-Mélek/et un officier du roi

7.14

B וְאֵסָעֲרֵם
   and I will drive them away
   et je les balaierai
[וָאֵסָעֲרֵם] (=Brockington)
   and I drove them off
   et je les ai balayés
     RSV : and I scattered them
     NEB : and I drove them out
     J   : je les ai dispersés
     TOB : je les ai balayés
     L   : darum habe ich sie zerstreut
  Fac.: 1
  Transl.: and I will drive them away
  Trad.:   et je les balaierai

8.9

B אשר בירם
   who on the day
   qui au jour
     NEB : (the prophets) who were present when
[מירם אשר]
   from the day when
   à partir du jour où
     RSV : since the day that
     J* : depuis le jour où
  Fac.: 4
[בירם אשר]
   on the day when
   le jour où
     TOB : en ces jours-ci où
     L   : - an dem Tage, da
  Fac.: 1,4
  Transl.: who on that day ⟨spoke⟩
  Trad.:   qui ce jour-là ⟨parlèrent⟩

8.10

A וָאֲשַׁלַּח
   and I will let / I let (past tense)
   et je lâcherai / j'ai lâché
     RSV : for I set
     NEB : and I set
     TOB : car j'avais lâché
     L   : und ich liess... aufeinander los

[וְרָאֲשַׁלַּח] (=Brockington)
   and I let (past tense)
  et j'ai lâché
    J* : j'avais lâché
Fac.: 1,8
Transl.: and I will let / and I let (post tense)
Trad.:   et je lâcherai / et j'ai lâché

9.1

A בארץ
   on the land of
   sur le pays de
    RSV : against the land of
    J   : au pays de
[בא ארץ] (=Brockington)
   came to the land of
   il est arrivé ⟨au⟩ pays de
    NEB*: he has come to the land of
    TOB : (la parole...) est arrivée au pays de
    L   : (die Last...) kommt über das Land
Fac.: 14
Transl.: (the word of the LORD) concerning the land
       of)
Trad.:   (la parole du SEIGNEUR) concernant le pays
       de

9.1

A ליהוה עין אדם
   to the LORD the eyes of man
   au SEIGNEUR l'oeil de l'homme / de l'humanité
    L   : der HERR schaut auf die Menschen
ליהוה עין ארם (=Brockington)
   to the LORD ⟨belongs⟩ the eye (that is, the jewel)
   of Aram
   au SEIGNEUR ⟨appartient⟩ l'oeil (c.-à-d. le joyau)
   d'Arâm
    NEB : the capital city of Aram is the LORD's
    J* : à Yahvé appartient la source d'Aram
    TOB*: au SEIGNEUR appartient le joyau d'Aram
Fac.: 1,12
[ליהוה ערי ארם]
   to the LORD ⟨belong⟩ the cities of Aram
   au SEIGNEUR ⟨appartiennent⟩ les villes d'Arâm
    RSV*: to the LORD belong the cities of Aram
Fac.: 14

Transl.: the eyes of mankind (and ⟨the eyes⟩ of the
         tribes of Israel) ⟨will look⟩ to the LORD
Trad.:   vers le SEIGNEUR ⟨regarderont⟩ les yeux de
         l'humanité (comme ceux des tribus d'Israël)

9.6

A גאון פלשתים
    the pride of the Philistines
    la fierté des Philistins
       L   : die Pracht der Philister
גאון פלשתי
    the pride of the Philistine
    la fierté du Philistin
      NEB : the pride of the Philistine
      J   : l'orgueil du Philistin
      TOB : l'insolence du Philistin
  Fac.: 1,4
[גאון פלשת]
    the pride of Philistia
    la fierté de la Philistie
      RSV : the pride of Philistia
  Fac.: 14
  Transl.: the pride of the Philistines
  Trad.:   la fierté des Philistins

9.7

A כְּאַלֻּף
    like a friend / dignitary
    comme un familier / dignitaire
       J   : comme un familier
[כְּאֶלֶף] (=Brockington)
    like a clan
    comme un clan
      RSV : like a clan
      NEB : like a clan
      TOB : parmi les clans
      L   : wie ein Stamm
  Fac.: 14
  Rem.: See a similar textual problem in 12.5 and 6
    below.
  Rem.: Voir un problème textuel semblable en 12.5
    et 6 ci-dessous.
  Transl.: like a dignitary
  Trad.:   comme un dignitaire/notable

9.8

B וְחָנִיתִי
  and I will encamp
  et je camperai
    RSV : then I will encamp
    J   : je camperai
    TOB : je camperai
    L   : ich will mich selbst... lagern
[וְהִצַּיְתִי] (=Brockington)
  and I will post
  et je ferai camper
    NEB : and I will post
  Fac.: 14
  Transl.: and I will encamp
  Trad.:   et je camperai

9.8

B מִצָּבָה
  from the army
  de l'armée
[מַצָּבָה] (=Brockington)
  a garrison / a guard
  une garnison / garde
    RSV : as a guard
    NEB : a garrison
    J* : en avant-poste (en note : "... litt.
          ⟨comme un poste⟩...")
    TOB*: montant la garde
    L   : als Wache
  Fac.: 8
  Transl.: from the army
  Trad.:   de l'armée

9.10

B והכרתי-
   and I will cut off
   et je retrancherai
    RSV : I will cut off
    L   : denn ich will wegtun
[והכרית] (=Brockington)
   and he will cut off
   et il retranchera
     NEB*: he shall banish
     J* : il retranchera
     TOB*: il supprimera

Fac.: 5
Transl.: and I will cut off / and I will have cut
         off
Trad.:   et je retrancherai / et j'aurai retranché

9.12

B מַגִּיד
      announcing
      annonçant
        RSV : I declare
        J   : je le déclare
        TOB : je l'affirme
        L   : verkündige ich
 [מֻגָּד] (=Brockington)
      announced
      annoncé
        NEB : is announced
   Fac.: 14
   Transl.: there is one who announces/it is announced
   Trad.:   quelqu'un annonce / on annonce

9.13

C על-בניך יון
      against your sons, O Javan
      contre tes fils, Yavân
        RSV : over your sons, O Greece
        J   : contre tes fils, Yavân
        TOB : - contre tes fils, Yavân -
        L   : gegen deine Söhne, Griechenland
  [Lacking.Manque] = NEB* (=Brockington)
   Fac.: 14
   Transl.: against your sons, O Javan
   Trad.:   contre tes fils, Yavân

9.15

C ושתו המו
      and they will drink, roar
      et ils boiront, feront du bruit
        NEB : they shall be roaring drunk
  [ושתו דמם]
      and they shall drink their blood
      et ils boiront leur sang
        RSV : and they shall drink their blood
   Fac.: 4,5

[שתו דם]
    and they shall drink blood
    et ils boiront du sang
        J* : et ils boiront le sang
        TOB*: elles boiront le sang
        L   : (die Schleudersteine werden...) und Blut
              trinken
    Fac.: 14
    Transl.: and they will drink, roar / and they will
             drink noisily
    Trad.:   et ils boiront, feront du bruit / et ils
             boiront bruyamment

10.1

B בעת מלקוש
    in the season of the late rain / of the spring
    rain
    au temps de la pluie tardive / de la pluie de
    printemps
        RSV : in the season of the spring rain
        J   : à la saison des ondées tardives
        TOB : du printemps
        L   : zur Zeit des Spätregens
[בעתו יורה ומלקוש] (=Brockington)
    in its season the early and the late rain /
    the autumn and the spring rain
    en son temps, la première pluie et la pluie tar-
    dive / la pluie d'automne et la pluie de printemps
        NEB*: in the autumn... in the spring
    Fac.: 14
    Transl.: in the season of late rain / of spring rain
    Trad.:   au temps de la pluie tardive / de la pluie
             de printemps

10.1

B יתן להם
    he gives to them
    il leur donne
        RSV : who gives men
        J   : il leur donnera
        TOB : (les orages;) il accordera (la pluie) en
              averse
[יתן לכם] (=Brockington)
    he gives to you
    il vous donne

NEB*: and he will give you
    L   : (so wird der HERR...) euch... geben
Fac.: 1,4,5
Transl.: he gives to them
Trad.:   il leur donne

10.9

וְחָיוּ
  and they shall live
  et ils vivront
    RSV : and... they shall live
    L   : (dass sie...) und leben sollten
  Fac.: 7
C[וְרִיוּ] (=Brockington)
  and they will rear (their children)
  et ils éduqueront / élèveront (leurs enfants)
    NEB : (they will...) and will rear
    TOB*: ils donneront la vie
 [וחוו]
  and they will announce
  et ils annonceront
    J*   : ils instruiront
  Fac.: 14
Transl.: and they will rear (their children)
Trad.:   et ils élèveront (leurs enfants)

10.11

B וְעָבַר
  and he will cross
  et il traversera
    NEB : (dire distress) shall come
 [ועברו]
  and they will cross
  et ils traverseront
    RSV : they shall pass through
    J*   : ils traverseront
    TOB*: ils traverseront
    L   : und wenn sie... durchs (Meer) gehen
  Fac.: 4,5
Rem.: See the translation of the whole clause in
  the Remark of the following case.
Rem.: Voir la traduction de toute la proposition
  dans la Remarque du cas suivant.
Transl.: See Remark
Trad.:   Voir Remarque

10.11

A בים צרה
   in the sea, the distress
   dans la mer, la misère
     NEB*: dire distress (shall come) upon the
          Euphrates (note : "Lit. the sea.")
     L : (und wenn sie) in Angst durchs Meer (gehen)
[בים מצרים]
   in the Egyptian sea
   dans la mer d'Egypte
     RSV*: through the sea of Egypt
     J* : la mer d'Egypte
     TOB*: la mer d'Egypte
 Fac.: 14
 Rem.: The whole clause can be translated as follows :
    "and through the sea, he (that is, the LORD) will
    pass through the distress, (and in the sea, he
    will beat down the waves)".
 Rem.: Toute la proposition peut se traduire ainsi :
    "et, à travers la mer, il (c.-à-d. le SEIGNEUR)
    franchira le péril, (et dans la mer, il frappera
    les vagues)".
 Transl.: See Remark
 Trad.: Voir Remarque

10.12

A וגברתים
   and I will make them strong
   et je les rendrai forts
     RSV : I will make them strong
     J   : je les rendrai vaillants
     L   : ich will sie stärken
[וגברתם] (=Brockington)
   and their strength
   et leur force
     NEB : but Israel's strength
     TOB*: ils mettront leur force (dans...)
 Fac.: 14
 Transl.: and I will make them strong
 Trad.: et je les rendrai forts

10.12

C יתהלכו
    they will march
    ils marcheront
      NEB : they shall march
      J   : ils marcheront
      TOB : ils marcheront
      L   : (dass) sie wandeln sollen
[יתהללו]
    they shall glory
    ils glorifieront
      RSV : they shall glory
Fac.: 4,5
Transl.: they will march
Trad.:   ils marcheront

11.7

לכן עניי הצאן
    therefore the poorest of the flock
    c'est pourquoi les plus pauvres du bétail
Fac.: 12,7
C[לכנעניי הצאן] (=Brockington)
    and the dealers in sheep / the flock
    pour les marchands du troupeau
      RSV : for those who trafficked in the sheep
      NEB : for the dealers
      J* : aux marchands de brebis
      TOB : que les trafiquants (vouaient à)
      L   : für die Händler der Schafe

Rem.: See a similar textual problem in the next case.
Rem.: Voir un problème textuel semblable dans le cas
    suivant.
Transl.: for the sheep-dealers / for the dealers in
         sheep
Trad.:   pour les marchands du troupeau...

11.11

כן עניי הצאן
thus, the poorest of the flock
ainsi, les plus pauvres du bétail
Fac.: 12,7
C[כנעניי הצאן] (=Brockington)
the dealers of sheep / of the flock
les marchands du troupeau
   RSV : the traffickers in the sheep
   NEB : the dealers
   J   : les marchands de brebis
   TOB*: les trafiquants du troupeau
   L   : die Händler der Schafe
Rem.: See the preceding case for a similar textual
    problem.
Rem.: Voir un problème textuel analogue dans le cas
    précédent.
Transl.: the sheep-dealers / the dealers in sheep /
        the flock
Trad.:   les marchands du troupeau

11.13

B אל-היוצר   (1°/2°)
to the potter / to the one who casts metal
au potier / au fondeur
   J   : au fondeur / pour le fondeur
   TOB*: au fondeur
   L   : dem Schmelzer
[אל-האוצר] (=Brockington)
into the treasury / store-house
dans le trésor
   RSV*: into the treasury
   NEB*: into the treasurẏ
Fac.: 1,6
Transl.: to the smith / to the one who casts metal
Trad.:   au fondeur

11.16

A הַנַּעַר
that which remains behind / which bleats / groans
celui qui traîne / geint
   J* : celle qui chevrote
   L : das Verlaufene

[הנעדרת]
   that goes astray
   celle qui s'égare
    RSV*: the wandering
    TOB*: celle qui s'est égarée
 Fac.: 14
[הנער [=הַנַּעֲרָ =הַנַּעֲרָה] (=Brockington)
   that goes astray
   celle qui s'égare
    NEB : those that have gone astray
 Fac.: 14
 Rem.: This expression can be translated in two
   ways : 1° "that which remains behind"; 2° "that
   which groans / bleats".
 Rem.: On peut traduire cette expression de deux
   façons : 1° "celle qui est à la traîne"; 2° "celle
   qui geint".
 Transl.: See Remark
 Trad.:   Voir Remarque

11.16

A הַנִּצָּבָה
   that which stands upright
   celle qui se tient droite
    RSV : the sound
    TOB : celle qui est bien portante
    L   : das Gesunde
 הנצבה [=הַנִּצְבָה] (=Brockington)
   the sickly
   la malade
    NEB : the sickly
 Fac.: 14
 הנצבה [=הַנִּצְפָה]
   that which is swollen
   celle qui est enflée
    J* : celle qui est enflée
 Fac.: 14
 Transl.: that which stands upright
 Trad.:   celle qui se tient droite

12.2

C על-יהודה... במצור

    against Judah... in the siege
    contre Juda... lors du siège
        RSV : against Judah... in the siege
        J* : sur Juda... lors du siège
        TOB*: de Juda... lors du siège
        L   : Juda (wird's gelten,) wenn... belagert wird
[יהודה... במצור] (=Brockington)
    Judah... in the siege
    Juda... lors du siège
        NEB*: Judah... in the siege
    Fac.: 1,4
    Rem.: Two translations are possible : 1° "and also
        Judah will have ⟨the duty⟩ to participate in the
        sige of Jerusalem" (namely on the side of the
        assailants who will come upon Jerusalem).
        2° "and ⟨an oracle⟩ concerning Judah : Judah (lit.
        it) will be in distress in addition to Jerusalem".
        (Such a clause is a kind of gloss, adding an oracle
        concerning Judah, see 12.1).
    Rem.: Deux traductions peuvent être suggérées ici :
        1° "et aussi à Juda incombera ⟨l'obligation⟩ de
        participer au siège de Jérusalem" (c.-à-d. du
        côté des assiégeants de la ville de Jérusalem);
        2° "et ⟨oracle⟩ sur Juda : il (Juda) sera en
        détresse en sus de Jérusalem" (cette phrase est
        une glose, ajoutant un oracle sur Juda, voir 12.1).
    Transl.: See Remark
    Trad.:   Voir Remarque

12.5

A אַלְפֵי יהודה
        the dignitaries of Judah
        les dignitaires de Juda
            J   : les chefs de Juda
            TOB : les chefs de Juda
            L   : die Fürsten in Juda
[אַלְפֵי יהודה] (=Brockington)
        the clans of Judah
        les clans de Juda
            RSV : the clans of Judah
            NEB : the clans of Judah
    Fac.: 14
    Rem.: See a similar textual problem in 9.7 and 12.6.
    Rem.: Voir un problème textuel semblable en 9.7 et
        12.6.

Transl.: the dignitaries of Judah
Trad.:   les dignitaires de Juda

12.5

C אמצה לי ישבי ירושלם
   the inhabitants of Jerusalem ⟨became⟩ strength
   for me
   les habitants de Jérusalem ⟨devinrent⟩ pour moi
   une force
   אמצה לישבי ירושלים (=Brockington)
   strength for the inhabitants of Jerusalem
   de la force pour les habitants de Jérusalem
      RSV : the inhabitants of Jerusalem have strength
      NEB*: the inhabitants of Jerusalem find their
            strength
      J* : la force pour les habitants de Jérusalem
            est
      TOB*: pour les habitants de Jérusalem, leur
            force réside
      L   : die Bürger Jerusalems sollen getrost sein
   Fac.: 1,4
   Transl.: the inhabitants of Jerusalem ⟨may become⟩
            for me a strength / power
   Trad.:   que les habitants de Jérusalem ⟨deviennent⟩
            pour moi une force

12.6

A אֶת-אַלֻּפֵי יהודה
   the dignitaries of Judah
   les dignitaires de Juda
      J   : (je ferai) des chefs de Juda
      TOB : les chefs de Juda
      L   : die Fürsten Judas
   [אֶת-אַלֻּפֵי יהודה] (=Brockington)
   the clans of Judah
   les clans de Juda
      RSV : the clans of Judah
      NEB : the clans of Judah
   Fac.: 14
   Rem.: See similar textual problems in 9.7 and 12.5.
   Rem.: Voir des problèmes textuels semblables en 9.7
   et 12.5.
   Transl.: the dignitaries of Judah
   Trad.:   les dignitaires de Juda

12.6

B בירושלם
    in Jerusalem
    à Jérusalem
      RSV : in Jerusalem
      NEB : in (their) city
      J   : (à Jérusalem)
  Lacking.Manque = TOB*, L
  Fac.: 1,4
  Rem.: The following translation of the clause may
    be suggested : "and Jerusalem will still conti-
    nue to remain in its place, ⟨that is⟩ at Jerusalem".
  Rem.: La proposition peut être traduite ainsi :
    "et Jérusalem continuera encore à demeurer à sa
    place, ⟨c'est-à-dire⟩ à Jérusalem".
  Transl.: See Remark
  Trad.: Voir Remarque

13.5

B אדם הקנני
    a man has bought/acquired me ⟨as a slave⟩
    un homme m'a acheté/acquis ⟨comme esclave⟩
      NEB : who has been schooled in lust
  [אדמה קניני]
    the land is my property/my gain
    la terre est ma propriété/mon bénéfice
      RSV*: the land has been my possession
      J* : la terre est mon bien
      TOB*: je possède même de la terre
      L : vom Acker habe ich meinen Erwerb
  Fac.: 14
  Transl.: a man has acquired me ⟨as a slave⟩
  Trad.: un homme m'a acquis ⟨comme esclave⟩

14.5

C וְנַסְתֶּם...וְנַסְתֶּם
    and you will flee... and you will flee
    et vous fuirez... et vous fuirez
      TOB : alors vous fuirez... vous fuirez
  [וְנִסְתַּם...וְנִסְתַּם] (=Brockington)
    and it will be blocked... and it will be blocked
    et il sera bouché... et il sera bouché
      NEB : (the valley...) shall be blocked...
        Blocked it shall be

```
    J*  : (la vallée...) sera comblée..., elle
          sera comblée
  Fac.: 5
[וְנִסְתָּם]... וְנִסְתָּם]
   and it will be blocked... and you will flee
  et il sera bouché... et vous fuirez
     RSV : and (the valley...) shall be stopped...;
           and you shall flee
     L   : und (das Tal...) wird verstopft werden...
           Und ihr werdet fliehen
  Fac.: 14
  Rem.: In this case the Committee voted twice; the
   first time a C vote was given to the first occur-
   rence of וְנִסְתָּם (this vote is noted above); the
   second vote (not indicated above) gave a B rating
   to the second occurence of וְנַסְתָּם.
  Rem.: Dans ce cas, le Comité a voté deux fois; le
   premier vote, indiqué ci-dessus, était attribué
   au premier verbe : וְנַסְתָּם; le second vote qui n'est
   pas indiqué ci-dessus, à donné la note B au deu-
   xième וְנַסְתָּם.
  Transl.: and you will flee... and you will flee
  Trad.:   et vous fuirez... et vous fuirez
```

14.5

```
B גיא-הרי
   the valley of my mountains
   la vallée de mes montagnes
     RSV : the valley of my mountains
     TOB*: la vallée de mes montagnes
[גיא-הרים]   (=Brockington)
   the valley of the mountains
   la vallée des montagnes
     NEB*: the valley between the hills
     J*  : la vallée des monts
  Fac.: 5
[גיא-הנם]
   the valley of Hinnom
   la vallée de Hinnom
     L   : das Tal Hinnom
  Fac.: 14
  Transl.: the valley between my mountains (lit. the
           valley of my mountains)
  Trad.:   la vallée entre mes montagnes (litt. la
           vallée de mes montagnes)
```

14.5

A גֵּיא־הָרִים
      the valley of montains
      la vallée des montagnes
          RSV : the valley of the mountains
          NEB : the new valley between them
          J* : (la vallée des Monts...) elle
          TOB : la vallée des montagnes
   [גֵּי הִנֹּם]
      the valley of Hinnom
      la vallée de Hinnom
          L   : das Tal (vgl. den Versanfang !)
      Fac.: 14
      Transl.: the mountainous valley
      Trad.:   la vallée des montagnes

14.5

C אֶל־אָצַל
        as far as Asal
        jusqu'à Açal
          NEB : as far as Asal
          TOB*: (atteindra) Açal
          J   : jusqu'à Yasol
   [אֶל־אַצַּל]
        unto the side of
        jusqu'au côté de
          RSV : (touch) the side
          L   : an die Flanke des Berges
      Fac.: 8,9
      Rem.: J follows the Septuagint form of this place
      name, but it is better to retain the form in the
      MT.
      Rem.: J donne ce lieu-dit dans la forme de la Septante.
        Il vaut mieux garder la forme du TM.
      Transl.: as far as Asal
      Trad.:   jusqu'à Açal

14.5

B נַסְתֶּם
        you fled
        vous avez fui
          RSV : you fled
          TOB : vous avez fui
          L   : (wie) ihr vorzeiten geflohen seid

[נִסְתַּם] (=Brockington)
   it was blocked
   il était bouché
     NEB : it was blocked
     J* : (elle sera comblée comme) elle le fut
Fac.: 5
Transl.: you fled
Trad.:   vous avez fui

14.5

C עמך
   with you
   avec toi
[עמו]
   with him
   avec lui
     RSV*: with him
     NEB*: (God...) with
     J* : avec lui
     TOB*: (Dieu...) accompagné
     L   : mit ihm
Fac.: 2,4,6
Rem.: The second person, "you", may refer either to
  the LORD or to Sion.
Rem.: La deuxième personne, "toi", peut désigner
  soit le SEIGNEUR, soit Sion.
Transl.: with you
Trad.:   avec toi

14.6

A אוֹר
   light
   lumière
     J   : (il n'y aura plus) de lumière
     TOB : (plus ni) luminaire
[אוּר]
   fire
   feu
     NEB : heat
Fac.: 14
[קוֹר]
   cold
   froid
     L   : Kälte
Fac.: 14

[Lacking.Manque] = RSV*
   Fac.: 14
   Rem.: See the next case where the translation of the
      entire clause is given in the Remark.
   Rem.: Voir le cas suivant où la traduction de toute
      la proposition sera donnée.
   Transl.: light
   Trad.:   lumière

14.6

D יְקָרוֹת וְקִפָּאוֹן   QERE
     clearing up, clouding over
     éclaircies, condensations
D יקרות יקפאון   KETIV
     the splendors will be condensed
     les splendeurs seront condensées
[וְקָרוּת וְקִפָּאוֹן] (=Brockington)
     and cold and frost
     et froideur et gel
        RSV*: neither cold nor frost
        NEB*: nor cold nor frost
        J* : mais du froid et du gel
        TOB*: ni froidure ni gel
        L   : noch Frost noch Eis
   Fac.: 8
   Rem.: If the QERE reading is chosen, the entire
      clause may be translated in the following way :
      "(and it will happen on that day that there will
      be no longer) light <as the result of> clearing up
      <and then> clouding over"; the meaning is : "and
      it will happen at that time that there will no
      longer be a day which clears up <and then> clouds
      over". If on the contrary, the KETIV reading is
      followed, then the clause may be translated as :
      "(and it will happen in that time that there will
      no longer be) a day <when> light will occur only
      in the day time (lit. light will be concentrated
      <in the day time>)".
   Rem.: Si la leçon du QERE est choisie, la traduction
      suivante de toute la proposition peut être suggérée :
      "(et il arrivera en ce jour : il n'y aura plus) de
      lumière <qui soit> éclaircies <puis> condensations",
      c.-à-d. "(et il arrivera en ce temps : il n'y aura
      plus) de jour clair <puis> couvert". Si la leçon
      du KETIV est préférée, on peut traduire : "(et il
      arrivera en ce temps qu'il n'y aura plus de jour
      <où> la clarté soit concentrée <dans le jour>".

Transl.: See Remark
Trad.:   Voir Remarque

14.10

A לרמון נגב ירושלם וראמה
   at Rimmon south of Jerusalem, and it is lifted up
   à Rimmôn ⟨au⟩ sud ⟨de⟩ Jérusalem et elle est élevée
      RSV : to Rimmon south of Jerusalem. But Jerusa-
            lem shall remain aloft
      TOB : jusqu'à Rimmôn au sud de Jérusalem. Celle-
            ci sera surélevée
[לרמון נגב וירושלם ראמה]
   at Rimmon ⟨in the⟩ south, and Jerusalem is lifted
   up
   à Rimmôn ⟨au⟩ sud. Et Jérusalem est élevée
      NEB : to Rimmon southwards; but Jerusalem shall
            stand high
      J   : jusqu'à Rimmôn du Négeb. Jérusalem sera
            exhaussée
      L   : bis nach Rimmon im Süden. Aber Jerusalem
            wird hoch liegen
   Fac.: 14
   Transl.: as far as Rimmon south of Jerusalem. ⟨This
            city⟩ will be raised up
   Trad.:   jusqu'à Rimmôn au sud de Jérusalem. ⟨Celle-
            ci⟩ sera surélevée

14.18

B ולא עלינם תהיה המגפה
   and the blow will not be on them / and will the
   blow not be on them
   et le fléau ne sera pas sur eux / et le fléau ne
   sera-t-il pas sur eux
      TOB : alors le fléau... ne fondra-t-il pas sur
            elle ?
[ועליהם תהיה המגפה]
   and the blow will be upon them
   et il y aura sur eux le fléau
      RSV*: then upon them shall come the plague
      J* : il y aura sur elle la plaie
      L   : so wird auch über sie die Plage kommen
   Fac.: 4,6

[עליהם תהיה המגפה] (=Brockington)
   the blow will be upon them
   le fléau sera sur eux
     NEB*: then the same desaster shall overtake it
Fac.: 14
Transl.: will the blow not come upon them ?
Trad.:   le fléau ne viendra-t-il pas sur eux ?

MALACHI / MALACHIE

==================

1.3

B לתנות
    to jackals
    aux chacals
      RSV : to jackals
      TOB : aux chacals
      L   : den Schakalen
[לנות] (=Brockington)
    for pastures
    en pâturages
      NEB*: into a lodging
      J   : des pâturages
  Fac.: 1,6,8
  Transl.: to female jackals
  Trad.:   aux chacals femelles

1.6

B ועבד
    and a servant
    et un serviteur
      RSV : and a servant
      TOB : un serviteur
      L   : und ein Knecht
[ועבד יירא]
    and a servant fears
    et un serviteur craint
      J* : un serviteur craint
      NEB*: and a slave goes in fear
  Fac.: 3,5
  Transl.: and a servant
  Trad.:   et un serviteur

1.7

B גאלנוך
  we have defiled you
  nous t'avons souillé
    NEB : (how) have we defiled thee ?
    J   : (en quoi) t'avons-nous souillé ?
    TOB*: (en quoi) t'avons-nous rendu impur ?
    L   : (womit) opfern wir dir denn Unreines ?
 [גאלנוהו]
    we have defiled him
    nous l'avons souillé
      RSV*: (how) have we polluted it ?
  Fac.: 4,7
  Transl.: we have defiled you
  Trad.:   nous t'avons souillé

1.8

C הירצך
    will he be pleased with you ?
    t'agréera-t-il ?
      RSV : will he be pleased with you ?
      NEB : would he receive you ?
      TOB : sera-t-il satisfait de toi ?
      L   : meinst du, dass du ihm gefallen werdest ?
 [הירצהו]
    will he be pleased with it ?
    l'agréera-t-il ?
      J* : en sera-t-il content ?
  Fac.: 5
  Transl.: will he be pleased with you ?
  Trad.:   t'agréera-t-il ?

1.12

B וניבו נבזה אכלו
    and its fruit is despised, its food
    et son fruit est méprisé, sa nourriture
      TOB*: son rapport en nourriture est dérisoire
            (en note : "...Litt. son fruit (?) est dé-
            risoire, son manger.")
 [ונבזה אכלו] (=Brockington)
    and its food is despised
    et sa nourriture est méprisée
      RSV*: and the food for it may be despised
      NEB*: and that you can offer on it food you your-
            selves despise

```
    J*  : et ses aliments sont méprisables
    L   : und sein Opfer ist für nichts zu achten
Fac.: 1,4
Transl.: and its produce was despised as food
Trad.:   et son produit, on le méprisait pour le
         manger
```

1.13

```
C והפחתם אותו
    and you sniff at / despise it
    et vous le dédaignez
      NEB : you sniff at it
      TOB : et vous la repoussez avec dédain
[והפחתם אותי]
    and you sniff at / despise me
    et vous me dédaignez
      RSV*: and you sniff at me
      J*  : et vous me dédaignez
      L   : (und ihr...) und bringt mich in Zorn
Fac.: 6,13
Transl.: and you despise him
Trad.:   et vous le dédaignez
```

1.13

```
B אמר יהוה (2°)
    says the LORD
    dit le SEIGNEUR
      RSV : says the LORD
      NEB : says the LORD
      TOB : dit le SEIGNEUR
      L   : spricht der HERR
[אמר יהוה צבאות]
    says the LORD of Hosts
    dit le SEIGNEUR des armées
      J*  : dit Yahvé Sabaot
Fac.: 5
Transl.: says the LORD
Trad.:   dit le SEIGNEUR
```

1.14

A לאדני
   to the Lord
   pour le Seigneur
      RSV : to the Lord
      TOB : au Seigneur
      L   : dem Herrn
   ליהוה
   to the LORD
   pour le SEIGNEUR
      NEB : (study edition) to the LORD
   Fac.: 5
   [לי]
   to me
   pour moi
      J   : me
   Fac.: 14
   Transl.: to the Lord
   Trad.:   pour le Seigneur

2.3

B הנני גער לכם את-הַזֶּרַע
      behold, I am ready to threaten the offspring to
      your disadvantage (lit. for you)
      me voici prêt à menacer en votre défaveur (litt.
      pour vous) la descendance
         RSV : behold, I will rebuke your offspring
         TOB*: me voici, je vais porter la menace contre
               votre descendance
   [הנני גדע/גרע לכם את-הַזְּרֹעַ] (=Brockington)
      behold I am ready to cut off the arm, for you
      me voici prêt à couper le bras pour vous
         NEB*: I will cut off your arm
         J* : voici que je vais vous briser le bras
         L   : siehe, ich will euch den Arm zerbrechen
   Fac.: 12,8
   Transl.: behold I am ready to threaten the offspring,
            to your disadvantage (lit. for you)
   Trad.:   me voici prêt à menacer en votre défaveur
            (litt. pour vous) la descendance

2.3

B ונשא אתכם אליו
    and he will carry you away to / and they will
    carry you away to it
    et il vous emporte vers lui / et on vous emporte
    vers lui
       TOB : et on vous enlèvera avec lui
       L   : und er soll an euch kleben bleiben
[ונשאתי אתכם אליו]
    and I will carry you away to it
    et je vous emporte vers lui
       J*   : (voici que je vais...) et vous enlever
            avec elles
  Fac.: 4
[ונשאתי אתכם מעלי] (=Brockington)
    and I will carry you away from me
    et je vous emporte loin de moi
       RSV*: and I will put you out of my presence
       NEB*: and I will banish you from my presence
  Fac.: 14
  Rem.: The subject of the verb is impersonal.
  Rem.: Le sujet du verbe est impersonnel.
  Transl.: and they will carry you away to it
  Trad.:   et on vous emportera vers lui

2.12

B ער וענה
    awake and answering / conscious and giving an
    answer
    vigilant et répondant / conscient et donnant une
    réponse
       NEB : nomads or settlers
       TOB*: fils et famille (en note : "Litt. vigi-
            lant et répondant...")
       L   : mit seinem ganzen Geschlecht
עד וענה
    the witness and he who answers
    le témoin et celui qui répond
       RSV*: any to witness or answer
       J*   : le témoin et le défenseur
  Fac.: 12/14
  Rem.: The expression is proverbial. In the destroyed
    camp there is no longer any one who is conscious
    and able to answer anyone drawing near the camp
    and shouting to let his presence be known. For
    everybody in the camp is dead.

Rem.: L'expression est proverbiale. Dans le camp de
tentes détruit il n'y a plus personne qui soit
conscient et capable de répondre à l'appel de
celui qui s'approche du camp en s'annonçant par des
appels, car tout le monde a été tué.
Transl.: ⟨every one who is⟩ conscious and can give
         an answer
Trad.:   ⟨toute personne qui est⟩ consciente et peut
         donner une réponse

2.12

B ומגיש
    and he who brings
    et celui qui apporte
      RSV : or to bring
      NEB : even though they bring
      TOB : et même celui qui présente
      L   : auch wenn er noch... bringt
[וממגישי]
    and from those who bring
    et de ceux qui apportent
      J* : et du groupe de ceux qui présentent
  Fac.: 5
  Transl.: and he who brings
  Trad.:   et celui qui apporte

2.15

B ולא-אחד עָשָׂה וּשְׁאָר רוח לו
    and none does ⟨this⟩ who has ⟨still⟩ some spirit
    left
    et pas un a fait ⟨cela⟩ qui a encore un reste
    d'esprit
      L   : nicht einer hat das getan, in dem noch
            ein Rest von Geist war
[ולא אל אחד עשה ושאר רוח לנו]
    and has not the one God made and sustained the
    spirit for us ?
    et le Dieu unique n'a-t-il pas fait et soutenu
    l'esprit pour nous ?
      RSV*: has not the one God made and sustained
            for us the spirit of life ?
  Fac.: 14
[וְלֹא-אֶחָד עָשָׂה וּשְׁאָר רוח לו] (=Brockington)
    and has not the One made her flesh and spirit ?
    et l'Un ne l'a-t-il pas faite chair et esprit ?

NEB : did not the one god make her both flesh
      and spirit ?
Fac.: 14
[הלא-אחד עשה ושאר ורוח לו]
    did he not make one being which has flesh and
    spirit ?
    n'est-ce pas un ⟨être qu'⟩il a fait, ⟨qui a⟩ chair
    et esprit ?
        J* : n'a-t-il pas fait un seul être qui a chair
             et souffle de vie ?
Fac.: 14
[ולא-אחד עשה ושאר רוח לו]
    and did he not make one ⟨being which⟩ has flesh
    and spirit ?
    et n'a-t-il pas fait un ⟨être qui a⟩ chair et
    esprit ?
        TOB*: et le SEIGNEUR n'a-t-il pas fait un être
              unique, chair animée d'un souffle de vie ?
Fac.: 14
Transl.: and none does ⟨that⟩ who has ⟨still⟩ some
         spirit left
Trad.:   et personne ne fait ⟨cela⟩ qui a ⟨encore⟩
         un reste d'esprit

2.15

אל-יבגד B
    he must not be unfaithful
    qu'il ne trahisse pas
        RSV : and let none be faithless
        TOB : que personne ne soit traître
        L   : und werde keiner treulos
אל-תבגד (=Brockington)
    do not be unfaithful
    et ne trahis pas
        NEB*: and do not be unfaithful
        J* : ne... trahis point
Fac.: 4,5
Rem.: The expression "woman of your youth" is a kind
      of fixed expression.
Rem.: L'expression "la femme de ta jeunesse" est
      une expression toute faite.
Transl.: one must not be unfaithful (to the wife-of-
         your-youth)
Trad.:   on ne doit pas commettre de trahison (à
         l'égard de la femme-de-ta-jeunesse)

2.16

B כי-שנא

    for he hates
    car il hait
      NEB : if a man divorces
      TOB : par haine
      L   : wer ihr aber gram ist

[כי-שנאתי]

    for I hate
    car je hais
      RSV*: for I hate
      J* : car je hais

Fac.: 14

Rem.: 1. TOB does not translate the MT literally,
nor does it clearly indicate its textual base.
2. See the next case also, with the suggestions
for the translation in the Remark.

Rem.: 1. TOB ne traduit pas le TM, mais elle n'indique pas clairement sa base textuelle.
2. Voir le cas suivant, avec les suggestions pour
la traduction dans la Remarque.

Transl.: See Remark
Trad.: Voir Remarque

2.16

B שַׁלֵּחַ

    divorcing
    répudier / répudie
      RSV : divorce
      J   : la répudiation
      TOB : répudier

[שָׁלַח] (=Brockington)

    has divorced
    il a répudié
      NEB : (if a man...) or puts away his sponse
      L   : (wer...) und sie verstösst

Fac.: 14

Rem.: Two translations are possible : 1° "for he (that
is, the LORD) hates divorce"; 2° "if someone hates
⟨his wife⟩, let him divorce ⟨her⟩". The first interpretation is more likely.

Rem.: Deux traductions sont possibles : 1° "car il
(c.-à-d. le SEIGNEUR) hait le divorce"; 2º "si quelqu'un hait ⟨sa femme⟩, qu'il divorce". La première
traduction est plus probable.

Transl.: See Remark
Trad.: Voir Remarque

2.16

B וְכִסָּה חמס על-לבושו
   and he covers his clothes with violence / violence
   covers his clothes
   et il a recouvert de violence son vêtement / violence couvre son vêtement
     NEB : (his sponse,) he overwhelms her with
          cruelty
     L   : der bedeckt mit Frevel sein Kleid
[וְכַסֵּה המס על-לבושו]
   and covering one's garment with violence
   et recouvrir de violence son vêtement
     RSV : and covering one's garment with violence
     J* : et qu'on recouvre l'injustice de son vête-
         ment
     TOB*: c'est charger son vêtement de violence
Fac.: 14
Rem.: Two translations are possible : 1° "and he
  covers his garment with violence", 2° "and violence
  covers his garment".
Rem.: Deux traductions sont possibles : 1° "et il
  couvre son vêtement de violence"; 2° "et la violence couvre son vêtement".
Transl.: See Remark
Trad.:   Voir Remarque

3.3

B כסף
   silver
   de l'argent
     RSV : silver
     TOB : l'argent
     L   : das Silber
 [Lacking.Manque] = NEB*, J* (=Brockington)
 Fac.: 14
 Transl.: the silver
 Trad.:   l'argent

3.5

A ‏ובעשקי שכר-שכיר‎
 and against those who unjustly reduce the wages
 of the hired labourer
 et contre ceux qui diminuent injustement le salaire
 du salarié
    RSV : against those who oppress the hireling in
          his wages
    TOB : contre ceux qui réduisent le salaire de
          l'ouvrier
 [‏ובעשקי-שכיר‎] (=Brockington)
 and against those who oppress the hired labourer
 et contre ceux qui oppriment le salarié
    NEB*: against those who wrong the hired labourer
    J : contre ceux qui oppriment le salarié
    L : und gegen die, die Gewalt und Unrecht tun
         den Tagelöhnern
 Fac.: 14
 Transl.: and against those who unjustly reduce the
          wages of the hired labourer
 Trad.:   et contre ceux qui diminuent injustement le
          salaire du salarié

3.8,9

B ‏היקבע ... קבעים ... קבענוך ... קבעים‎
 will <man> defraud... defrauding... are we defrauding you... defrauding
 est-ce qu'il fraude... fraudant... est-ce que nous
 t'avons lésé par fraude... fraude
    RSV : will (man) rob... robbing... (how) are we
          robbing thee... robbing
    NEB : may (man) defraud... you defraud (me)...
          (how) have we defrauded thee... you defraud
          (me)
 [‏היעקב ... עקבים ... עקבנוך... עקבים‎]
 will <man> deceive... deceiving... are we deceiving
 you... deceiving
 est-ce qu'il trompe... trompants... nous t'avons
 trompés... trompants
    J* : peut-il tromper... vous (me) trompez...
         (en quoi) t'avons-nous trompés... vous
         (me) trompez
    TOB*: peut-il tromper... vous (me) trompez... (en quoi)
          t'avons-nous trompés... vous trompez
    L : betrügt... ihr (mich) betrügt... (womit) betrügen
         wir dich... ihr betrügt (mich)
 Fac.: 6

Transl.: will ⟨man⟩ defraud... defrauding... are we
         defrauding you... defrauding
Trad.:   est-ce qu'il fraude... fraudant... est-ce
         que nous t'avons lésé par fraude... fraudant

APPENDIX / APPENDICE

====================

Jer 41.9

ביד-גדליהו
   through Gedaliah
   par la main de Godolias
      NEB : by using Gedaliah's name
      L   : samt dem Gedalja
 Fac.: 12
[בור גדול]
   a large cistern
   une grande citerne
      RSV*: the large cistern
      J* : une grande citerne
      TOB*: la grande citerne
 Fac.: 12
C[בור-גדליהו]
      the cistern of Gedaliah
      la citerne de Godolias
 Transl.: the cistern of Gedaliah
 Trad.:   la citerne de Godolias

Is 38.8 (1°)

במעלות אחז
   on the steps / the dial of Ahaz
   sur les degrés / le cadran d'Achaz
      RSV*: on the dial of Ahaz
      NEB : on the stairway of Ahaz
      TOB : sur le cadran d'Akhaz
      L   : an der Sonnenuhr des Ahas
   Fac.: 10
C במעלות עלית אחז
      on the steps / the dial of the upper chamer of Ahaz
      sur les degrés / le cadran de la chambre haute d'Ahaz
         J* : sur les degrés de la chambre haute d'Achaz
   Rem.: See the following case, and compare the different
      text in the parallel passage of 2 Kings 20.11.
   Rem.: Voir le cas suivant, et comparer le texte diffé-
      rent du passage parallèle en 2 Rois 20.11.
   Transl.: on the steps/the dial of the upper chamber
            of Ahaz
   Trad.:   sur les degrés/le cadran de la chambre haute
            d'Achaz

Is 38.8 (2°)

בשמש
   by the sun
   par le soleil
      RSV*: (the shadow cast) by the (declining) sun
      NEB : by the sun
   Fac.: 12
[השמש]
   the sun
   le soleil
      J* : le soleil
   Fac.: 4,5
[Lacking.Manque] = TOB, L
   Fac.: 14
C את השמש
   the sun
   le soleil
   Rem.: See the preceding case also.
   Rem.: Voir aussi le cas qui précède.
   Transl.: (behold, I will make the shadow [cast] on
            the steps / the dial turn back...), [I will
            make turn back] the sun
   Trad.:   (voici que je vais faire revenir l'ombre
            sur les degrés/le cadran...), [je vais faire
            revenir] le soleil

Ez 40.48

C השער
    of the gateway
    du porche
        J   : du porche
        TOB : de la porte
[וכתפות השער ארבע עשרה אמה השער] (=Brockington)
    the gateway : ⟨measuring⟩ fourteen cubits, and
    the sides of the gateway
    la porte : quatorze coudées, et les côtés du
    porche
        RSV*: (and the breadth) of the gate was fourteen
              cubits; and the sidewalls of the gate
        NEB*: (the width) of the gateway fourteen cubits
              and that of the corners of the gateway
        L   : (und) das Tor : vierzehn Ellen; und die
              Wände zu beiden Seiten an der Tür
    Fac.: 13
    Transl.: of the gateway
    Trad.:   du porche